Minerva Shobo Librairie

マイクロクレジットは金融格差を是正できるか

佐藤順子
［編著］

ミネルヴァ書房

はしがき

本書は，先進資本主義国である日本・アメリカ・イギリス・フランスにおいて，低所得者層の生活上の需要や起業のための少額貸付であるマイクロクレジットについて概観し，マイクロクレジットのあり方についての議論に資することを目的としている。具体的には，マイクロクレジットがそれぞれの国においてどのような経緯で取り入れられ，どのような制度設計に基づいているか，その後どのように遷移して来たか，現在の問題点と今後の課題は何かを明らかにしようとしている。

本書の特徴は，社会的包摂・金融包摂の観点から社会政策の理論にもとづいた，実証的なマイクロクレジット研究として位置づけられる点にある。

マイクロクレジットについては，低所得者層の経済的・社会的基盤の構築に対する貢献を受賞理由とした，2006年度ノーベル平和賞受賞者であるムハマド・ユヌス氏によるグラミン銀行の実践（たとえば，ユヌス，M.著／猪熊弘子訳『貧困のない世界を創る——ソーシャル・ビジネスと新しい資本主義』早川書房，2008年，原著 Yunus, Muhammad（2007）*Creating a World Without Poverty : Social Business and the Future of Capitalism,* Public Affairs）や東南アジアや南米諸国におけるマイクロクレジットの取組み（たとえば，カーラン，D. & J. アペル著／清川幸美訳，澤田康幸解説『善意で貧困はなくせるのか？——貧乏人の行動経済学』みすず書房，2013年，原著 Karlen, Dean & Jacob Appel（2012）*More Than Good Intentions : Improving the Ways the World's Poor Borrow, Save, Farm, Learn, and Stay Healthy,* Plume），によってすでに広く知られているところである。そして，批判的検討（たとえば，シンクレア，H.著／太田直子訳『世界は貧困を食いものにしている』朝日新聞出版，2013年，原著 Sinclair, Hugh（2012）*Confessions of a Microfinance Heretic : How Microlending Lost It's Way and Betrayed the Poor,* Berrett-Koehler Pub）も次第に明らかにされている。

日本においても，長年にわたって社会問題化していた多重債務問題の改善を目指した多重債務者対策本部（内閣府）による多重債務問題改善プログラム（2007年4月）において，グラミン銀行は「日本版グラミン銀行モデル」として取り上げられている。

もう少し詳しくみていくと，この「日本版グラミン銀行モデル」は，「借りられなくなった人に対する顔のみえるセーフティネット貸付けの提供」であり，「高リスク者の受け皿となる消費者向けのセーフティネット貸付け」である。さらに，「地域において顔のみえる融資を行う」と定義されており，主体は「生協，NPO，中間法人などや民間金融機関（労金，信金，信組など）」とされている。また，「公的な信用付与として自治体が，非営利機関に融資する金融機関に預託金を預ける岩手信用生協の例も参考になる」と信用付与事業に自治体がコミットする可能性についても示している。

さらに，市民からの出資による非営利金融であるNPOバンクの行う貸付のうち一定要件を満たすものについては，改正貸金業法の適用除外として純資産額規定を500万円以上とし，貸付事業を行う地域生活協同組合の県域規制の緩和（2010年5月21日），また，総量規制の適用除外（2010年6月11日）などの措置が取られ，NPOバンクは存続が可能となった。

その結果，多重債務問題改善プログラム策定から7年を経た2014年8月現在，生活資金貸付事業を実施する生活協同組合数は増加していった。すなわち，多重債務問題改善プログラムにおいて「信用付与について参考にすべき」とされた，消費者信用生活協同組合の青森県八戸および青森事務所の新設をはじめ，多重債務問題改善プログラムが策定される以前から多重債務者生活再生事業を実施していたグリーンコープ生協ふくおかに続いて，グリーンコープ生協熊本・大分・長崎およびみやぎ生活協同組合においても相談支援を伴った貸付が行われるようになった。

ただし，ここで留意すべき点は，NPOバンクなどに対して，一方で『日本型グラミン銀行モデル』を求めつつも，一方では貸金業法の適用除外や規制の部分的な解除という消極的ともみえる方法で，その事業拡大を「後押し」していることである。

このような状況の下で，多重債務問題解決プログラムのうたう『日本型グラミン銀行モデル』は全国的に拡大・発展していったと捉えられるだろうか。

結論から言うと，同プログラムでは，「日本型グラミン銀行モデル」を設立し展開するためのスケジュールが示されなかったことや目標とする設置件数および貸付金額が不透明なままであったことから，『日本型グラミン銀行モデル』の成否は，現時点ではその道すじはみえないと言えよう。

また，同プログラムにおいては，「既存の消費者向けセーフティネット貸付け」として，社会福祉協議会による生活福祉資金貸付事業などについても，事前相談や事後モニタリングを充実させることにより，受け皿としての活用を促進するとされた。しかし，生活福祉資金貸付事業については，本書第**2**章で述べられているように，2009年10月に行われた大幅な改正にもかかわらず，再構築の余地を残している。

このようにみていくと，日本における金融排除の一形態としての多重債務問題，つまり，信用（クレジット）の低さゆえに高金利の営利金融業に頼らざるを得ず，返済のために複数の債務を抱えて生活困難をきたすこと，が再燃する可能性は否定できない。

さらに，起業のために資金を非営利で融資するNPOバンクなどの非営利金融が今後全国的に展開する道すじも未だ視野に入って来ないと言っても過言ではないだろう。

そのため，日本におけるマイクロクレジットの構築に際してどのような像を描けるのか，本書執筆者の知見をもって，その議論の機会を提供したいと考える。

末筆ながら，本書の編集･出版にあたって多大なお力添えを頂いたミネルヴァ書房東寿浩氏に感謝いたします。

執筆者を代表して

佐藤順子

マイクロクレジットは金融格差を是正できるか

目　次

序章
マイクロクレジットの国際比較
——展開と課題——

佐藤順子

（1）はじめに

本書では，まず，日本におけるマイクロクレジット形成の歴史的経過についてひもとき，それが社会福祉政策にどのように位置付けられたかを明らかにした。次に，福祉貸付である生活福祉資金貸付事業が近年遂げてきた展開から，貧困を未然に防ぐ性格を失ってきていることを指摘している。

また，日本におけるマイクロクレジットのアクターとして期待されている生活協同組合が積極的に貸付事業に関わるようになった経緯について，それが偶然ではなく，戦後生活協同組合活動における課題であったことを示した。

次に，海外における取組みとして，アメリカ・イギリス・フランスにおいてマイクロクレジットが導入された経緯と現状について，金融包摂の視点から詳述している。これらの国々においてマイクロクレジットがなぜ導入される必要があったか，また，どのようなスキームのもとで機能しているかについて理解することは，日本において本格的にマイクロクレジットを展開する際に欠かせない知見である。

なお，本書では，マイクロファイナンスを融資（ないしは貸付），預金，送金などの業務を行うことを指し，融資（ないしは貸付）に限定するときはマイクロクレジットの用語を使用していることをことわっておきたい。

（2）各章の概要

以下，各章について概略を紹介したい。

第**1**章「日本におけるマイクロクレジットの形成と社会福祉政策——無尽から世帯更生資金貸付へ」の筆者・角崎洋平は，福祉貸付の持つ歴史およびその意義について深い洞察力を持つ新鋭の研究者である。

本章では，江戸時代から明治政府成立，第2次大戦を経て現代に至るまでの間に，日本のマイクロクレジットが農村部と都市部において貧困者対策として成立して行った経過について述べられている。筆者は，江戸時代に普及した「無尽」「頼母子講」をマイクロクレジットのルーツとみなした。しかし，それらが生活困窮者に対して適時的かつ低利の資金供給に困難を抱えていたことから，ドイツのライファイゼン式信用組合やシェルツェ式信用組合を手本として，明治時代初めに日本における信用組合が構想された。だがそれでも，信用組合が農商務省主導の農村振興事業として定位されたことから，都市における展開はほとんどみられなかったとしている。

その後，失業問題が深刻化した日露戦争後の社会経済情勢を背景に，内務省が主導した庶民金融制度が公益質屋制度という形態で展開し，そこにマイクロクレジットの今日的原型を見出している。

公益質屋では，生活困窮者の生活資金・生業資金のいずれの貸付も行っており，さらに方面委員による少額貸付事業も合わせて，その後の社会福祉事業に引き継がれた。一方，公益質屋の都市部における発展が低調であったことから，その後，大蔵省主導で庶民金庫が成立したのは1938年のことであった。庶民金庫は主に第2次大戦後の国民，特に引揚者の生活困窮に対応する貸付を行い，1948年には庶民金庫は国民金融公庫へと再編された。

本章において，筆者は日本の福祉貸付が1950年代前半の民生委員による世帯更生運動に呼応して急ごしらえで設計されたものではなく，戦前から内務省・厚生省などによる生活困窮者対策の一環として構想されていたことについて詳述している。とりわけ，世帯更生資金貸付制度の実現が民生委員による世帯更生運動だけの成果ではなく，全国社会福祉協議会と共にすすめられた経緯について資料をもとに詳述されており，それまでの通説を見直す問題提起を行っている。

第**2**章「日本における生活困窮者向け貸付——福祉貸付としての生活福祉資金貸付事業を中心に」では，第**1**章を受けて，世帯更生資金貸付事業（ないしは制度）が1990年に生活福祉資金貸付事業へと名称を変更した後の，生活福祉資金貸付事業の変化と問題点について述べている。

名称変更後，生活福祉資金貸付事業は貸付資金額の上限の引き上げや貸付使途の拡大にみられる拡充期を経て，その時々の社会保障制度のほころびを「貸付」という形態で埋め合わせようとする方向で改正されていった。

その例として，離職者支援資金（2001年），長期生活支援資金（2002年），そして，住居を喪失した労働者の生活困窮対策であり，同時に，社会問題となっていた多重債務問題対策として位置付けられた総合支援資金（2009年）の創設が挙げられている。その変遷を捉えて，筆者は，生活福祉資金貸付事業が「防貧」政策から「救貧」政策の一翼を担うものとなっていったとしている。

また，生活困窮者層に対する福祉貸付の本来的意義について，償還のみを目標とすることではなく，償還猶予ないしは償還免除に至るプロセスにおける，借受人への相談援助の重要性と相談者および借受人からみた制度に対する要望をフィードバックすることの大切さについても指摘している。

第**3**章「日本の生活協同組合などによる貸付事業――金融包摂の実践と福祉的意義」では，適切な金融サービスを利用できないという意味で「金融からの排除」という概念を，そして，貸付によって生活困窮を解消することを目的としている貸付制度の不備が高利金融業へ向かわせ，さらに生活を困窮させる可能性を持つという意味で「金融への排除」という概念を用いている。その上で，生活協同組合による貸付事業の歴史と現在を概観している。

本章では，まず，第2次大戦前に賀川豊彦が提唱した相互扶助精神にもとづく生活協同組合による貸付事業構想が，生活協同組合による運動にもかかわらず頓挫した経過について詳述している。その後，1953年の労働金庫法にみられるように，生活協同組合運動と労働運動が一体化したことによって，貸付事業は一定の成果をあげることができた。その結果，零細業者や未組織労働者などの民間金融機関からも労働金庫からも融資を受けられない層を対象とした信用生活協同組合が誕生した。

筆者は，生活協同組合系貸付事業として消費者信用生活協同組合をはじめ，生活サポート基金，グリーンコープ生活協同組合連合，みやぎ生活協同組合を取り上げて聴き取り調査結果を実施している。その結果，生活協同組合などの実施する貸付事業が，金融機関のみならず労働金庫や生活福祉資金貸付事業からも排除された層をターゲットとしていることを明らかにした。

そして，これらの貸付事業は，家計管理支援をはじめその相談活動に特徴があること，また，生活再建を第一の目的とした事業であるために，借手の事情に配慮した柔軟な債権管理が徹底されなければならないことを指摘している。

第4章「アメリカにおけるマイクロクレジット――政府の庇護下で堅実に成長」の筆者・小関隆志は，日本はもとよりアメリカ・イギリスを中心としたマイクロクレジット機関およびその借手に対して様々な調査を行った経験を持つマイクロクレジット研究者である。

本章では，アメリカにおけるマイクロクレジットについて，最初に金融排除の視点から，次いでコミュニティ開発クレジットユニオンの事例紹介を交えて述べられている。

アメリカでは1977年の地域再投資法にもかかわらず，金融排除はその程度に濃淡はあるものの，依然として存在している。具体的には，金融サービス利用者に対してクレジットスコアを用いることが一般的であることから，クレジットスコアの低さが口座開設，融資，クレジットカードの作成，ひいては就職などにも影響を及ぼすという。背景には，銀行口座を持たない人々には低所得者層が多く，高い手数料や利息を要求する代替金融業に依存している実態がある。

アメリカ合衆国政府は金融排除問題に対する対抗策として，地域再投資法の強化を始め，低所得者層に対するクレジットユニオンの促進，個人開発口座の奨励，零細企業の育成策などを行っている。しかし，筆者の聴き取り調査によると，政府によるマイクロクレジット機関の育成・促進策は一定の成果を上げているが，その一方で，マイクロクレジット機関の存在が広報の不十分さなどによってまだ十分に認知されていないとしている。そしてマイクロクレジット機関の運営が政府からの補助金，財団からの助成金や銀行・企業からの寄付金に依存していることを指摘している。

一方，マイクロクレジット機関が収益をあげることを目標に掲げると，そのミッションが犠牲になることもまた懸念され，収益性とミッションのバランスをとる方策が今後の課題であるとしている。

第**5**章「イギリスにおけるマイクロクレジット――岐路に立たされるマイクロクレジット業界」では，イギリスにおける金融排除に対する政策動向およびマイクロクレジット機関がおかれている近年の状況について述べられている。イギリスにおける金融排除問題の発生は，1979年以降のサッチャー政権下における，貧困地域での集中的な銀行の支店閉鎖がもたらした銀行へのアクセスの困難さにその発端をみる。その後，1997年に誕生した労働党政権は金融排除問題を社会的排除の一つとみなし，銀行へのアクセスの困難さだけでなく，障害者，低所得者，異なった言語や宗教徒への配慮の欠如などに起因する銀行の利用しづらさなどの存在を明らかにした。

その後，社会的排除対策室が設けられ，消費者金融政策・零細企業育成策が取られた。そこでは，クレジットユニオンが低所得者層向けの金融サービスの担い手とされ，2002年にはクレジットユニオンの規制緩和の結果，クレジットユニオンの対象者が拡大した。

しかし，2010年の保守党政権への交代を機に，金融包摂は主要な政策課題から外された結果，労働党政権下で誕生した金融タスクフォースによる金融包摂基金は2012年3月で廃止されて金融カウンセリング団体は補助金を失い，コミュニティ開発金融機関は財政的自立を迫られた。

イギリスではアメリカと異なって，マイクロクレジット機関や零細企業育成組織は独自のセクターをなしておらず，政府による認定や投資減税の資格を受けた団体も全体の半数に過ぎない。そのため，金融排除層に対するアプローチやトレーニングを行うことも限定的である。

そのような経緯を経て，2012年にパイロット事業として開始された新起業積立金制度とスタートアップ融資によって，両制度を利用した新規事業融資件数が急増した。背景には，零細企業を対象としたコミュニティ開発金融機関の減少もまたあげられよう。

筆者は，イギリス政府によるクレジットユニオンやコミュニティ開発金融機関に対する支援を評価しながらも，長期的な金融包摂政策が求められると結論づけている。

第**6**章「フランスにおけるマイクロクレジット――事業向けマイクロクレ

ジットと個人向けマイクロクレジット」の筆者・重頭ユカリは，フランスのマイクロクレジットおよびヨーロッパの協同組合銀行研究についての日本における第一人者である。

フランスはヨーロッパでマイクロファイナンスの活動が現時点で最も発展した国の一つであり，筆者は長年にわたってフランスなどヨーロッパにおける金融機関やマイクロクレジット機関などの訪問調査を行っている。

本章では，フランスのマイクロクレジットの仕組み，実績，借り手の置かれている状況を概観し，日本への示唆を提示している。

フランスでマイクロクレジットが発展して来た背景には，1980年代後半以降の失業率，特に24歳以下の若者の失業率の高さがあげられる。つまり，筆者が指摘するように企業に雇用されるのではなく，失業者自らが起業して雇用を生み出さざるを得ない状況があったと言える。

こうした状況に対応すべく，アディ（Association poure droit a l'initiative economie : Adie）は1980年代後半から，起業を希望しているにもかかわらず，一般の銀行から借入ができない人向けの資金供給を行うという活動を開始した。

その後，アディの活動に共感した銀行との提携が進み，起業支援を行いつつ資金を貸し付けるという事業向けマイクロクレジットの仕組みが整備されていった。他方，2000年代に入って起業するわけではないが，生活困窮者が困難を脱するための資金貸付については，スクール・カトリックという民間のアソシエーションが開始した。

こうした民間団体に主導されて，フランス共和国政府はマイクロクレジットの基盤を強化するため社会統合基金（Fonds de Cohésion Sociale : FCS）を創設した。この基金は個人あるいは法人への貸付保障，失業者，積極的連帯手当（Revenu de Solidarité Active : RSA）受給者が起業する場合の貸付保証を行うものである。

現在，フランスにおけるマイクロクレジットは事業向けと個人向けに大別され，いずれのマイクロクレジットにも伴走（借入者への助言や支援）が付随していることに大きな特徴がある。伴走が付随することにより，マイクロクレジットは，困難な状況にある人向けの貸付であるにもかかわらず，その貸倒比率は相対的に低い水準にとどまっている。しかし，個人向けマイクロクレジットのデータやアンケート調査などをみると，伴走機関の地域的な偏在が借入件数にも反映されているとみられること，また，貸付後の伴走が必ずしも十分ではないといった問題点も見出される。

筆者はこうしたフランスの経験を踏まえ，日本において2015年4月から施行された生活困窮者自立支援法において選択事業と位置付けられている家計相談支援事業が普及する際のポイントを提示している。なかでも，金融機関が家計相談支援員や支援を行うNPOなどと信頼関係に基づいた連携を行うことが重要なポイントとなることを示唆している。

第**7**章「フランスの協同組合銀行における生活困窮者支援の取組み――クレディ・アゴリクルのポアン・パスレルを中心に」では，フランスにおける協同組合銀行の位置づけおよび協同組合銀行がマイクロクレジットをはじめ生活困窮者支援において果たす役割について述べられている。

協同組合銀行の創設は19世紀の終わりにドイツのライファイゼン式信用組合などの影響を受けて，農業者・手工業者・中小業者などが相互扶助組織を形成したことにその端緒をみる。設立された協同組合は，一般に連合会を設立するなどグループを形成しており，現在のヨーロッパ各国では平均して約2割のシェアを持つ。

本章で取上げられた協同組合銀行クレディ・アゴリクルは，当初は農村部の農業者を中心に結成されたが，現在は組合員となるための資格要件や員外利用規制はない。そうしたなかで，協同組合銀行らしさが失われているのではないかとの懸念もあったが，相互扶助の精神は消えたわけではなく，自らが存立する地域の貧困問題へのコミットメントを深めてきた。

1997年にクレディ・アゴリクル・ノール・エスト地方金庫は，生活困窮者のための支援組織ポアン・パスレル（直訳：架け橋の場）を全国で初めて設置した。この取組みにならい，生活困窮者支援組織を設置する動きが拡がりをみせ，全国連合会ではポワン・パスレルを立ち上げる際のマニュアル作成やアドバイスを行うことによって，それを支援している。

ポワン・パスレルでは，公共料金の引き落としが不能になった利用者に代わってアドバイザーが電力会社やガス会社と交渉を行ったり，公的機関や民間支援団体から受けられる支援を探したり，各種支援申請の手助けを行っている。

筆者がヒアリング調査を実施した2か所のポワン・パスレルでは，クレディ・アゴリクルの地方金庫の現任または退職職員が専任のアドバイザーを務め，マイクロクレジットの貸付相談にも乗っている。社会統合基金による保証のあるマイクロクレジットの貸付の際や相談者が必要とする場合には，地方金庫の理事が伴走を担当する。

筆者は，Gloukoviezoff の論文を引用しながら，フランスにおける協同組合銀行は今もなお現代フランス社会における金融包摂において重要な役割を果たしていると結論づけている。

（3）むすびにかえて

以下のように，本書では，海外研究としてアメリカ・イギリス・フランスにおけるマイクロクレジット導入の経緯と現状さらには課題について述べている。もちろん，これらの国々と日本とでは歴史的・社会的・文化的・宗教的背景などが異なるゆえに，短絡的に移入することは避けなければない。

この前提の上に立って，日本における金融包摂政策のあり方およびその具体策としてのマイクロクレジット機関の育成について考える際に，本書から得られる示唆として以下の2点が挙げられよう。

1点目は，金融包摂施策にかかる政策目標を明確にし，マイクロクレジット機関構築の強化を図ることである。第**4**章「アメリカにおけるマイクロクレジット」において示されたように，アメリカでは地域再投資法の成立とその強化によって，マイクロクレジット機関が銀行との協力関係のもとで，中低所得者層の金融サービス促進に成功している。しかし，一方，イギリスでは第**5**章「イギリスにおけるマイクロクレジット」において示されたように，金融包摂政策が保守党政権の下で，主要な政策課題から外された結果，労働党政権の下で成立した金融包摂基金が廃止された。その具体的な影響は補論3・小関隆志「イギリスにおける消費者向けマイクロクレジット」で明らかにされている。そこでは，消費者融資型 CDFI（Community Development Financial Institutions）

の事例としてStreet UKが取り上げられており，補助金の削減・廃止がStreet UKにおける収益の悪化および消費者教育に与えたマイナス作用が描かれている。これは，政権交代によって一貫性のない金融包摂政策が取られた一例としてみることができよう。

それに対して，第**6**章「フランスにおけるマイクロクレジット」および第**7**章「フランスの協同組合銀行における生活困窮者支援の取組み」にみられるように，フランスでは社会的包摂の観点から，政府によって創設された社会統合基金がマイクロクレジット機関の育成と発達に寄与していることが伺える。

2点目は，先進資本主義国におけるマイクロクレジット機関の実践から得られることは何かである。補論2・小関隆志「アメリカにおける延滞者支援」では，アメリカ合衆国ペンシルバニア州フィラデルフィア市にある零細企業育成組織におけるテクニカル・アシスタンスの実際についてのケーススタディ結果が報告されている。そこでは，延滞者に対するテクニカル・アシスタンスは有効であったが，時間と費用もかかることから，延滞予防の観点から借受人との信頼関係の強化と早期対応を行うことの重要性が述べられている。

また，補論1・佐藤順子「心のレストラン・ブザンソンとパルクール・コンフィアンス」では，フランス共和国ドゥ県ブザンソン市にあるフードバンク「心のレストラン・ブザンソン」におけるマイクロクレジット相談窓口の活動が紹介されている。そこで行われている，食料などの給付と貸付を同じ窓口で行う事例をもとに，生活困窮者に対する多様な支援のあり方について問題提起を行っている。

以上，述べたように，金融包摂政策の一環としてのマイクロクレジット機関の育成は，財政的基盤の構築をもとにした政策とそれを実行するアクターの効果的な活動がかみ合って初めて機能すると言えよう。

日本における生活困窮者に対する金融排除の諸相はまだ充分に明らかにされていない。しかし，どのようにして金融包摂をなし得るのか，本書がマイクロクレジットによる金融格差是正のための議論の一助となれば幸いである。

なお，本書の第**1**章は，平成23-24年度日本学術振興会科学研究費補助金

（特別研究員奨励費）「貸付と給付の社会福祉理論」（課題番号 11J09654 研究代表者 角崎洋平）および平成 27 年-28 年度日本学術振興会研究費補助金（若手Ｂ）「日本の福祉的貸付事業の戦後史」（課題番号 15K17238 研究代表者 角崎洋平）の研究成果の一部である。

第**2**章・第**6**章ならびに第**7**章は，平成 24-26 年度文部科学省科学研究費補助金（基盤研究（C））「マイクロクレジットの日仏比較」（課題番号 24530759 研究代表者 佐藤順子）および平成 25 年度佛教大学特別研究費の成果の一部である。

第**3**章は，平成 23-24 年度日本学術振興会科学研究費補助金（特別研究員奨励費）「貸付と給付の社会福祉理論」（課題番号 11J09654 研究代表者 角崎洋平）および 2014 年度立命館大学研究推進プログラム「借手の状況に配慮する福祉的貸付実践の可能性と問題点」（研究代表者 角崎洋平）の研究成果の一部である。

第**4**章・第**5**章は平成 23-26 年度文部科学省科学研究費補助金（若手研究（A））「先進国におけるマイクロファイナンス機関の持続可能な経営モデル構築」（課題番号 23683006 研究代表者 小関隆志）の研究成果の一部である。

第1章
日本におけるマイクロクレジットの形成と社会福祉政策[1]
——無尽から世帯更生資金貸付へ——

角崎洋平

1 「日本のマイクロクレジット」史研究

（1）民生委員運動史のなかで位置づけられる日本のマイクロクレジット

現代日本におけるマイクロクレジット——生活困窮者の生活改善のための小口貸付——といえば，生活福祉資金貸付制度の存在を想起する必要があるだろう。生活福祉資金貸付制度は，第2章で詳しく説明されるとおり，都道府県社会福祉協議会（以下，社協）が，低所得者・障害者・高齢者に対して，無担保かつ低利で小口資金を提供する全国的な貸付制度である。この貸付制度の目的は，借手が「経済的自立及び生活意欲の助長促進並びに在宅福祉及び社会参加の促進を図り，安定的な生活を送れるようにすること」に置かれている（生活福祉資金貸付制度要綱第一）。こうした特徴や目的は，貧困層の生活改善をめざす途上国マイクロクレジットのそれと明らかに類似する。

日本における代表的なマイクロクレジットが生活福祉資金貸付だとすれば，日本におけるマイクロクレジットの歴史は，生活福祉資金貸付の形成・展開の歴史を抜きに語ることができない。生活福祉資金貸付は1990年までは世帯更

(1) 筆者が日本のマイクロクレジット形成史を記述したものとして他に角崎（2013）がある。ここでは方面委員・民生委員の活動史との関連を中心に記述しており，とりわけ貸付にともなう方面委員・民生委員の伴走支援に注目している。こちらも併せて参照されたい。なお角崎（2013）と日本のマイクロクレジット史の全体像を描こうとする本章の目的は異なるが，本章のこうした目的ゆえに，第3節および第4節の一部に，角崎（2013）と記述が重複している個所がある。なお，引用文中の亀甲カッコ内は筆者による補足。また引用するにあたり旧字体は新字体に，カタカナはひらがなに直してある。

生資金貸付と呼ばれており，その形成史についてはすでに先行研究の蓄積がある。その歴史は，民生委員の運動史と密接に関係するものとして，曰く以下のようにかたられている。1950年の現行生活保護法の制定により民生委員は生活保護行政から排除され，これまで救貧行政の中心にあった民生委員（戦前は方面委員の名称で活動）は，活動のよりどころを失った。そこで民生委員は，自らの活動の意義を防貧事業に見出し，低所得者層の自立更生を支援する「世帯更生運動」を開始し，その運動のなかで「世帯更生資金貸付制度」が1955年に生まれたのである，と（生活福祉資金貸付制度研究会，2013，pp. 21-22；六波羅，2009，p. 128；岩田，1990，p. 138；土岐，1986，pp. 314-317；中垣，1981，pp. 37-38；佐藤，1980，p. 96など）。

しかしこのような記述は，1955年に民生委員が世帯更生資金貸付というマイクロクレジット事業を開始した理由を説明するにとどまる。そして，こうした事業開始の背景として，民生委員の団体の社会的政治的影響力の強さが強調されるにとどまる。先行研究の多くは，1950年の現行生活保護法が民生委員運動の展開に与えた影響を重視しすぎるがために，日本のマイクロクレジットとしての生活福祉資金貸付のルーツを，1950年以前に遡れないでいる。

そうしたなかで土岐（1986）や岩田（1990）は，戦前の小口貸付事業への方面委員の関与や，戦前の事業と戦後の世帯更生資金貸付との防貧事業としての類似性を指摘している点で特筆すべき重要な先行研究である。ただし，1945年の終戦から世帯更生資金貸付の設立が政策課題として俎上に上るまで，すなわち1945年から1950年までの小口貸付事業史・政策史についてはほとんど記述されていない。そのために，やはり戦後唐突に，1950年の民生委員の生活保護行政からの排除でもって世帯更生資金貸付が登場したかのように読めてしまう。

近年民生委員の担い手が不足しているといわれ，しかもプライバシーの観点から民生委員の活動自体に懸念が持たれることもある（全国社会福祉協議会世帯更生資金制度あり方研究委員会，1987，pp. 34-35など）。最近では生活福祉資金貸付の総合支援資金など，民生委員を経由せずとも利用できる貸付種目も誕生した。こうしたなかで，生活福祉資金貸付（世帯更生資金貸付）設立史を，民生委員運動とのみ関連づけて理解することは，かれらが担ってきた貸付事業そのものの今日的意義までも見失わせてしまうのではないだろうか。民生委員が貸付実践において担ってきた業務の意義を捉えつつも，〈民生委員のための，民生委員の運動でできた貸付制度〉という歴史観を，見直してみる必要がある。

（2）庶民金融史と生活福祉資金貸付制度史の断絶

本章では生活福祉資金貸付のルーツを，1950年をはるかにさかのぼり，近世における無尽・頼母子講などの農村金融にみる。すでに無尽やそれに続く戦前の，低所得者・生活困窮者層などを対象とした，いわゆる庶民金融についての研究は，本章でも多く参照する森嘉兵衛（1982）や澁谷（2001）など多く存在している。しかしやはり，1945年から1950年にかけての断絶もあり，「無尽金融史」「庶民金融史」と「生活福祉資金貸付制度史」は全く断絶しており，先行研究も全く別分野の研究として蓄積されてきている。

その原因の一つは先行研究が，戦前の社会政策や戦後の社会福祉政策における，生活困窮者向け小口貸付の構想や実践を，捉え損ねていることにある。たとえば，テツオ・ナジタは，無尽・頼母子講や報徳金融が，単なる利益追求を超えた相互扶助という目的を保持していたことを指摘している。しかしナジタは，貸付事業において相互扶助の精神を引き継ごうとする民間と，資本主義化を進める政府との対立を軸に歴史を描いているため（Najita, 2009＝2015），政府による貸付を通じた防貧と生活困窮者救済の構想を捉えられていない。

本章では，戦前と戦後の政府による貸付事業を結びつける存在として，庶民金庫に注目する。先行研究のなかには，庶民金庫を扱った研究もないわけではない。澁谷（2001）は，戦前の庶民金庫の設立と展開を丁寧に記述している重要な研究であり，本章も多く参考にしている。しかし，戦後の庶民金庫の活動について触れていないままに，庶民金庫を「戦争遂行が主目的」の国債「消化機関」として評価しているため（澁谷，2001，p. 703），庶民金庫が戦後引揚者の生活再建に果たした役割について触れられていない。また森静朗は，庶民金庫の設立を主導した井関孝雄の業績を評価するにあたって，庶民金庫が戦前，社会保障制度の不備を補う庶民金融の担い手として一応機能していたことを認めている。しかし森は，庶民金庫が戦後中小企業向け政府系金融機関である国民金融公庫に転換したことに注目しているため，庶民金庫の貸付事業が社会福祉分野で継承されたことを見逃している（森静朗，1979，p. 100）。一方社会福祉史の分野では，上述の土岐（1986）や岩田（1990）のように，戦前・戦後の防貧事業の連続性を指摘する研究もないわけではない。しかし両研究は庶民金庫に適切な評価を与えていない。たとえば後者は庶民金庫の存在に全く触れていないし，前者は庶民金庫の存在にわずかに触れているが，庶民金庫営業開始後４ヶ月もたたない時期に出版された武島（1938）の否定的評価を鵜呑みにしており，適切な評価を行えていない。

（３）本章の構成

本章は，戦前の事業と戦後の世帯更生資金貸付，そして無尽・頼母子講などの相互扶助的事業と政府の生活困窮者向け貸付事業を連続的にとりあげ，日本のマイクロクレジット形成史の全体像を描きだす。

こうした目的から本章では，第２節から第３節（２）までは，無尽・頼母子講や庶民金融の分野での先行研究を，現代のマイクロクレジットに展開する萌芽的実践についての研究として整理する。本章ではその後の第３節（３）以降で，戦後の庶民金庫の展開を記述し，これまでとは異なる庶民金庫像を提示する。そして続く第４節では，庶民金庫の実践を引き継ぐものとしても世帯更生資金貸付があったことを明らかにしたい。本章の特徴は，厚生省関係の資料――主に本章は『戦後創設期／社会福祉制度・援護制度史資料集成（マイクロフィルム版木村忠二郎文書資料（以下，木村文書））』に保存されている資料を参照している――などを確認しながら，おそらくこれまで先行研究が全く触れてこなかった戦争直後から1950年にかけて厚生省などで構想されてきた生活困窮者向け小口資金貸付構想を確認する点にある。

本章で日本のマイクロクレジット史を描くにあたって重視するのは，その時々の社会政策・社会福祉政策との関連である。先行研究が，現行生活保護法の制定が世帯更生資金貸付制度の創設に影響を与えたことを強調することからも推察できるとおり，社会福祉制度とマイクロクレジット制度の関連は密接である。そもそも生活福祉資金貸付は上述のとおり，低所得者などの「経済的自立及び生活意欲の助長促進並びに在宅福祉及び社会参加の促進を図り，安定的な生活を送」らせるための制度なのであるから，マイクロクレジット以外の自立助長や生活安定のための政策を視野に入れなければ，マイクロクレジットがその時々で構想され整備されてきた理由を理解することはできない。そういう意味で本章は，単なる日本のマイクロクレジット史であることを超えて，〈生活困窮者への貸付〉という視点からの，もう一つの日本の社会福祉政策史を記述することをも目指している。

2　無尽・信用組合・小資融通

(1) マイクロクレジットのルーツとしての無尽・頼母子講

ベアトリス・アルメンダリス・デ・アギオンとジョナサン・モーダックは，マイクロファイナンス（マイクロクレジット）のルーツとなる金融事業のモデルとして，回転型貯蓄信用講（rotating savings and credit associations : ROSCA）を取り上げている。

ROSCA は，友人や隣人でグループを作り，グループの全構成員が毎期に決められた金額（掛け金）を支払い，毎期ごとにその支払われた金額のすべてもしくは一部を，構成員の一人が（取り金として）受け取る資金融通システムである。全構成員が一巡して取り金を受け取るまでこうした資金融通は繰り返される。資金を受けとる順番については，事前に受け取る順番を決定する方式，くじなどによりランダムに決定する方式，入札（せり）によって決定する方式がある。ROSCA は借入と貯蓄が一体化した金融手法である。ROSCA は，先に取り金配分を受けてその後毎回掛け金払いを続ける人にとって，借入して後日返済するのと同様の金融手法である。逆に，後半まで取り金配分を受けずに長く掛け金払いを続ける人にとっては，貯蓄して後日貯蓄した資金を引き出すのと同様の金融手法である。そういう意味で ROSCA は純粋な貸付制度ではないが，担保となる財産をもたない生活困窮者層がまとまった資金を入手するための有効な方法の一つであるという点で，マイクロクレジットと類似する。こうした点からかれらはROSCAをマイクロクレジットのルーツとして評価している（Armendáriz de Aghion & Morduch, 2005, pp. 57-60)。

こうした制度はアジア・アフリカなどの多くの国々で現代でもみられる（Armendáriz de Aghion & Morduch, 2005, p. 59)。ROSCAは日本でも，江戸時代に全国に普及した「無尽」や「頼母子講」として知られている。無尽・頼母子講にも多種あるが，なかでもマイクロクレジット史の観点から注目すべきは，小農没落防止のための「頼まれ無尽」という「個人の窮乏を救済する目的で創始された」ものであろう（森嘉兵衛，1982，p. 117)。頼まれ無尽は，依頼者である困窮農民やそれを見かねた者による呼びかけによって結成される。無尽の構成員は困窮者当人を含めた村内メンバーによって構成され，「協力する農民の数と経済力で必要金額を割った金額」が掛け金となった。そして最初の受け取り者は，その困窮当事者ということになる。それ以外のメンバーは，「くじ」や「せり」により順番に受け取ることになる（森嘉兵衛，1982，pp. 132-141)。困窮当事者からすれば，先に資金を得てその後毎回掛け金を支払う（支払掛け金総額は原則として受け取った資金額と一致する）のだから，借入してその後同額を返済するのと同じになる。大規模な所得再分配や社会保険制度はもちろん，社会福祉政策が存在しないなかにおいてこうした資金供給方式は，有効な生活困窮者支援策の一つであったと推察できる。

無尽・頼母子講を含むROSCAの最も重要な特徴は以下の点にある。すなわち，参加者はまとまった資金（取り金）を受け取る権利を有する債権者であると同時に，グループに対して掛け金を支払わなければならないという債務者であるという点である。テツオ・ナジタはこうした債権者と債務者の同一性から，無尽・頼母子講を相互扶助（mutual aid）の組織として評価している（Najita, 2009)。今も昔も，債権者（貸手）が契約条件を盾に，債務者（債務）に対して強硬な取り立てを行い，結果的に債務者を従属させたり困窮状態に追い込んだりすることは多々ある。金融事業が，債務者にとって利益となるためには，債権者と債務者の対等で互恵的な関係を確立する必要がある。そうした観点でいえば，ROSCAは，債権者と債務者の同一性を基盤に，債権者と債務者の対等性を確保している制度であるといえよう。

以上から，無尽・頼母子講による金融支援を，生活困窮者の生活改善のための資金を提供するマイクロクレジットの原型としてみることは妥当であろう。しかし貧困層が資金調達しやすいという類似性に注目するのみではなく，その「原型」がマイクロクレジットにどう展開するのか，どうして無尽・頼母子講から展開する必要があったのか，を確認する必要がある。

以下の点で無尽・頼母子講を含むROSCAは，生活困窮者への資金供給手段として問題含みであり，マイクロクレジットのような貸付方式に展開せざるをえなかったといえる。第1の問題点は，供給金額の硬直性である。アルメンダリス・デ・アギオンとモーダックが指摘するとおり，ROSCAは取り金の金額を，資金を必要とする当事者の資金需要に応じて柔軟に増減させることができない。たとえばROSCAでは，一人当たり取り金金額を増額しようとするならば，毎回の掛け金を増額させるか，参加者を増加させるしかない。しかし掛け金を増額させれば参加者の負担が大きくなるし，構成員をむやみに拡大すれば比較的早い回数で取り金を獲得してその後掛け金を支払わず「取り逃げ」する者をROSCAに引き込みかねない（Armendáriz de Aghion & Morduch, 2005, p. 67）。そのためROSCAは，限られた友人・隣人関係に依存して構築せざるを得ず，結果として供給金額が過少になりがちとなる。ゆえにROSCAでは，生活改善に必要な金額を供給できるか疑わしくなる。

いっそう問題なのは次の点である。すなわち，必要な時に資金を手に入れられないという資金需給時期のミスマッチの問題である。無尽金融研究者である森嘉兵衛は，無尽・頼母子講において資金が必要な時に資金を入手できるのは，無尽創設の契機となる最初の取り金取得者だけであると指摘している。それ以外の者の資金取得時期は，たとえばくじ方式の無尽・頼母子講では，全く運命に依存せざるをえなくなる。だからといって入札（せり）方式を導入すれば，より資金を必要とする者がよりディスカウントされた取り金を取得することになりかねず，事実上の高利払いとなってしまう（森嘉兵衛，1982，pp. 104-105）[(2)]。こうした問題についてはアルメンダリス・デ・アギオンとモーダックも指摘している。かれらは，資金需給時期のミスマッチ解消にために入札方式を導入すれば――こうしたROSCAは「入札型（bidding）ROSCA」と呼ばれる――

「入札戦争（bidding war）」が引き起こされる蓋然性は高まり，より貧しい家庭（needy, poorer households）が高い入札金額をつける――したがって取り金がより少なくなる――ことになると懸念している（Armendáriz de Aghion & Morduch, 2005, pp. 67-68）。

ゆえに，無尽・頼母子講を含むROSCAをマイクロクレジットのルーツとして語るためには，以下のことを認識しておかなければならない。それは，生活困窮者向けの資金提供制度として画期的ではあるが，生活困窮者へ効果的に資金提供する際に乗り越えなければならない課題をも提示するものであった，ということである。

（2）中間層を支える貸付制度①――報徳金融

日本の近世には，無尽・頼母子講以外の手法で，困窮状態に陥る危機に瀕した農民を救済するための金融事業が存在していた。近世農村史を専門とする大塚英二の研究を中心に，そうした金融事業確認しよう。

近世農村では，高利貸からの借入金を返済するに窮した農民が，借入に際して質入していた土地の流地危機に瀕することが少なからずあった[(3)]。流地によって村内の土地が村外の商人や農民の手に移ることは，土地を手放す農民のみならず，村共同体にとっても，外部からの侵入を招いて共同性を脆弱にする不安要素であった。そのためここで，土地を奪われる危機に瀕した農民に対して，

(2) 森嘉兵衛は「鬮（くじとり）取法の射幸性を極端に利用した方法が取逃無尽となり，振（せりとり）取法を極端に利用すれば高利貸金融となった」と指摘している（森嘉兵衛，1982，pp. 104-105）。取逃無尽とはいわゆる「富くじ」と同様の形式をとるものである。要するに無尽・頼母子講は，富くじ（宝くじ）か高利貸に分化する蓋然性を内包していたといえよう。

(3) 近世（江戸時代）農民にとっては，土地を質入して資金を調達する金融が一般的となっていた。質入れされた土地は質地取主に利用権があり，質地取主はその土地を自ら耕作するか小作に出すなりして収益をあげることができた。一定の期限内であれば，質入した農民はその土地を取り戻すことができるが，期限を過ぎれば「流地」となって質地取主の所持地となる（白川部，2010，p. 42）。ただし，質入した農民が，質地取主の小作として期限まで継続的に従前の土地で耕作することを認められる場合もあった。これを直小作という（小早川，1979，p. 353）。

村内の貸手が資金を融通する必要が出てくる。村内の貸手は貸金を担保するために借手の土地を質地とする（すなわち貸手が質地取主となる）が，借手が直小作として従前の土地での耕作を継続することを認める。そして，借手が借入金の返済＝質地請戻しをするのをゆっくりと待ち，村内の土地が流地になることを防止する。仮に後年，貸手自身が借手の返済を待てないほど資金繰りに困れば，村内で別の貸手を探し出し，借手は新たな〈貸手＝質地取主〉のもとで直小作としての地位を維持する。大塚はこうした，村内での資金融通と質地関係を循環させる取組みを組み合わせて，高利貸資本の村内への侵入を防ぎつつ中間層農民の生業基盤再建を待つシステムを，「融通＝循環」構造と呼んでいる（大塚，1996）。

そうした金融システムの発展形の一つは，近世後期における「報徳金融」である。これはいうまでもなく二宮尊徳（1787-1856）による農村復興事業（報徳仕法）である。報徳金融とは，「領内農民の借財，特に高利貸資本との関係を清算させ，貧窮分解を食い止めるような金融体系」である（大塚，1996，p. 253）。当初の財源は封建領主からの借入であるが，借手から元金返済終了後に受け取った「冥加金」を蓄積することで[4]，村共同体内の余剰を確保していき，それが村内での融通に利用される財源となる。こうした仕組みのベースになったのは，報徳以前から存在していた「融通＝循環」の構造であったといえる（大塚，1996，p. 188，pp. 263-267）。

報徳金融の特徴は，単に資金を貸付するだけではなく，荒廃した土地の再整備（起返（おこしがえ）し）や，用水整備による土地生産性向上事業や，村内人口の安定化による労働力確保事業とセットで実施されていた，というところにもある（大

(4)「冥加金」制度とは，無利子での元金完済後，割賦金１年分を余分に返済する制度である。たとえば10両５年返済であれば，毎年２両ずつ返済して５年後に完済するが，その後６年目に２両を冥加金として支払うことになる。確かに５年間については無利子であり，冥加金払いは強制的なものではなかったのでこの側面をみれば報徳金融を無利子の金融であると評価できる。ただしこれを６年間で10両と利息分２両の合計12両を返済する返済方法と理解すれば，これは年利約5.5％の元利均等返済であると評価することもできる（大塚，1996，pp. 264-266，上記の数値例は大塚（1996）の左記該当箇所を元に筆者が計算）。

塚，1996，p. 253)。農村復興事業がその実効性を高めるためには，村外の高利貸などが村内へ入り込み，利益を収奪することを防ぐ必要がある。そして，利息支払い負担が重くては，農民の生活再建もままならず，農村復興も画餅に帰す。また一方で，農業生産性の向上は，借入金の返済を容易にするだろう。そういう意味で，農業支援（生産力向上・労働力確保）と金融支援はまさに農民の生活基盤再建のための〈車の両輪〉ともいえる。ここに，本章第3節以降や第**3**章でみる民生委員（方面委員）や生協などの貸付機関が提供する，生活・生業支援を組み込んだ貸付支援の原型をみることができる。

こうした農村金融のシステムは，無尽・頼母子講を含むROSCAでみられた，供給金額の硬直性や資金需給のミスマッチ問題を少なからず克服している。たとえば報徳金融における供給金額は，ROSCAのように参加人数に左右されることなく，必要に応じて貸付金額を決定できる。ROSCSAのように新たにグループを立てることなく，資金が必要になった時に（もちろん領主の財政事情や冥加金の積立度合が影響するが）比較的柔軟に資金を供給することができる。一方で，報徳金融ではROSCAのような債権者と債務者の同一性はみられない。しかし，債権者も債務者も同じ村共同体の一員であり，借手の救済が貸手を含む村全体の利益になるという互恵的関係が報徳金融の基盤になっているという点で，報徳金融とROSCAの類似性も確認できる。

しかしこうした報徳金融の主な受益者であったのは，下層の農民ではなく中間層以上の農民であったようである。大塚によれば，報徳金融において貸付対象者は「労働に勤しむ出精人」とされ，その選別は農民自身たちの入札によってなされていた事例も多い。そうしたなかで，「労働に勤しむ」者で，かつ返済可能性が高い者として，中間層以上の農民が選別され，下層農民が貸付対象から除外されていたということは容易に想像がつく。もちろん，下層農民に全く支援の手が差し伸べられなかったわけではない。しかしかれらは，貸付対象ではなく「夫喰米（ふじき）」を給付される対象であり，高利に奪われた土地を取り戻して自営することよりも，中間層以上の農民に雇用される村内の補完的労働力となることを期待されていた（大塚，1996，pp. 267-270)。そうした意味で報徳金融は，貧困状態に陥ってしまった者を救済する貸付ではなく，農民が貧困状態に陥らないことを目的とした防貧的貸付事業であったと評価できる。

（3）中間層を支える貸付制度②——信用組合

近代において，無尽・頼母子講を含むROSCAの問題を克服する仕組みとして登場するのは，信用組合（credit cooperative / credit union）であった。アルメンダリス・デ・アギオンとモーダックも，ROSCAに続いて登場するマイクロクレジットのルーツとして信用組合を取り上げている（Armendáriz de Aghion & Morduch, 2005, pp. 68-69）。

信用組合は，（報徳金融同様に）借手のニーズに合わせて貸付金額を変化させたり，貸付時期についても比較的柔軟に対応したりできる。こうした点で信用組合も上述のROSCAの問題点を克服している（Armendáriz de Aghion & Morduch, 2005, p. 69）。また，信用組合は貸付するだけでなく貯蓄事業も行う。信用組合は，貯蓄する人に借入することを要求しておらず，貯蓄制度利用者が信頼に足る人物であるかどうかを判定することなく，貯金を広く受け入れることができる。ROSCAから報徳金融を経て信用組合への展開で起こった最大の変化は，ROSCAでは一体だった貸付と貯蓄が，それぞれ独立して制度化された，という点にある。

日本で信用組合の構想が具体化するのは，1891年の帝国議会（第2議会）に提出された「信用組合」法案においてである。ここで提案された信用組合とは「組合員に営業の資金を貸付し及勤倹貯金の便宜を得させしむる」組織であり，「組合員に非ざる者より預り金を為す」ことも認められた金融機関である（信用組合法案第1条）。この法案は，1870年代のドイツに留学していた品川弥二郎内務大臣以下の内務官僚や，法制局部長平田東助（品川とは妻同士が姉妹の関係）主導のもと，ドイツで歴史派経済学や社会政策学を学んできた杉山孝平によって起草されたものである（澁谷，2001，pp. 511-512, 556）。

信用組合が，金融行政を統括する大蔵省でも，産業振興を担う農商務省でもなく，まず地域政策・治安政策を担当する内務省で社会政策として構想・提案されたということに注目する必要がある。信用組合はまさに，農村が過半を占める地域社会の安定に有効な制度であると考えられていた。澁谷隆一が指摘するように当時の社会政策担当者には以下のような認識があったと考えられる。すなわち，無尽・頼母子講や報徳金融は「中産層の分解〔没落〕阻止＝社会体制の維持」に一定の役割を果たしてきたが，資本主義的商品経済に適合できていない。それゆえに無尽・頼母子講や報徳金融にかわる金融制度が必要であり，ドイツで近年注目されている信用組合がそれである，と（澁谷，2001，pp. 553-554)。

そういう意味で信用組合構想も，なんらかの災害や事件などにより生活困窮に陥ってしまい現在所有している生活基盤を喪失してしまいそうな者を対象としているが，すでに生活基盤を喪失してしまった階層を対象とするものではない。信用組合法の起草者たちは，信用組合は「常業もなく恒産もなく浮浪同様なる軽薄者」に提供されるものではなく，「恒産あり定業あり一定の居住地あり妻子あ」る者に提供されるものであることを強調している（平田・杉山，1891，pp. 30-31)。社会政策の担当者たちがドイツで発見した信用組合とは，かれらがドイツで摂取したであろう，階級対立を未然に防ごうとする防貧的社会政策の一つの実践形態として移入されたものであった。

結局，内務省の信用組合構想は，第２議会で政府が解散に追い込まれたことにより，廃案となった。とはいえ，この内務省による構想は，金融手法を社会政策の手段として見出した点で画期的であり，またその後の中産層以下の階層向けの金融機関構想の嚆矢となった点でも注目すべきものである。その後，法認されないまでも「信用組合」を名乗る組織が複数設立され，一度の廃案（第１次産業組合法案（1897年））を経て，1900年にようやく農商務省主導で「産業組合法」（第２次産業組合法案）が成立し，産業組合の一形態としての「信用組合」が法認されたのである。しかし後述するように，信用組合が農商務省主導で法認されたこともあり，信用組合は農村振興事業としての性質が一層強くなり，市街地への浸透力を欠くものになった。その点は後々まで政策課題として長く残ることになる。

ところで，信用組合のモデルには，フリードリヒ・ライファイゼンがドイツで設置した信用組合をモデルとする「ライファイゼン式信用組合」と，フランツ・ヘルマン・シュルツェ-デーリッチュによって同じくドイツで設立された信用組合をモデルとする「シュルツェ式信用組合」がある。内務省によって当初構想された信用組合とは，シュルツェ式の信用組合だったといわれている（森静朗，1977，pp. 330-333 など）。

シュルツェ式信用組合は，組合加入者の職業や居住地域を限定せず広く門戸を開き，中小商工農業者の相互融通を許ろうとする，信用事業専業の組合である。経営は有給の理事によって担われており，資金は譲渡可能な出資金によって賄われる。出資口数は能力に応じて増加でき，利益は資本金の3％を超える分は原則として出資者に配当される。一方のライファイゼン式信用組合は，組合員の居住地域を限定した，原則として農民を対象とした組合であり，販売組合や購買組合なども兼営し得る，農村の生活に密着した総合的な（兼業的な）協同組合である。経営を担う理事は会計係を除き無給であり，組合自体も借入金によって資金調達している。そして剰余金は参加者によって分割されず組合内で積み立てられる。両者とも組合員間の連帯・大資本への対抗，という目的を持つものの，シュルツェ式の方がより開放的・営利追求的で，ライファイゼン式の方がより閉鎖的・非営利的・相互扶助的傾向が強い，という特性を持つ（森静朗，1977，pp. 373-374；澁谷，2001，pp. 507-509）。

ライファイゼン式かシュルツェ式かをめぐっては当初から，前者を支持する農務省と後者を支持する内務省で対立があった（澁谷，2001，pp. 500-512）。こうした点から Najita（2009）は，前者と報徳金融を，慈悲と相互扶助の論理基づいた人道支援を重視するもの，後者を，農家を資本家や企業家に変えるためのものとして理解している。そして Najita（2009）は，前者ではなく後者が当初構想されたこと，最終的に農務省主導で信用組合が法認されたものの困窮者支援よりも中間層の解体防止を重視したものとなったこと，などをもって，政府が貸付事業における前者の側面を切り捨てたとする。ナジタは以下のように述べている。「岡田良一郎〔明治時代の報徳運動の指導者〕は，（中略）平田東助や柳田国男ら政府の代表らの提案を突っぱねた。かれらは岡田に対し，近代資本主義を選択して，恵まれない者を救済するという時代遅れの考え方を捨て去るように求めたのである」（Najita, 2009＝2015, p. 312），と。Najita（2009）によれば「恵まれない者を救済する」貸付事業の精神は，その後相互銀行（現在の第二地方銀行）へと展開する無尽会社（無尽を運営する金融会社）や協同組合運動のなかで引き継がれていくことになる。

確かに，そうした側面はあり，協同組合運動と貸付事業の関係は，本書第**3**章でふれることになる。しかしNajita（2009）は，シュルツェ式とライファイゼン式・報徳式の対立を誇張しすぎている。そもそも内務省による信用組合構想自体が純粋なシュルツェ式ではなく，ライファイゼン式の地域重視の姿勢を取り入れた折衷的なものである。たとえば内務省案はシュルツェ式と異なり，信用組合参加者を原則として同一市町村内の者に限ること，富裕者の影響力を弱めるため出資口数を３口までと制限すること，剰余金は資本金の１割に達するまで積み立てなければならないこと，などを定めている（澁谷，2001，p. 516）。地域の安定や中間層の解体防止を目的とした内務省は，純粋なシュルツェ式よりも，より地域の共同性と相互扶助性を基盤にした制度を構想していたといえる。

加えて上述のように近世における報徳金融も，最も困窮している人々を救済するものというよりも中間層の没落防止を目的とするものである。そのため筆者は，報徳金融が「貧者や不幸な人びとの救済に専念し」（Najita, 2009=2015, p. 212）「貸付返済能力で差別することがなかった」（Najita, 2009=2015, p. 226）という評価には同意できない。そのため，報徳金融と実際に法認された信用組合の差異を過度に強調する必要はないと考える。より困窮している階層への貸付制度に向けた実際の構想は以下でみるとおり，社会政策の一環として内務省でも構想されることになるのである。

（4）経済保護事業としての「小資」貸付制度

信用組合が法認された時期は，企業勃興（1886年-1889年）とその後の恐慌（1890年）や，日清戦争後の第１次産業革命による経済・社会の変化を経験した時期であり，日露戦争（1904年-1905年）後の重工業中心の第２次産業革命へと続く時期である。都市部における失業が問題になるのもこの頃である（加瀬，2011，p. 21）。こうした社会経済事情を背景として内務省は社会政策を「感化救済事業」として推進しようとしていた。この感化救済事業に主導的役割を

果たしたのは，信用組合の推進者で，このとき内務大臣を務める平田東助であり，内務省地方局の官僚・井上友一であった。(5)

井上は自身の社会政策論を主著『救貧制度要綱』（井上，1909）で明示している。その中核的思想は冒頭のフレーズ「救貧は末にして防貧は本なり，防貧は委にして風化は源なり」に端的に表れている（井上，1909，p. 2）。井上は生活困窮に陥った者を救済すること（救貧）よりも，人々が生活困窮に陥らないようにすること（防貧），そして防貧政策よりも国民の道徳的感化（風化）に力を注ぐことで救貧政策の必要自体を無くすことが，社会政策——井上の言葉でいえば「福利行政」——の「本義」であるとしていた（井上，1909，pp. 317-318）。

『救貧制度要綱』のなかで防貧政策として取り上げられているのは，「庶民融資制度」「労務分配制度〔職業紹介所〕」，そして内務省・農商務省が構想し法制化した産業組合（信用組合）などの「自助組合制度」である。そして井上がその筆頭としてあげ，重きを置いているのが「庶民融資制度」である。なかでも井上は，「庶民社会の為にする小資融通制度は即ち質制度を以って其骨子と為す，質制度に関する公共的理想の厚薄如何は防貧行政に至大の関係あり」とし質制度に注目している（井上，1909，p. 238）。

井上が「庶民融資制度」として質制度を論じたのは，井上が，当時低所得者が利用できる唯一の金融機関として質屋に注目していたからである。井上は，『救貧制度要義』以前に，論文「公立質制度の機運」（井上，1907）において質制度を分析している。澁谷隆一はこの論文を，「公益質屋制度の導入を促した先駆的業績」であると評価している（澁谷，2004，p. 9）。公益質屋とは，公共機関や公益法人が設置した非営利の質屋のことを指す。ヨーロッパにおいて公益質屋は，公共機関や教会によって設置されていた。井上は，こうした公益質屋のような「庶民融資制度」を「人間苦痛の最大原因の一たる貧窶（ひんる）の重担を軽減し併せて将来に於ける独立自営の小資を得せしめ」るものとして評価していた（井上，1909，p. 248）。「小資」によって「独立自営」を目指す，(6)まさにマイ

(5)　井上の生涯と評価については高石（2006）を参照のこと。

クロクレジットの構想である。

こうした公益質屋を含む「庶民融資制度」は，内務省によって防貧事業が重視されるに伴い，社会政策の一つとして明確に位置づけられるようになる。まずは1918年に内務省が設置した救済事業調査会において「生活状態改良事業」の一つとして「小資本金融事業」が位置づけられた。そして1921年――内務省社会局の設置の翌年――に救済事業調査会が社会事業調査会に改編され，その「社会事業体系に関する特別委員会」報告（1926）において，「経済的保護施設」の一つとして公益質屋が位置づけられた（田端，1995，pp. 2-5（解説））。

その後1927年に内務省主導で公益質屋法が制定され，①経営主体は市町村か公益法人であること，②必要に応じて大蔵省預金部・簡易保険積立金から資金調達からの資金調達を可能とすること，③貸付利率を原則として月1.25％以内とすることなどが定められた。加えて，④流質期間は借手保護の観点から，4か月以上と民間の質屋よりも長く定められた（澁谷，2001，p. 401）。また貸付対象となる資金使途は生活資金だけでなく生業資金も含まれており，たとえば生活困窮者層が「うどん・そば行商」「おでん行商」「煮豆製造行商」「乾物・菓子小売」「青物小売」「屑行商」「紙箱製造」「農業」「魚業」を開業・維持することが期待されていた（澁谷，2001，pp. 388-392）。

すでに宮崎県細田村で1912年日本初の公益質屋が誕生していたが，1920年ごろから市町村営の公益質庫が増加し，1925年にはその数41に達していた。公益質屋法はこうした事業を法認するとともに財政的基盤も強化することを意図していた。以降，公益質屋はさらに増加する。昭和恐慌後の1932年，高橋是清大蔵大臣主導の農村窮乏に対する支援策（時局匡救事業）として，公益質屋建設が奨励され積極的な予算措置がなされたからである。結果として1937年には公益質屋数は1134まで増加する。とはいえ，公益質屋はそもそも質屋ゆえに自力での資金調達能力が低く，資金調達は公的な支援に頼るところが大きかった。そのため公益質屋の増加は農村窮乏対策の強化ゆえのものでもあり，

---

(6) ただしここでの「独立自営」は自己雇用（self-employment）と同義ではない。それは井上（1909）において，「自営」のための政策として「職業紹介所」も紹介していたことからもわかる。

その展開は農村部に限られ，都市部における浸透は限定的であったとされる（澁谷，2001，pp. 395-405）。

公益質屋以外の小資貸付事業としては，当時方面委員などが中心となって担っていた貸付事業の存在を指摘することができる。方面委員とは，現在の民生委員であり，生活困窮者に対し「懇切なる指導と救護」を行う「土地の事情に通暁」した「相当の人格の教養ある者」であることを期待されていた（内務省社会局「救護法逐条説明」寺脇隆夫編『救護法成立・施行関係資料集成』所収）。

こうした方面委員は，救護法施行前の1929年11月に第2回全国方面委員大会を開き，救護法の即時施行とともに，「細民の生活基盤確立」の方法として，生業資金貸付による収入増加策の実施を，政府に求めている（全国方面委員連盟，1931，pp. 119-120）。世帯更生運動以前にも，生業資金貸付制度設立の要求が方面委員よりなされていたのである。当時の社会政策を現場の第一線で担い，困窮者にいわば伴走的に「指導と救護」をする者たちが，貸付を通じた生活改善に向けた支援を展開しようとしていたことを確認しておきたい。

こうした構想は，それこそ世帯更生資金貸付のような全国的制度としては結実しなかったが，一部の地域では独自に，方面委員による伴走的な「指導と救護」付きの貸付事業が実施されていた。実際に方面委員が中心となって実施した貸付事業として著名なものとして，1920年から1932年に大阪市で活動した大阪庶民信用組合や，東京市の「東京市方面生業資金」の貸付（1929年より開始）や「更生資金貸付事業」による生業資金貸付（1935年より開始）がある[(7)]。

その後，1938年の社会事業法において経済保護事業が改めて定位され，公益質屋事業や小資融通事業がその中に位置づけられることになる。社会事業法の第1条に列記された社会事業の一つとして「経済保護を為す事業」（第1条第4号）が掲げられ，その施行規則第4条（昭和13年厚生省令第14号）において第4号に該当する事業として，「無利息又は低利により小額資金を融通する事業」が掲げられている。後述する通り，社会事業法での小資貸付事業の位置

(7)　こうした方面委員による貸付事業について土岐（1986，pp. 307-312）角崎（2013，pp. 63-68）が詳しい。

づけは，その後の社会福祉事業法にも引き継がれることになる。

3　庶民金庫の設立と再編

（1）庶民金庫の設立

前節（3）でみたように，信用組合は，1900年の産業組合法によってようやく法認された。しかしここで法認された信用組合とは，法が農商務省（1925年以降は，商工省の設置により農林省）主導で立案されたこともあり，都市部よりも農村部に適したものであった。そもそも産業組合法は，信用組合を設置するためだけの法ではなく，農村地域における販売組合・購買組合・生産組合を設置するための法としても制定されていた。そうしたこともあり結果として信用組合は都市部においてはほとんど浸透しなかった（加藤・秋谷，2000，p.146）。

また公益質屋についても上述のように農村での活動が主体であり，加えて預金金融機関ではないために資金調達力が弱く市町村や政府予算への依存度が高かく，借入希望者の資金需要への弾力性が低かった（澁谷，2001，pp.401-405）。方面委員が参加する貸付事業についても法や通達に基づく国の支援を受けた制度ではなかったために小規模かつ散発的に実施されるにとどまった（土岐，1986，p.313）。

そうした事情から大蔵省を中心に，都市部における中産層以下向け金融機関が構想（「庶民銀行」構想（1912年））された。しかし信用組合を所管する農林省はそれに対抗して，産業組合法を改正することで都市部に適した信用組合の設立を推奨しようとした。この改正（1917年）によって設立された信用組合が「市街地信用組合」（現在の信用金庫の原型）である（澁谷，2001，pp.583-586）。しかし市街地信用組合設置以降も信用組合は，やはり中産層以下の資金需要の応えていないと大蔵省や民間の金融研究者から批判され続けた。その批判の急先鋒の一人は井関孝雄であった。井関は，無尽会社については低所得者の資金調達手段として一応有効であることを評価しつつも（井関，1931，pp.362-363），信用組合については設立当初の農村の庶民金融機関としての役割をも果たしていないと批判していた（井関，1929，pp.3-4）。さらに井関は，結局信用組合は，中産層以下から資金を集めておきながら，中産層以下に充分に資金を供給できていない，と批判した（井関，1929，p. 47）。

大蔵省は，このような井関を大蔵省嘱託として招聘し，都市も含めた全国的な庶民金融機関の研究・構想を続け，最終的に1938年「庶民金庫」の設置にこぎつけた。そして庶民金庫設置にあたって井関は，庶民金庫の参事・貸付課長に就任した。彼はその後，1949年の国民金融公庫の発足（後述）時に副総裁に就任し，1953年に退任するまで，庶民金庫-国民金融公庫の貸付事業と経営の中心にいた（森静朗，1981，p. 424）。

庶民金庫がこの時期に設立された理由について庶民金庫の後身機関である国民金融公庫は，その社史である『国民金融公庫十年史』において，1937年の日中戦争以降の戦時体制，国家総動員運動の影響を指摘している（国民金融公庫，1959，p. 7）。まさに庶民金庫法が成立した1938年の第73帝国議会は，国家総動員法を成立させた議会であった。井関孝雄も当時，「『時勢の力』」で「『新しい庶民金融機関』」が誕生した，と述べている（井関，1938，p. 2）。

（2）戦前の庶民金庫

庶民金庫とはどのような金融機関であったのか。庶民金庫は，「庶民」に対する貨幣貸付を主な業務とする，政府全額出資の法人である。ここでいう「庶民」とは，「余り資産もなく，又余り収入もない，随て担保を出すにも担保力がないと云う層」である（第73回帝国議会衆議院 恩給金庫外1件委員会義録（速記）第12回，p. 17）。ただし貸付対象に最貧困層は含まれない。帝国議会の審議の過程で，当時「ルンペン」と呼ばれていた最貧困層にあるものは，庶民金庫の貸付対象にされないことが，明確にされている（第73回帝国議会衆議院 恩給金庫外1件委員会議事録（速記）第12回，P. 3）。

庶民金庫は，1938年8月より営業を開始し，第二次世界大戦後の1949年6月まで約11年間活動した。終戦までは順調に活動しており，終戦直前の1945年3月期決算まで12期連続黒字であった。1949年の解散までには全国各地に44の支店・出張所，429の代理店を持っていた。

庶民金庫の主な業務は小口貸付業務であった（庶民金庫法第17条）。当初は貸付金利が年8％，連帯保証人を二名とする条件であったが，1942年に連帯保証人は一名，1943年には貸付金利は7.5％に引き下げられている。使途については，1938年から1943年における実績をみると，おおむね半数が事業資金である。残り半数が，医療費や教育費を支払うための消費資金と，「高利貸し」などからの借換資金，である（澁谷，2001，pp. 695-697）。小口貸付全体の年間貸付件数としては，開業当初の1939年においては24,685件であったが，その3年後の1942年においては107,127件に達していた。結果として庶民金庫は，設置から戦前最後の決算日である1945年3月31日までにのべ411,263件の小口資金を貸付していた[8]。土岐祥子らの評価と異なり，戦前日本において一定程度浸透していたと確認できる。

庶民金庫の業務について注目すべきは，庶民金庫が，庶民金庫法第17条第2号の規定により「金融機関に対する小口貸付資金の融通」を行っていたことである。1941年4月の無尽業法改正によって，庶民金庫から無尽会社への貸付とともに，無尽会社の資金を庶民金庫へ預け入れすることを可能とすることが明示され，庶民金庫と無尽会社の結びつきが強化された。また市街地信用組合は，1943年1月の「市街地信用組合法」により，農林省管轄の産業組合法の体系下からはずれ，庶民金庫と貸付・預金取引を行うことになった（国民金融公庫，1959，pp. 38-41）。それまで市街地信用組合は，通常の信用組合同様，産業組合中央金庫――現在の農林中央金庫――（1921年設立）から資金融通をうけていた。ここで庶民金庫は，井関が一定の評価した無尽会社と，井関が批判した市街地信用組合の双方を支える，庶民金融の系統中央金融機関として位置づけられることになったのである。

しかし庶民金庫は貸付機関としても庶民金融の系統中央機関としても年々戦争との関わりを強くしていく。庶民金庫は災害罹災者などに対する支援を目的とした「特別貸付」を実施していたが，庶民金庫はこの対象を戦争関連被災者にも拡大した。それは1941年12月に設置された「戦災に対する特別貸付」（年利6％，連帯保証人1名）であり，戦災により直接間接に被害を受けた者に，

---

(8) 国民金融公庫（1959，p. 17）の第3表をもとに計算したもの。

生活や生業を再建するための資金を貸付するものであった。この制度は1943年11月には，自然災害被害も対象に入れた「戦災並に一般災害被災者に対する特別貸付」（年利6％，連帯保証人1名）として再編された。さらに，空襲が激しさを増す1944年7月には，「生計応急資金貸付」（年利3.6％，保証人必要なし）として，広がりゆく戦争被害に対応するため改編された（国民金融公庫，1959，pp. 24-25）。

その他庶民金庫は，以下のような国策に沿った貸付制度を導入している。一つは，1941年1月に閣議決定された『人口政策確立要綱』にそって設置された「優生結婚貸付」である。これは国民優生連盟の斡旋に基づいて結婚資金を貸付するものである。もう一つは，大日本産業報国会（1940年設立）と提携し，産業報国会を結成している会社・工場と特約を結んで，これらに勤務している労働者に対して簡易審査による貸付を実施する制度である（国民金融公庫，1959，p. 23）。

また無尽会社と市街地信用組合の系統中央金融機関である庶民金庫は，1942年4月の金融統制団体令によって設立された，「全国無尽統制会」と「市街地信用組合統制会」へ役員を派遣していた。1945年1月には庶民金庫理事長が，両統制会を統合した「庶民金融統制会」の会長を務めることになった。庶民金庫は，総力戦体制下において，金融系統の面でも，金融統制の面でも，無尽会社と市街地信用組合の中核に位置づけられたのである。のみならず庶民金庫は，無尽会社や市街地信用組合から受け入れた莫大な預金を，貸付として運用できなくなりそれを国債として運用するようになる（第11回庶民金庫業務報告書（昭和18年下期）p. 2）。

こうした点から澁谷隆一は，庶民金庫を「戦争遂行が主目的」であり，国債「消化機関」であると評価している（澁谷，2001，p. 703）。まさに戦前の庶民金庫の活動をみればそうした指摘は全く妥当であるといえよう。

（3）戦後の庶民金庫と引揚者支援

敗戦と連合軍の占領により，日本の社会福祉は再編を余儀なくされることになるが，占領は間接統治であったこともあり，戦後すぐに戦前の政策体系や行政機関が解体されたわけではなかった。庶民階層向け貸付事業においても，総力戦体制の「時勢」の中で設立された庶民金庫が引き続きそうした事業を担おうとしていた。

1945年12月「生活困窮者緊急生活援護要綱」が閣議決定され，そこにおける「生活援護」の方法として①宿泊・給食・救療施設の拡充，②生活必需品の現物給与，③食料品の補給とともに，④生業の指導斡旋や，⑤自家用消費物資・生産資材の給与や貸与の方針が決定された[9]。こうした方針をうけて戦後の庶民金庫にまず期待されたのが，戦前から導入されていた低利で保証人の必要ない生計応急資金貸付の活用である。

当時，600万人以上と言われた海外居住日本人の帰国が見込まれていた。そうした引揚者の資金需要に対応しようと庶民金庫は，上述の生計応急資金貸付の対象者として「戦争被災者」に加えて「引揚者」を加えた（国民金融公庫，1959，p.26）。引揚者は，稼働能力自体は十分に存するが，海外からの引揚により生活の基盤を失っている。信用組合事業が典型的にそうであったように，これまでの庶民金融の対象者は主に，生活に困窮しており生活基盤を喪失しかけているとはいえども，生活基盤がまだ残存している者であった。引揚者を対象とした貸付は，実物的な生活基盤をほとんど有していない者に貸付する点で画期的であったといえる。戦争終了後の庶民金庫は，戦後の社会福祉政策の草創期において，貸付機関として重要な役割を担おうとしていた。

しかし庶民金庫は，1946年1月のSCAPIN「預金部資金並に簡易保険及び郵便年金関係資金運用計画に関する件」，同年4月SCAPIN「政府の保証及び政府機関の借入に関する件」により，庶民金庫の主要資金調達手段である庶民債券の発行が不可能となった。そのため，生計応急資金貸付の実施も事実上不可能になった。その後も政府は，「定着地に於ける海外引揚者援護要綱」（昭和21年4月25日 次官会議決定）（木村文書第Ⅰ期030501-0401，p.4）を決定し，引揚者に対する支援策の構築を急いだ。要綱では「引揚者をして生業に復帰せし

(9) 支援の対象者は，①失業者，②戦災者，③海外引揚者，④在外者留守家族，⑤傷病軍人とその家族および軍人の遺族，である。

表1－1　生業資金貸付実績（第1期・第2期合計）

	件数	金額（千円）
引揚者（期末）	103,996	1,202,196
戦災者（期末）	21,792	159,164
生活困窮者（期末）	3,417	23,708
（期中貸付）	（136,132）	（1,526,192）
合計（期末）	129,205	1,385,068

（出所）国民金融公庫（1959, pp. 35-36）より作成。「期末」は1948年3月末時点のもの。したがって，1946年8月～1948年3月末までに完済したものは含まれていない。

むる為既存の金融機関を活用し，生業資金融通の方途を講ずる」とし，庶民金庫による「特別小口貸付（年利6％，保証人1名）」の創設を指示していた。この貸付制度は，「戦災，失業，海外引揚その他之に準ずる事由により生計又は生業に困難を来せる者」を対象として同年5月より実施される。が，やはり資金不足によりすぐに打ち切られた（国民金融公庫，1959，p. 26）。

戦前も庶民金庫は，国民優生連盟や全日本産業報国会と連携した特別貸付事業を行っていたことはすでに触れたが，戦後も庶民金庫は，政策（国策）団体との連携による貸付事業も行っていた。連携先は，「同胞援護会」「万世倶楽部」「満蒙同胞援護会」などの引揚者支援団体であった。これらの団体は，関連する貸出金額の30％程度を債務不履行見込み分として事前に預託することになっており，庶民金庫はこれにより，庶民債券の発行が不可能になるなかで貸付原資をある程度確保することができた（国民金融公庫，1959，pp. 26-27）。

引揚者に対する貸付支援が本格化するのは，1946年8月の「生業資金貸付」の導入による。「生業資金貸付要綱」によればその趣旨について，「海外引揚者，戦災者，其の他の生活困窮者に対して自ら生業を営み自立せんとして適当なる事業計画を有するも之に必要な資金なき者に対して資金を融通して生活再建の途を開かしめようとする」と定められていた（木村文書第1期 030501-0401, p. 6）。この貸付事業は，都道府県を事業委託者とすることで（受託者は一括して庶民金庫），その必要な原資のうち3割以上を都道府県からの交付金によって賄うこととされた。これによって庶民金庫は，ようやく貸付事業の実施に必要な資金を調達することができたのである（国民金融公庫，1959，p. 32）。昭和21年度予算で実施された「第1次生業資金貸付」，昭和22年度予算で実施された「第2次生業資金貸付」を合わせた実績は**表1－1**のとおりである。

政府は，1948年3月からの「第3次生業資金貸付」に際して，貸付事後の生業指導の強化を打ち出した。昭和23年1月20日引揚援護院発 指第49号「生活困窮者に対する生業資金貸付事業の指導に関する件」では，都道府県に対して庶民金庫と協力して借手の生業支援に当ることや，貸付事後の資金需要についても民間金融機関と協力して対応することを求めた（木村文書第Ⅰ期030501-0401，p. 19）。また昭和23年3月11日引揚援護院発 指第234号「生業資金貸付事業運営強化に関する件」では，貸付時の調査に民生委員を関与させ，民生委員が作成した「生業資金借入申込副申書」を申込時に提出することを申込受付の要件とし，加えて貸付後の「指導育成」にも民生委員を関与させた（木村文書第Ⅰ期030501-0401，pp. 21-23）。ここで民生委員は，引揚者を中心とした生活困窮者向け貸付を全国展開する庶民金庫の末端の協力機関として，戦前も経済保護事業のなかで部分的に行ってきた伴走的な支援付きの貸付事業に，本格的に携わることになる。生業資金貸付は，1949年6月の庶民金庫の国民金融公庫への改組後，「更生資金貸付」（後述）として実施されることになるが，それ以降も民生委員は申込窓口・生業支援の担い手として更生資金貸付に関する業務に携わるのである（国民金融公庫，1959，p. 280）。

（4）庶民金庫から国民金融公庫への再編

戦争直後の日本は金融制度の再編時期であった。上述の庶民金庫の貸付業務の展開と並行して，新たな庶民金融機関が構想されていた。1946年12月に大蔵大臣の諮問機関として設置された金融制度調査会は，中小企業金融や庶民金融についてのあり方についても検討し，その答申（1947年11月）は庶民金庫の再編案を提示した。同調査会で庶民金融のあり方について検討した第3特別委員会は，庶民金庫の貸付・預金・債務保証の部門と恩給金庫を統合した新金融機関と，庶民金庫の系統中央機関部門と商工組合中央金庫と統合した新金融機関を設立する案を提示した（大蔵省金融制度調査会，1948，pp. 70-73）。恩給金庫は，庶民金庫と同じ1938年に設立された，恩給を担保とした貸付事業を主要な業務とする政府系金融機関である。商工組合中央金庫は中小企業団体やそのメンバーである企業に貸付する1936年設立の政府系金融機関である。

同委員会報告では，「経済政策的金融」とは分けて「社会政策的金融」の存在が必要であると指摘され，その担い手として庶民金庫と恩給金庫を統合した機関が位置づけられていた。報告では，「庶民及び小企業金融は一口当たりの金額が小で手数を要し，危険が多くしかも費用がかさむ」が「営利と採算を離れて簡易迅速低利にしかも大胆積極的に金融の途を開く必要がある」として「強力な国家的施設」が必要であるとされた。また，「引揚者戦災者に対する金融」は貸倒の危険が大きいため他の金融機関では担当できないとして，かかる社会政策的金融を担う新機関が期待された（大蔵省金融制度調査会，1948，pp. 70-71）。

こうしたいくつかの提案を経て，恩給金庫と統合した庶民金庫の後継金融機関構想として大蔵省（特殊金融課）が成案化したのが，1948年6月8日に閣議決定された「国民金融公団」構想である。1947年10月末時点では「国民金融金庫」という名称も検討されたようではあるが（木村文書第I期010708-0401「国民金融金庫法案要綱」），戦前戦争遂行のために金融が利用されたことを問題視するGHQが「金庫」という名称を嫌っていたため，「金庫」の名称は避けられたという（国民金融公庫，1970，p. 31）。以下，国民金融公団法案を確認してみよう[(10)]。国民金融公団の業務範囲を定めた第21条には，庶民金庫から引き継ぐ小口金融，恩給金庫から引き継ぐ恩給担保金融が，新金融公団の業務として掲げられていた。同条ではそれに加えて，「消費組合に対する資金の貸付又はその債務の引受若しくは保証」も掲げられていた。

ここでいう「小口金融」とは，第21条第2項によれば，「国民大衆生活資金，生業資金，住宅資金，災害資金その他の生活安定のため必要な資金（以下生活安定資金という）」の小口貸付であり，「生活安定資金に係る小口債務の保証又は金融機関のためにする生活安定資金の小口貸付の損失補償」も含む。

---

(10)　国民金融公団法案は国民金融公庫（1959，pp. 334-348）に掲載されている。

第21条の「消費組合」とは，「『産業組合法』（明治33年法律第34号）による購買組合若しくは利用組合」となされている（第21条第4項）。「購買組合」は，消費生活協同組合法制定以降，消費生活協同組合（生協）に改組されていくものである。厚生省は，生協が生協法制定後「産業組合」法の下から独立することで，単位産業組合を資金的に支える農林組合中央金庫（旧 産業組合中央金庫）から切り離されてしまい，そのために資金不足から経営困難に陥ること，ひいては国民生活に影響を及ぼすことを懸念していた。そのため社会政策金融機関として構想される国民金融公団を，生協の中央系統機関として位置づけようと考え，そうすることを大蔵省に期待していた（木村文書第Ⅱ期 011203-0901，011201-0301）。そして大蔵省は「国民金融公団」構想時点においては，こうした厚生省・生協に答えようとしていた。このように国民金融公団は，生協への貸付機能をも期待された，現在の信用保証協会や旧 住宅金融公庫（現 住宅金融支援機構）の業務も含む，包括的な生活困窮者などに対する福祉貸付の中央機関として構想されていたのである。

こうしたなかで生協が直接貸付事業を実施することも検討されていた。第**3**章で詳述するように生協法制定を求めていた運動体は，生協法が定める業務内容に貸付事業（信用事業）も含めるように求めていた。厚生省もそうした要望を受けて生協法案を作成していたが，大蔵省は，生協が貸付事業を営むことについて反対姿勢を示しつつも，「目下金融制度全般に亘ってその再編成の段階にある」として，その金融制度再編後に改めて生協による貸付事業を検討したい，と最終判断を保留していた（木村文書第Ⅱ期 011203-1203）。

「公団」構想は，閣議決定後なかなか国会に法案が提出されなかった。その原因には，GHQ の同法案に対する反対姿勢があった（国民金融公庫，1970，pp. 31-36）。公団法案閣議決定10日後の1948年6月18日に GHQ 経済科学局財政課金融班長が，政府出資の特殊金融機関の設置はインフレを助長するため差し控えるよう談話を発表した（朝日新聞東京朝刊 22376号）。

その後大蔵省は，GHQ の批判を踏まえた上で「国民金融公団」構想を，「国民金融公社」構想に修正した（1948年9月閣議決定）（国民金融公庫，1959，p. 134）。ここで大蔵省は，公団構想において認めていた新金融機関による生協への貸付に関する規定を，最終的に削除した。GHQのインフレに対する懸念に配慮した格好である（国民金融公庫，1959，pp. 134-135）。

こうした情勢のため生協による貸付事業が認められる余地は一層減退した。1948年7月に成立し同年10月より施行されることになった生協法案は，まさにGHQから批判を受けた1948年6月に最終案が起草された。それゆえに生協法でも，公社による生協への貸付や，生協による貸付事業は公認されなかった。その後1949年4月に，共済事業の枠内で預金事業を伴わない貸付事業を実施することは認められたが，資金不足もあり浸透しなかった（第**3**章参照）。貸付事業が生協法に盛り込まれるのは，生協などの非営利組織が行う多重債務者支援が注目され始めた後の，2006年の生協法改正によってである。

その後さらに，生活資金の貸付制度を整備する余地が減退する。1948年12月，強硬なインフレ対策としてアメリカ政府より「経済安定9原則」が出された。「9原則」では，「資金貸付を日本経済復興に寄与するものだけに厳重に制限すること」としており，生活資金貸付事業の実施をさらに困難にした。さらに1949年2月にアメリカ公使として来日したジョゼフ・ドッジによる「ドッジ・ライン」は，特別会計も含めた超緊縮財政を日本政府に要求するものであり，「傾斜生産方式」などにより戦後の企業の生産力増強を担っていた復興金融金庫（1946年10月）でさえ，資金調達源である復金債の新規発行を停止され新規貸付を抑制された。こうしたなかで大蔵省（特殊金融課）は，「国民金融公社」のさらなる見直しを余儀なくされた。大蔵省は，国民金融公社に予定されていた業務内容からさらに，生産力の回復に寄与しない，生活資金・住宅資金・災害資金・その他生活安定のために必要な資金，そして恩給金庫から承継予定だった恩給担保貸付業務を除外することになった（1949年4月，最終案を閣議決定）（国民金融公庫，1959，pp. 136-137）。

そして法案では，国民金融公社の行う小口事業資金貸付についても「生活困窮者に対する救済資金を意味するものと解してはならない」（第18条第2項）とあえて規定された（国民金融公庫調査部 1959: 137）。これにより，庶民金庫と恩給金庫を統合した新「公社」は，当初金融制度調査会で構想された社会政策的金融の担い手ではなく，経済政策的金融の担い手とされたのである。こうした規定は，最終的に確定・成立した「国民金融公庫法」（1949（昭和24）年5月成立・施行，6月設立）にも引き継がれた。

生協による生活資金貸付の可能性はほぼ断たれ，国民金融公庫も事業資金貸付専業の機関として設立された。のみならず国民金融公庫は，生活困窮者に対する救済資金ではない，とする規定により，庶民金庫からの社会福祉的な意味合いを薄めた。その後，恩給担保貸付については1953年9月に復活するが，事業資金・恩給担保貸付以外の新たな貸付事業については，1979年の進学貸付の創設まで実施されない。国民金融公庫は，中小企業金融公庫（1953年），商工組合中央金庫とならぶ，中小企業向け事業資金貸付を主要業務とする「中小企業金融機関」として，地歩を固めてゆく。

4　世帯更生資金貸付制度の創設へ

（1）更生資金貸付の一般化と法制化の構想

庶民金庫の後継機関である国民金融公庫の小口事業資金貸付が，「生活困窮者に対する救済資金」ではないとされたとはいえ，生活困窮者向け貸付事業のすべてが一挙に廃止されたわけではない。上述の更生資金貸付（旧称 生業資金貸付）は，国民金融公庫によって引き続き提供されていた。**表1-2**のとおり，更生資金貸付は，国民金融公庫が通常提供する貸付（普通貸付）よりも，小口で，かつ貸付条件も有利な制度であった。

こうした取扱を主導したのは厚生省である。上述のとおり，国民金融公庫法において，公庫が実施する貸付は「生活困窮者に対する救済資金ではない」と規定されている。そのため厚生省は大蔵省の協力を得て，1949年7月1日付で公庫法施行令を改正（昭和24年政令240号）し，「国又は地方公共団体からの交付をもって（中略）生業資金の小口貸付の業務を行うことができる」として更生資金貸付の実施を事実上継続可能にした（国民金融公庫，1959，p. 277）。

この公庫法施行令改正に先立って，厚生省と大蔵省は1949年6月4日，GHQ（ESS（経済科学局）および PHW（公衆衛生福祉局））の担当者に対して，国民金融公庫の普通貸付は「信用が十分である者に限る」が，厚生省所管の生

表1－2　昭和24年度における両貸付制度と実績

	更生資金貸付	普通貸付
平均貸付額	15,825	39,296円
金利	年9％	年12％以内
返済期間	5年以内	3年以内
連帯保証人	1名	1名

（出所）国民金融公庫（1959, p. 195, p. 204, p. 276, p. 411）より作成。ただし普通貸付の平均貸付額については，「国民金融公庫普通貸付業務方法書」で定められた5万円の貸付限度額以内のものに限って計算をした。普通貸付は，連帯貸付の場合，50万円以内を貸付できる。

業資金貸付（更生資金貸付）は「信用が十分でない者を対象」にし，民生委員・市町村を経由して貸付するものであると説明している（木村文書第I期030501-0301「国民金融公庫の運営等に関するG. H. Qとの交渉記録」）。ここでGHQの担当者は，政令改正は暫定措置として認めるが以後は国会による法改正によって対応すべきである，と回答したとされている。ともあれ，国民金融公庫の一般的な貸付業務（普通貸付業務）と区別した，「信用が十分でない」生活困窮者へ貸付する余地が残ったのである。

厚生省はその後1949年8月，暫定措置としてとりあえず容認された更生資金貸付事業の法制化に乗り出す。厚生省の外局である引揚援護庁援護局は，更生資金貸付法制化の必要性について，現状「引揚援護のための強い政治的要請によって実施せられている」が，今後も「広く生活困窮者を対象とする防貧施策としての小口金融制度として恒久化する必要がある」とした（木村文書第I期030501-0201「厚生資金法制定に関する諸考察」[11]）。更生資金貸付の対象者は，庶民金庫が担っていた時代から，「引揚者・戦災者・その他の生活困窮者」と規定されており，生活困窮者一般を排除するものではない。しかし，表1－1が示すように利用者の多くは引揚者であるため，一般の生活困窮者向け貸付としてはほとんど浸透していなかった。このため厚生省はこの法制化によって，更生資金貸付を「広く生活困窮者を対象とする防貧施策」として活用することを

⑾「厚生」は「更生」の誤字であると考えられる。

目指したのである。

そしてこの「諸考察」において引揚援護庁は以下のように述べている。「本資金の貸付並の取立て業務は，これを国民金融公庫に委託して行っているのであるが，公庫の固有業務である生業資金〔普通貸付〕と本資金の関係についてはデリケートなものがあり，関係方面においても兎角両者の並立について諒解し難いようである」と。これはまさに上述のGHQとの交渉を受けてのことであると推察できる。[12] さらに「考察」では，更生資金は「公庫法に規定する生業資金〔普通貸付〕と異なり防貧施策としての金融制度としてこれに法的根拠を与え両者の性格を明確にする必要がある」としていた。

こうした厚生省の構想は1949年9月に作成された「更生資金法案」で具体化する（木村文書第Ⅰ期030501-1001「更生資金法案」)。更生資金法案では，第１条でその対象を「生活の保護を要する状能にある者又は生活の保護を要する状能に陥るもそれのある者であって，生業により自立更生を図ろうとする」者としている。その上で，そうした者に「必要な資金を貸し付けて，その自立更生を助け，生活の安定を図らせ，もって社会の福祉を増進すること」を目的として掲げている（第１条)。生業による自立更生を目標にしているとはいえ，その貸付使途は事業資金に限っていない。使途には「就業に必要な資金」や，「生業に必要な資金を修得するための資金」，「その他生活再建に必要な資金」を含め，生活資金も含め幅広く貸付による支援の対象としている（第３条)。貸付主体は従来の更生資金貸付のとおり都道府県としたが（第７条)，国民金融公庫や他の金融機関に業務を委託する余地も残している（第９条)。

また条文では，貸付主体である都道府県に「借受者の生業の育成指導」の義務を明記している（第16条)。その上で都道府県は，事業経営に必要な技術，経理その他の専門的事項につき借受者の指導相談にあたる「生業補導員」を設けなければならないとしている（第17条)。この規定は上述の，引揚援護院発

---

(12) 木村文書第Ⅰ期030501-0301「G.H.Qとの交渉記録」と木村文書第Ⅰ期030501-0201「厚生資金法制定に関する諸考察」および木村文書第Ⅰ期030501-1001「更生資金法案」は同じ「更生資金法案の件」という袋に保存されていたものである。

指第49号「生活困窮者に対する生業資金貸付事業の指導に関する件」で指示した都道府県に対する生業支援の実施や，引揚援護院発 指第234号「生業資金貸付事業運営強化に関する件」の貸付調査に民生委員を関与させる規定を引き継ぐものであると考えられる。ここで生業補導員＝民生委員ではないことに注意したい。当初案ではこの生業補導に民生委員が協力することとされていたが（第8条2項），原案に黒塗りする形で修正されている。その背景として当時，旧生活保護法下での民生委員の行動が濫給漏給のもとであると批判されていたことが考えられる。民生委員は，生活保護の行政ラインからだけでなく，当初は貸付事業においても排除されようとしていたのである。

結局，この更生資金貸付法案は，大蔵省などとの折衝や閣議に回された形跡がなく，法律として制定されなかった。この後も引き続き更生資金貸付は，1973年に正式に廃止されるまで，国民生活金融公庫法と施行規則に基づく国民金融公庫の事業として展開された。

しかし，引揚者が大幅に減少したことや，後述の貸付金利のより低い世帯更生資金貸付制度の設立で借入希望者が減少したことにより，貸付件数は急速に減少していった（国民金融公庫，1979，pp. 103-105）。

（2）生活資金貸付と公益質屋の再編構想

こうした動きと並行して，生活困窮者向け生活資金貸付の構想がもう一つあった。それは戦前から存在する上述の公益質屋を強化・再編しようとする構想である。戦争直後の急激なインフレ対策として，1946年2月の金融緊急措置令により一定額以上の預金払い出しが禁止されるなかでも，小口の生活資金・生業資金の貸手である公益質屋事業者の資金調達については少なからず配慮がなされた（昭和21年3月28日銀秘第365号大蔵省銀行局長発日本銀行総裁宛「公益質屋の運転資金に関し金融緊急措置令の取扱に関する件」）（木村文書第Ⅱ期012009-1201『昭和23年度公益質屋事務関係事務提要』（厚生省社会局生活課）所収）。また1946年11月には，「庶民階層の困窮甚だしい」状況を踏まえ，公益質屋法に原則として定めた貸付上限額がインフレ下で物価が上昇した実状に即していないとして，貸付限度額を事実上引き上げる対応を実施した（昭和21

年11月4日厚生省発社120号厚生・内務・大蔵次官各地方長官宛通牒「公益質屋の資金貸付に関する件」)(木村文書前掲資料所収))。

上の通牒「公益質屋の資金貸付に関する件」では，生活資金・生業資金の供給を円滑にし，庶民生活を安定させるための新制度を「種々考案中である」として，当該措置を「さしあたり」のものとしている。こうしたなかで検討されていたのが，「一時生活資金貸付実施要綱(案)」である(木村文書第Ⅱ期012009-1201)。要綱は，「現下の経済情勢においては保護を受けつつある生活困窮者は固より，それ以上の者と雖も庶民階層に於ては日常の生活に苦しむこと甚だしく」，「疾病吉凶等の不時の支出に際しては真に窮迫する状態にある」と現状を認識している。その上で要綱では，全国の公益質屋に貸付資金の国庫補助を行うことで，生活困窮者向け貸付を推進しようと計画されていた。公益質屋が全国にあるといえどもやはり預金を受け入れない質屋形態では資金調達に難があり，積極的な貸付業務が実施しえないと考えられていたがためにこのような資金援助策が検討されたのである。この資金援助策は，昭和23(1948)年3月27日社発470号各都道府県知事宛社会局長通牒「公益質屋資金補助の件」(木村文書前掲資料所収)で具体化することになる。[13]

その後，1950年には「生活再建資金貸付制度要綱」(木村文書第Ⅰ期070201-3001「生活再建資金貸付制度要綱」)が作成・検討されている。[14] 要綱は「趣旨」において，上述の経済安定9原則の影響で「国民生活は極めて窮乏化」していると指摘するところから記述される。そして，生活保護制度により被保護層に対する支援は一応の目途がついているとしつつも，それと境界線上にあるボーダーライン階層160万世帯に対する社会保障制度の欠如を問題視している。加えて，1949年の国民金融公庫の設置の際に，庶民金庫においては実施されていた生計資金(生活資金)貸付が廃止されたことを問題視し，また市街地信用組合(1951年6月に信用金庫に改称)や無尽会社・質屋についても，生業資金貸付が中心で十分に生計資金を供給できていないとしている。それゆ

---

(13) 同通牒本文の後には，一時生活資金実施要綱が記載されている。

(14) 作成年の記述がないが，要綱本文中に「昨年6月1日から発足した国民金融公庫」という記述があることから1950年作成のものと推察できる。

えこの要綱においては，「現在の庶民金融ルートにプラスする必要」があるとしている。そして「本要綱はかかる社会制度の欠陥を補正するためにボーダーライン階層中他から資金の融通を受け得ないものに対する生計資金貸付制度を樹立し以て国民生活の安定向上に資する」としている。

生活再建資金貸付は，給料遅延の際の立替費や「不時の天災」に対する費用，疾病の治療費，その他やむを得ないといった生活資金を貸付する制度として構想されていた（要綱第3）。この制度構想においても生計指導員といった「借受人の指導相談にあたる者」（民生委員とは書かれていないが，民生委員を排除すると規定もされていない）を設置することが求められていた（要綱第6）。またその貸付金は国庫負担とし，その事務費は都道府県・市町村が担うとされ（要綱第7），そして実施業務は公益質屋が存在する市町村においては公益質屋，公益質屋が存在しない市町村においては市町村が直接行うこととされていた（要綱第4）。全国に存在する公益質屋を，当該制度によって生活資金貸付機関として強化しようとしていた企図が読み取れよう。

他にも，1949年から1950年にかけて「社会事業金庫制度」についても検討されていた（木村文書第Ⅱ期 010708-0101「社会事業金庫制度要綱案」）。これは生活保護法などの社会保障制度から漏れる生活困窮者層に対する生活再建資金を貸付するとともに，憲法第89条により「公の支配に属しない」慈善事業についての財政的支援を欠いた社会事業団体への貸付を行う機関として構想されたものである。

生活再建資金貸付制度も社会事業金庫制度も，結局は創設されなかった[(15)]。また公益質屋に対して政府は，種々財政的支援を実施していたようであるが，最盛期には1000件以上に達していた店舗数が1950年10月時点で255件（休業中除く）にまで大幅に減少しており（木村文書第Ⅱ期 012009-0601「公益質屋の現況」），生活困窮者に対する貸付事業としては浸透しなかったと考えられる。その後，公益質屋はますます数を減らしていき，2000年6月には公益質屋法自

(15) 後年，社会福祉法人に貸付する機関として社会福祉事業振興会（1954年設立）が設立された。現在の福祉医療機構の福祉貸付事業である。

体が廃止されている。

とはいえ，当時において公益質屋は生活困窮者向け貸付の機関として期待されており，上述の社会事業法を改正した社会福祉事業法（1951年3月）においては，公益質屋事業や生計困難者に対して無利子又は低利で資金を融通する事業は，第1種社会福祉事業（第2条2項6号）として位置づけられた。社会事業法における経済保護事業としての位置づけを引き継いだ形である。戦後改めて生活困窮者向け貸付事業が社会福祉事業として確認された。このとき生活困窮者向け貸付事業が，国・地方公共団体・社会福祉法人が原則として行う「第1種社会福祉事業」に位置づけられた理由は，すでに公益質屋法第1条において公益質屋の営業が，市町村または公益法人に限られていたから，という理由もあると考えられる[16]。そして，後述の世帯更生資金貸付は，この第1種社会福祉事業として，社会福祉法人たる社協によって実施されることになる。

（3）世帯更生資金貸付制度の設立背景

1950年の現行生活保護法から現行の世帯更生資金貸付制度設立への流れはすでに先行研究が指摘しているところである。

『民生委員四十年史』（以下『四十年史』）（全国社会福祉協議会，1964）によれば，1950年以降民生委員は本格的に自らの役割についての議論を交わすようになる。その主な場所となったのが，全国民生委員児童委員大会である。その1951年の大会（第6回大会），および1952年の大会（第7回大会）では，新たな民生委員役割を定義するよう政府に求め，かつ，自ら法改正の内容について積極的に提案もした（全国社会福祉協議会，1964，pp. 525-537）。そして，1952年の大会（第7回大会）において「『世帯更生運動』実践申合決議」が採択された。世帯更生運動とは，民生委員の自主的活動として，貧困対策関連の諸機関と連携して世帯の「更生」を図る運動であり，一部の県（岡山・千葉・愛知・神奈川・石川・静岡）で先行的に実施されていた取組みである。決議では，当

⒃ 同様の示唆をするものとして北場（2005，p. 227）。なお公益質屋法における「公益法人」との規定は，1967年に「社会福祉法人」に改訂されている。

時「全国で183万世帯970万人といわれるボーダーライン階層」の転落を防止して「被保護世帯をも含めた低所得者層の防貧」はかり，もって民生委員活動の本義の確立をねらいとした」といわれている（全国社会福祉協議会，1964，pp. 606-608)。こうした決議を受けて，民生委員の全国団体（全国民生委員連盟）などを吸収して結成された「全国社会福祉協議会連合会」（結成時は「中央社会福祉協議会」，1955年に「全国社会福祉協議会」へと改称）も，運動の基本事項を定めるなど，各地の運動を推進していった（全国社会福祉協議会，1964，pp. 609-612)。

そして民生委員は第8回全国民生委員児童委員大会（1953年10月）において，「低所得者」に対する貸付制度の創設を政府に要望する「世帯更生資金貸付法（仮称）制定要望決議」を可決する。こうした貸付制度が必要とされた背景について『四十年史』は，以下のように述べている。「母子福祉資金貸付は母子世帯に限られ，国民金融公庫や営農資金など国や地方公共団体の融資制度があっても経済基盤の脆弱な一般低所得者への融資は不可能に近く」，そのため民生委員のなかで「低所得者に対する資金貸付制度を養成する声は日を追って熾烈になった」，と（全国社会福祉協議会，1964，p. 636)。生活困窮者のための貸付制度として庶民金庫・国民金融公庫の貸付があったが，それは主に引揚者を対象としたものであったこと，厚生省においてその対象を生活困窮者一般に拡大しようとする構想があったこと，そしてそれらは結局実現されなかったことは上述のとおりである。

ここですでに母子福祉資金貸付という，母子世帯の生活改善を目指した貸付制度が一応は存在していたことに注意しておきたい。母子福祉資金貸付は，1952年12月29日施行の「母子福祉資金の貸付等に関する法律」によって実施された母子世帯向け福祉貸付制度である。貸付の実施主体は都道府県（第3条）であり，財源は都道府県と国の折半である（第12条，第13条)。申請窓口は福祉事務所で（施行令第2条），決定に際して各都道府県の児童福祉審議会の意見を聞くこととされた（第7条)。貸付金の使途には，生業資金や生活資金，子どものための教育資金などが含まれる（第3条第1号～第7号)。民生委員は，当初からその業務に関与していたようであるが，民生委員法改正にともなう厚生次官通知よって明確にその協力者としての位置を与えられていた（全国社会福祉協議会，1964，pp. 543）。

民生委員によって要望された貸付制度は，引揚者向け・母子世帯向けとして部分的に実施されていた貸付制度を，生活困窮者とりわけボーダーライン層一般向けに展開するものである。それゆえ厚生省にとっても望むところであったであろう。1954 年から 1957 年にかけては「生活保護適正化第 1 期」と呼ばれる時期であり，この頃は生活保護給付の抑制・防貧政策の整備が課題となっていた時期でもあった。そしてこれまで生活資金貸付や生活困窮者向け貸付の際の問題点とされていた急激なインフレの懸念は事実上なくなっていた。1947 年に 125.3％，1948 年に 75.9％だった消費者物価上昇率は，1954 年に 5.9％，1955 年に 0.1％まで沈静化していた。こうしたなかで，1955 年，国が必要資金 1 億円を予算計上することで，防貧施策としての「世帯更生資金貸付制度」が創設されることになったのである。

なお世帯更生資金貸付制度（生活福祉資金貸付制度）は，その後も法制化されることなく，厚生省（厚生労働省）の通知（通達）を基準として今日まで運用されている。本節（1）でみたように，1949 年段階で生活困窮者層を対象とする貸付法制が一旦は検討されたにもかかわらず，である。そしてそもそも，世帯更生資金貸付について当初は民生委員によっても「法制化」が要望されたにもかかわらず，である。その点は議員立法により法制化された母子福祉資金貸付制度と異なる。そして第**2**章でも述べられているように，法制化されなかったことが，のちに江口英一らの批判を招くことになる。

世帯更生資金が法制化されなかった理由について以下の点が考えられる。第 1 に，1949 年段階ではあった法制化の必要性が消失したことである。すでにみたように，「更生資金貸付法」構想の背景には以下の事情があった。すなわち，国民金融公庫が行う更生資金貸付事業が GHQ に暫定的に容認されたに過ぎないため，法制化を検討せざるを得ない，という事情である。しかし 1952 年 4 月のサンフランシスコ平和条約の効力発行により GHQ がその任務を終えたため，そうした制度の法制化を目指す理由はなくなっていた，と推測される。

第 2 に，世帯更生資金貸付制度の導入のためには，政府としてもあえて法制化する必要が無かった，という点にある。たとえば母子家庭向け事業資金貸付は，まず母子福祉資金貸付法制定前の1952年度補正予算（同年11月11日閣議決定）において，国民金融公庫による事業資金貸付制度の導入というかたちで，法制化を伴うことなく実現していた。しかし，すでにみたように国民金融公庫は，当初構想されていた社会政策金融の中核機関ではなく，中小企業金融機関として設立されており，母子家庭に対する生活資金や教育資金の貸付を実施することができず，母子家庭支援策としては不十分なものとなった。このため母子金融のみを管轄する「母子金庫」なども議論の俎上に上ったが，結局，都道府県を貸付主体，福祉事務所を窓口とする形で現行の「母子福祉資金貸付法」に帰着した（高田，1953，p. 50）。要するに，既存の金融機関にその目的に沿った別種の貸付制度を導入する際には貸付法制の整備は必要なかったが，都道府県や福祉事務所に生活資金貸付や教育資金貸付に関する業務を担当させるにあたって明確な法制度が必要になったのである。仮に国民金融公庫が当初構想のとおり社会政策金融機関として設立されていた場合は，母子福祉資金貸付法は制定されなかった可能性がある。対して世帯更生資金貸付については，社会福祉法人たる社協を貸付主体とした，政府が財源を負担する制度である。このため政府は新たに法制化することなく，社会福祉事業法に定める第1種社会福祉事業として，世帯更生資金貸付制度を統制することができた。

加えて，母子福祉資金貸付制度も世帯更生資金貸付制度も，関係団体による強い要望があったのは同じであるが，いささか要望のあて先が異なっていただろうことに留意する必要がある。全国民生委員連盟を吸収して誕生した全国社会福祉協議会は，前身団体を含めてその歴代会長に，初代渋沢栄一を除き，内務・厚生省の元官僚（次官・局長級）や元大臣を擁しており（当時の会長は元内務省社会局長の田子一民），厚生省をはじめ行政機構に強いパイプを持っていた。そのため要望の主な宛先は内閣・行政機構であったと推測される。対して1950年に結成されたばかりの「全国未亡人団体協議会（現在の母子寡婦福祉団体協議会）」は「母子福祉法」の制定を要望しており，そのための運動が母子福祉資金貸付制度につながったのであるが，その運動の中心は，国会への請願や議員への陳情であった（高田，1953，序文・p. 23）。そうした経緯も，前者の通達による制度設立，後者の議員立法による制度設立，という違いにつながったといえる。

第3に当初法制化を求めた民生委員が，その後法制化を積極的に求めなかった，という点にある。全国社会福祉協議会（とりわけ民生委員部）や民生委員にとっての関心事は，以降，地域住民を巻き込んで世帯更生運動を効果的に展開させることに移り，貸付制度が法制化されないことは特段問題視されなかった。たとえば世帯更生資金貸付制度導入後の民生委員研修用資料では，世帯更生運動の重点は，民生委員の知識・技術の向上や，市町村や福祉事務所など地域における連携などに置かれており，「法制化」はもはや運動目標と掲げられなかった（全国社会福祉協議会，1958）。当該運動が民生委員の自主的活動からスタートした「民生委員活動の本義の確立」を目指したものと位置づけられたこともあり，社協や民生委員は，予算確保と通達による標準的ルールの確立以外の，さらなる政府の管理・統制を求めなかったと考えられる。

（4）世帯更生資金貸付制度の概要と特徴

以下，世帯更生資金貸付制度の概要を記しておこう。この制度は国や都道府県の資金援助をもとに，都道府県社協が貸付実施をするものである。国や都道府県が直接の実施主体でないこともあり，生活保護制度のように直接の実定法上の根拠に基づくものではない。ただし上述の社会福祉事業法における第1種社会福祉事業としての貸付事業の規定が，社協が本事業を担当できる根拠となっている。制度の設立は「昭和30年8月1日発社第104号都道府県知事宛厚生事務次官通牒」（以下，厚生事務次官通牒）およびその別紙「世帯更生資金貸付制度運営要綱」（以下，運営要綱），そして，同時に発せられた同制度の運営細則である「昭和30年8月1日発社第104号の2　都道府県知事宛社会局長通牒『世帯更生資金の取扱いについて』」（以下，社会局長通牒）に基づくものである。[17]

⒄　厚生事務次官通牒，世帯更生資金運営要綱，社会局長通牒の内容については，全国社会福祉協議会（1957）に付属している参考資料を参照し，確認した。以下の本文についても同様である。

運営要綱によれば，貸付主体は各都道府県の社協であり（世帯更生資金貸付運営要綱第3（1）「貸付主体」），申込および返済の窓口は各市区町村の社協が担うことになっている（同要綱第3（3）「貸付の第一線機関」および同要綱第8「貸付金の交付及び償還」）。また，貸付の可否を決定するのは各都道府県社協であるが（同要綱第3（2）「貸付審査機関」），実際の判断材料となる調査を実施するのは各地の民生委員（同要綱第6（2）「民生委員の調査」），ということになっている。貸付種目や金額などについては現在まで変動があるものの，〈都道府県社協―市区町村社協―民生委員〉という制度運営の骨格については現在の生活福祉資金貸付制度にかけて大きな変動はない。

世帯更生資金貸付制度の対象は，「生計困難者」である。厚生事務次官通牒では，「防貧施策が強く要望されている」事情を見定め，世帯更生資金貸付制度の目的を生計困難者とりわけ要保護世帯の「経済的自立」「生活意欲の助長」に置いている。そして運営要綱では明確に「防貧」や「被保護層への転落防止」が制度目的として記されている（運営要綱第1「趣旨」）。貸付金利は年3％で連帯保証人を1名以上用意することが貸付条件になっている（同要綱5「貸付の条件」）。さらに社会局長通牒では，貸付の対象者を「生計困難者」としつつも，母子福祉資金貸付の対象となる母子世帯，および生活保護法による被保護世帯に対しては「原則として貸し付けない」とも定めている（社会局長通牒第1（2））ただし，社会局長通牒では，「被保護者が生活保護法の生業扶助の限度額の範囲内で目的を達することが困難な場合にはこの資金によるよう指導されたい」（同第2（二）の1）としている[18]。貸付金の種類は，生業資金・支度資金・技能習得資金（同要綱第4「貸付金の種類」）であり，これらは生活保護法第17条に定められた生業扶助項目に対応する。

その後1957年には，世帯更生資金貸付制度設立当初の運営要綱は，「世帯更生資金制度要綱」（昭和32年5月6日厚生省発社第94号）として一部改正され，これまでの生業関係資金貸付とは別に，消費生活のための資金も貸付対象（貸

---

(18) 後年，昭和33年1月24日厚生省社会局長通知により，被保護者であっても福祉事務所長の許可を得たものであれば，本制度から排除されない旨が確認されている（東京都社会福祉協議会，1970，p. 12）。

付種目は「生活資金」）に追加された。占領時のインフレ下では認められなかった生活資金貸付がここでようやく貸付金の使途として認められるようになったのである。貸付けられた生活資金の使途として認められたのは「生活費」「家屋補修費」「助産費」「葬祭費」であった。これに合わせて，当初からの生業関係資金貸付は「更生資金」として整理されている。またその後の1961年には「世帯更生資金貸付制度要綱」（昭和36年4月6日厚生省発社第142号）が定められ，身体障害者更生資金[(19)]，住宅資金（住宅改善のための資金），修学資金（扶養している子どもに教育を受けさせるための資金），療養資金[(20)]が貸付種目として加わっている。その後，若干の制度の変動はあるが，2000年代に入るまでこの制度枠組みで貸付が実施されることになる（生活福祉資金貸付制度研究会，2013，pp. 22-23）。

この世帯更生資金貸付は，庶民金庫の更生資金貸付を一般化すべく1949年に厚生省によって構想された「更生資金法」構想や「生活再建資金貸付」構想と，名称とともにいくつか類似性を持つ。第一に確認しておくべきなのは，制度の「防貧」的性質である。これらの施策は明確に「防貧施策」として貸付手法を捉えている。そして制度対象者を生活困窮者（生計困難者）とし，その目的を「自立」「生活の安定向上」に置いている。「生活再建資金貸付」構想で明記された「ボーダーライン階層160万世帯」という問題意識は，世帯更生資金運動における「ボーダーライン階層180万世帯」という問題意識に直結する。

また，貸付事業に借手の生活や生業をサポートする伴走的な担当者を配置していることも類似点として確認しておかなければならない。上述のように，専門的な「補導員」「生計指導員」か，「民生委員」か，という違いはあるということにも留意しておく必要がある。しかし，生活困窮者向け貸付に，借手の支援をする担当者を置くという取組みは，庶民金庫の生業資金貸付制度の時代から――さらにさかのぼれば方面委員（民生委員）が経済保護事業として貸付事

(19) 更生資金からの分離。ただし2003年に更生資金に再統合される。

(20) ただし療養資金は，新設ではなく「医療費貸付資金」（昭和32年5月6日厚生省発社第92号により，「世帯更生資金制度要綱」による世帯更生資金貸付の制度改正と同時に設置）と統合したもの。

業に参与していた時代から——引き継がれているといえる。

5　歴史にみる貸手と借手の互恵的関係

本章では，先行研究のような民生委員の運動史と結びついた歴史記述とは異なり，より長い時間軸と，庶民金融史も含めた広いパースペクティブで，日本のマイクロクレジットの歴史を記述してきた。確かに，厚生省主導の貸付制度が成立するのは，民生委員も巻き込んだ世帯更生資金貸付制度の誕生を待たなければならない。そうした意味では確かに世帯更生資金貸付は，日本で初めての本格的で全国的な生活困窮者向けの小口貸付制度であった。しかし，単に民生委員が要求したから本制度ができたのではなく，本章で確認してきたような近代以前の諸実践や，社会福祉政策のなかに貸付を位置づけようとする実践や構想を踏まえて，この制度が誕生していることは見逃してはならない。

無尽・頼母子講における債権者と債務者の同一性，報徳金融や信用組合にみられた地域の共同性や互恵性を重視する構想，戦前からの借手に対する生活・生業支援付きの伴走的な貸付事業。本章は，世帯更生資金貸付に至る歴史を，こうした一連の構想や実践のなかでみてきた。これらは，世帯更生資金貸付以前からある，貸付が，借手を支配したり収奪したりする方途となることがないようにする仕組みであった。

1987年，世帯更生資金貸付が「生活福祉資金貸付」に名称を変更される少し前の時期に全国社会福祉協議会は，「世帯更生資金制度あり方研究委員会」を設置し，『世帯更生資金貸付制度の運営改善に関する研究（報告）』を提出している。そこでは，社会福祉事業としての貸付，すなわち福祉貸付の可能性について以下のように述べられている。

> 福祉貸付の場合はその事業そのものに当事者も返済，運用という主体的な関わりを通して参加しているということになろう。つまりただ低所得層へ低利で金を貸す事業ではなくて，そのような貸付という方法で，事業主体と利用当事者の双方の協力で生活の安定強化を計っていくというように

積極的に捉えうるし，そう捉えることが必要であろう。（中略）こう捉えなおしてみると，返済（償還）の意味が単なる取立てではないという方向へ変化していく。それは生活の主体的再建の証であり，あるいは次の借り手，もしくは自分自身の次の借入時へ引き継がれる共同ファンド的な部分の形成と共同管理にまでつながっていく可能性を持っている。（全国社会福祉協議会世帯更生資金制度あり方研究委員会，1987，p. 22）

この報告書では借手を，地域福祉を共に担う主体的地位にある者として評価している。地域住民に貸付した金銭が，貸手と借手の双方の協力によって，地域のなかに返され，循環し，「共同ファンド」として蓄積される。こうした金銭の流れは地域経済活性化機能をも持つとされる（全国社会福祉協議会世帯更生資金制度あり方研究委員会，1987，p. 26）。

借手は貸手に従属する存在ではない。借手は，貸手によって「共同ファンド」の運用を共に担う主体的存在として評価され，貸手と協力して地域に生きる。地域内での資金融通と，貸手による借手への伴走的な支援，それによる借手の生活基盤の安定化，そして借手の主体的活動と地域経済への貢献。本章で歴史を確認したわれわれは，こうした貸付の構想の源流を，過去の貸付構想と実践のなかにもみることができる。

歴史から翻ってみて今日，生活困窮者向け貸付事業は，このような伴走的で互恵的な制度として評価され，運用されているのだろうか。貸付することが，単なる生活保護受給者を減らすための，一時しのぎ的な方途として運用されていないだろうか。貧しい人への貸付は利益が出るからと，一種の収奪的な方法としてマイクロクレジットを利用していないだろうか。もちろん過去の日本の制度を手放しで評価しようというのではない。そうした制度には，本章で触れた点だけでも問題点や限界が多々あった。日本のマイクロクレジットの歴史を反省的に捉えつつ，そして現代の収奪的な貸付の現状とも距離を置きつつ，債権者（貸手）と債務者（借手）が互恵的な貸付制度の在るべき姿を考察する必要がある。

参考文献

井関孝雄（1929）『産業組合の新指導原理』産業組合出版社。

――――（1931）『庶民銀行』先進社。

――――（1938）「廃刊の辞」『庶民金融』15巻6号。

井上友一（1907）「公立質制度の機運」『国家学会雑誌』21巻5号（再録：澁谷隆一・麻島昭一監修（2004）『近代日本金融史文献資料成第22巻』，日本図書センター）。

――――（1909）『救貧制度要義』（再録：（1995）『戦前期社会事業基本文献集19』日本図書センター）。

岩田正美（1990）「社会福祉における「貨幣貸付」的方法についての一考察――世帯更生資金貸付制度をめぐって」『人文学報』（東京都立大学）6号。

大蔵省金融制度調査会（1948）『新金融制度の研究――大蔵省金融制度調査会報告』板垣書店。

大塚英二（1996）『日本近世農村金融史の研究』校倉書房。

加藤隆・秋谷紀男（2000）『日本史小百科 近代 金融』東京堂出版。

角崎洋平（2013）「貸付による離陸――構想される「生業」への経路」天田城介・角崎洋平・櫻井悟史編『体制の歴史――時代の線を引きなおす』洛北出版。

加瀬和俊（2012）『失業と救済の近代史』吉川弘文館。

北場勉（2005）『戦後「措置制度」の成立と変容』法律文化社。

国民金融公庫（1959）『国民金融公庫十年史』。

――――（1970）『国民金融公庫二十年史』。

――――（1979）『国民金融公庫三十年史』。

小早川欣吾（1979）『日本担保法制史序説』（初版1933年）。

佐藤哲也（1980）「世帯更生資金貸付制度の発展と経過」障害者問題研究22号。

澁谷隆一（2001）『庶民金融の展開と政策対応』日本図書センター。

――――（2004）「第Ⅳ期「庶民・中小商工業金融機関編」解説」澁谷隆一・麻島昭一監修，『近代日本金融史文献資料成第20巻』日本図書センター。

白川部達夫（2010）「近世の村と百姓の土地所持」白川部達夫・山本英二編『〈江戸〉の人と身分2 村の身分と由緒』吉川弘文館。

生活福祉資金貸付制度研究会（2013）『平成25年度版生活福祉資金の手引』筒井書房。

全国方面委員連盟（1931）『方面委員二十年史』（再録：（1997）『戦前期社会事業基本文献集54』日本図書センター）。

全国社会福祉協議会（1955）『民生委員・児童委員必携』。

――――（1957）『世界更生運動を進めるために――参考資料集』。

――――（1958）『世帯更生運動関係資料』。

――――（1964）『民生委員制度四十年史』。

全国社会福祉協議会世帯更生資金制度あり方研究委員会（1987）『世帯更生資金貸付制度の運営改善に関する研究（報告）』。

高田正巳（1953）『母子福祉資金の貸付等に関する法律の解説と運用』。

武島一義（1938）『経済保護事業』（再録：（1995）『戦前期社会事業基本文献集』日本図書センター）。
高石史人（2006）「井上友一――明治の開明官僚」室田保夫編『人物で読む近代日本社会福祉のあゆみ』ミネルヴァ書房。
田端光美（1995）「武島一義『経済保護事業』解説」『戦前期社会事業基本文献集②経済保護事業』日本図書センター。
土岐祥子（1986）「『低所得層』対策の一側面――資金貸付施策の展開」吉田久一編『社会福祉の日本的特質』川島書店。
東京都社会福祉協議会（1970）『問題別委員会報告 低所得階層と世帯更生資金制度』。
中垣昌美（1981）「民生委員運動における世帯更生運動」『龍谷大学論集』418号。
平田東助・杉山孝平（1891）『信用組合論』愛善堂。
森嘉兵衛（1982）『無尽金融史論』法政大学出版局。
森静朗（1977）『庶民金融思想史体系Ⅰ』日本経済評論社。
――――（1979）「報告（1）サラリーマン金融をめぐる金融環境」澁谷隆一編『サラリーマン金融の実証研究』。
――――（1981）『庶民金融思想史体系Ⅲ』日本経済評論社。
六波羅詩朗（2009）「低所得者対策の概要」『新・社会福祉士養成講座16 低所得者に対する支援と生活保護制度――公的扶助論』中央法規。
Armendáriz de Aghion, Beatriz & Jonathan Morduch, (2005) *The Economics of Microfinance*, MIT Press.
Najita, Tetsuo, (2009) *Ordinary Economies in Japan : A History perspective, 1750-1950*, The University of California Press.（＝五十嵐暁郎監訳（2015）『相互扶助の経済』みすず書房。）

第2章

日本における生活困窮者向け貸付

――福祉貸付としての生活福祉資金貸付事業を中心に――

佐藤順子

1　生活福祉資金貸付事業とは

日本における福祉貸付には，生活福祉資金貸付事業をはじめ母子寡婦福祉資金貸付金制度などが存在するが，本章では生活福祉資金貸付事業のこれまでの変遷を概観し，問題点を整理した上で，今後のあり方を検討することをねらいとしている。

その前身の世帯更生資金制度については第1章で詳述されており，本章では，1990年に世帯更生資金制度から生活福祉資金貸付事業へ名称が変更されて以降，繰り返された貸付限度額の引き上げと改編のポイントについて概観する。

次に，生活福祉資金貸付事業のあり方を変えた離職者支援資金，長期生活支援資金の創設および多重債務問題対策などの一つとして位置付けられた総合支援資金について取り上げ，最後に，生活福祉資金貸付事業の課題と貸付に伴う支援のあり方について検討するものである。

（1）目的と概要

生活福祉資金貸付事業は「低所得世帯，障害者世帯又は高齢者に対し，資金の貸付けと必要な相談援助を行うことにより，その経済的自立及び生活意欲の助長促進並びに在宅福祉および社会参加の促進を図り，安定した生活を送れるようにすることをその目的[(1)]」としている。

---

(1)　生活福祉資金貸付制度研究会『平成25年度版生活福祉資金の手引』筒井書房，2013年，p. 59より引用。

ここでいう，低所得世帯とは，資金の貸付に合わせて必要な支援を受けることにより独立自活できると認められる世帯であって独立自活に必要な資金の融通を他から受けることが困難である世帯を，障害者世帯とは身体障害者世帯，療育手帳，精神障害者福祉保健手帳の交付を受けている者の属する世帯を，高齢者世帯とは65歳以上の高齢者の属する世帯をそれぞれ指している。

実施機関は都道府県社会福祉協議会で，貸付業務の一部を当該都道府県の区域内にある市町村社会福祉協議会に委託することができる[(2)]。

生活福祉資金貸付事業の法的根拠は，社会福祉法第2条第2項第7項「生計困難者に対して無利子又は低利で資金を融通する事業」で，第1種社会福祉事業に位置付けられている。

このように，生活福祉資金貸付事業が福祉貸付であることの要件として以下の4点が挙げられよう。

① 社会福祉法第2条第2項第7項「生計困難者に対して無利子又は低利で資金を融通する事業」として第1種社会福祉事業に位置付けられていること

② 事業の対象として低所得世帯，高齢者世帯，障害者世帯といった社会福祉の対象となる世帯属性を挙げていること

③ 借受世帯の経済的自立だけでなく生活意欲の助長促進・在宅福祉・社会参加の促進による生活の安定化を目標としていること

④ 資金の貸付と市町村社会福祉協議会ならびに民生委員などによる「必要な相談援助」を伴っていること

である。

また，貸付対象は低所得世帯については，原則としておおむね市町村非課税世帯で，高齢世帯については高齢者を含む4人世帯でおおむね年収600万円（1993年以前は500万円）程度の世帯が想定されているが，各都道府県の実態に即した弾力的な運用を図ることとされ，画一的にならないよう留意されたい[(3)]，

(2) 厚生労働省社援発0728第9号　各都道府県知事　各政令指定都市市長宛・厚生労働次官通知　2009年7月28日。

とされている。

この，都道府県の実態に即した弾力的な運用を図るという留意事項は，実施主体である都道府県社会福祉協議会が，貸付基準を市町村非課税世帯とするか，または，生活保護基準をもとにして設定する形として現れている。そのため，都道府県によって生活保護基準をもとに保護基準の1.8倍以内という貸付基準を用いる都道府県社会福祉協議会もみられる（佐藤，2001，p.263）。

このように，生活福祉資金貸付事業は，貸付基準においてもみられるように，地域性を考慮した運用がなされ，実施機関の主体的な判断の余地が残されている柔軟性がその特徴として挙げられる。

しかし，江口英一は，生活福祉資金貸付事業の前身である世帯更生資金貸付制度について，それが法律によって規定されていないことについて次のように述べている。「今日のように，国としては厚生次官『通達』とか『通知』により，また都道府県はそれを受けて『条例』により，結局，補完的な政策として，世更資金を扱うのではなく，国の法律によって定められた制度として行われることが重要であろう」（江口，1972，pp.29-30）。

世帯更生資金貸付制度が法的に位置づけられるに至らなかった経過は第1章に詳述されているが，法的な裏付けのなさは生活福祉資金貸付事業への名称変更以降も引き継がれたまま今日に至っている。つまり，貸付決定／申請却下が行政処分として行われないことは，後述するように，相談が貸付に至らなかった2つの事例が示すように，実施主体に対して不服申立てを行うことができない事態を生んでいる。これは，社会福祉法に規定される社会福祉事業に共通する課題であろう。

（2）生活福祉資金貸付事業の条件

生活福祉資金貸付事業の条件は表2-1のとおりである。

生活福祉資金貸付事業のうち，福祉費の対象となる経費は表2-2のとおり

---

(3)　生活福祉資金貸付制度研究会『平成25年度版生活福祉資金の手引』筒井書房，2013年，p.231。

表2-1　生活福祉資金貸付条

資金の種類		
総合支援資金	生活支援費	・生活再建までの間に必要な生活費用
	住宅入居費	・敷金，礼金等住宅の賃貸契約を結ぶために必要な費用
	一時生活再建費	・生活を再建するために一時的に必要かつ日常生活費で賄うことが困難である費用 就職・転職を前提とした技能習得に要する経費 滞納している公共料金等の立て替え費用 債務整理をするために必要な経費　　等
福祉資金	福祉費	・生業を営むために必要な経費 ・技能習得に必要な経費及びその期間中の生計を維持するために必要な経費 ・住宅の増改築，補修等及び公営住宅の譲り受けに必要な経費 ・福祉用具等の購入に必要な経費 ・障害者用の自動車の購入に必要な経費 ・中国残留邦人等に係る国民年金保険料の追納に必要な経費 ・負傷又は疾病の療養に必要な経費及びその療養期間中の生計を維持するために必要な経費 ・介護サービス，障害者サービス等を受けるのに必要な経費及びその期間中の生計を維持するために必要な経費 ・災害を受けたことにより臨時に必要となる経費 ・冠婚葬祭に必要な経費 ・住居の移転等，給排水設備等の設置に必要な経費 ・就職，技能習得等の支度に必要な経費 ・その他日常生活上一時的に必要な経費
	緊急小口資金	・緊急かつ一時的に生計の維持が困難となった場合に貸し付ける少額の費用

件一覧（2009年10月１日）

<table>
<tr><th colspan="5">貸付条件</th></tr>
<tr><th>貸付限度額</th><th>据置期間</th><th>償還期限</th><th>貸付利子</th><th>保証人</th></tr>
<tr><td>（二人以上）　月20万円以内
（単身）　月15万円以内
・貸付期間：12月以内</td><td>最終貸付日から６月以内</td><td rowspan="3">据置期間経過後20年以内</td><td rowspan="3">保証人あり無利子

保証人なし年1.5％</td><td rowspan="3">原則必要

ただし，保証人なしでも貸付可</td></tr>
<tr><td>40万円以内</td><td rowspan="2">貸付けの日（生活支援費とあわせて貸し付けている場合は，生活支援費の最終貸付日）から６月以内</td></tr>
<tr><td>60万円以内</td></tr>
<tr><td>580万円以内
※資金の用途に応じて目安額を設定（別添参照）</td><td>貸付けの日（分割による交付の場合には最終貸付日）から６月以内</td><td>据置期間経過後20年以内</td><td>保証人あり無利子

保証人なし年1.5％</td><td>原則必要

ただし，保証人なしでも貸付可</td></tr>
<tr><td>10万円以内</td><td>貸付けの日から２月以内</td><td>据置期間経過後８月以内</td><td>無利子</td><td>不要</td></tr>
</table>

教育支援資金	教育支援費	・低所得世帯に属する者が高等学校，大学又は高等専門学校に修学するために必要な経費
	就学支度費	・低所得世帯に属する者が高等学校，大学又は高等専門学校への入学に際し必要な経費
不動産担保型生活資金	不動産担保型生活資金	・低所得の高齢者世帯に対し，一定の居住用不動産を担保として生活資金を貸し付ける資金
	要保護世帯向け不動産担保型生活資金	・要保護の高齢者世帯に対し，一定の居住用不動産を担保として生活資金を貸し付ける資金

（出所）生活福祉資金貸付制度研究会（2013，pp. 16-19）より引用。

<table>
<tr><td>＜高校＞月3.5万円以内
＜高専＞月６万円以内
＜短大＞月６万円以内
＜大学＞月6.5万円以内</td><td rowspan="2">卒業後６月以内</td><td rowspan="2">据置期間経過後20年以内</td><td rowspan="2">無利子</td><td rowspan="2">不要

※世帯内で連帯借受人が必要</td></tr>
<tr><td>50万円以内</td></tr>
<tr><td>・土地の評価額の70％程度
・月30万円以内
・貸付期間
借受人の死亡時までの期間又は貸付元利金が貸付限度額に達するまでの期間。</td><td rowspan="2">契約終了後３月以内</td><td rowspan="2">据置期間終了時</td><td rowspan="2">年３％，又は長期プライムレートのいずれか低い利率</td><td>要

※推定相続人の中から選任</td></tr>
<tr><td>・土地及び建物の評価額の70％程度（集合住宅の場合は50％）
・生活扶助額の1.5倍以内
・貸付期間
借受人の死亡時までの期間又は貸付元利金が貸付限度額に達するまでの期間</td><td>不要</td></tr>
</table>

表2-2　福祉費対象経費の上限目安額

資金の目的	貸付上限額の目安	据置期間	償還期間
生業を営むために必要な経費	460万円	6月	20年
技能習得に必要な経費及びその期間中の生計を維持するために必要な経費	技能を修得する期間が 6月程度　130万円 1年程度　220万円 2年程度　400万円 3年以内　580万円	同上	8年
住宅の増改築，補修等及び公営住宅の譲り受けに必要な経費	250万円	同上	7年
福祉用具等の購入に必要な経費	170万円	同上	8年
障害者用自動車の購入に必要な経費	250万円	同上	8年
中国残留邦人等にかかる国民年金保険料の追納に必要な経費	513.6万円	同上	10年
負傷又は疾病の療養に必要な経費及びその療養期間中の生計を維持するために必要な経費	療養期間が1年を超えないときは170万円 1年を超え1年6月以内であって，世帯の自立に必要なときは230万円	同上	5年
介護サービス，障害者サービス等を受けるのに必要な経費及びその期間中の生計を維持するために必要な経費	介護サービスを受ける期間が1年を超えないときは170万円 1年を超え1年6月以内であって，世帯の自立に必要なときは230万円	同上	5年
災害を受けたことにより臨時に必要となる経費	150万円	同上	7年
冠婚葬祭に必要な経費	50万円	同上	3年
住居の移転等，給排水設備等の設置に必要な経費	50万円	同上	3年
就職，技能習得等の支度に必要な経費	50万円	同上	3年
その他日常生活上一時的に必要な経費	50万円	同上	3年

（注）表中の貸付条件は，目安であり，個別の状況により，要綱第5の2（1）及び第6の1表中に規定する範囲内（上限額580万円以内，据置期間6月以内，償還期間20年以内）で貸付可能。
（出所）生活福祉資金貸付制度研究会（2013, p.20）より引用。

である。

（3）生活福祉資金貸付事業の持つ性格

戦後日本の社会保障制度は1950年の社会保障制度審議会による「社会保障制度に関する勧告」（以下，50年勧告）を原型としている。50年勧告では，社会保障制度の定義は「いわゆる社会保障制度とは，疾病，負傷，分娩，廃疾，死亡，老齢，失業，多子その他の困窮の原因に対し，保険的方法又は直接公の負担において経済保障の途を講じ，生活困窮に陥ったものに対しては，国家扶助によって最低限度の生活を保障するとともに，公衆衛生及び社会福祉の向上を図り，もってすべての国民が文化的社会の成員たるに値する生活を営むことができるようにすることをいう[(4)]」とされている。

ここでみるように，国家扶助に相当する制度として生活保護法にもとづく生活保護制度が存在する。そのため，生活保護制度が救貧的な性格を持つのに対し，生活福祉資金貸付事業は生活保護法の適用となる前段階の防貧的な役割を果たすことが期待されて来たと言えよう。

これは，生活福祉資金貸付事業の前身である世帯更生資金貸付事業要綱において，同制度の趣旨が「低所得階層の…（筆者中略）人々に対して適切な生活指導と援助を与え，被保護層への転落を防止」することとされていることからも明らかである。そして，中垣昌美も「被保護層対策は生活保護制度において，要保護層対策は貸付金制度において，それぞれ救貧と防貧の役割分担」をしていると指摘している（中垣，1981，pp. 37-38）。

生活福祉資金貸付事業は時代背景に応じて，また，時代の要請によってそのあり方を変化させ続けている。したがって後述するように，本来，期待されていた「防貧的な役割」もまた変化していった。

(4)　社会保障制度審議会「社会保障に関する勧告」1950年10月16日。

2　世帯更生資金貸付制度から生活福祉資金貸付事業へ

（1）世帯更生資金貸付制度から生活福祉資金貸付事業へ

1990年，世帯更生資金貸付制度は生活福祉資金貸付事業と名称を変更した。名称変更に伴い改正が行われ，変更点として以下の3点が挙げられている。

①要介護高齢者世帯に対する所得制限の緩和

②要介護高齢者世帯の住宅改修，福祉機器の購入等の貸付による在宅福祉の推進

③精神薄弱者（筆者注：当時）世帯の所得制限の撤廃

である。[(5)]

田中明（世帯更生資金貸付制度基本問題検討委員会座長・当時）は，雇用機会の増大に伴って自営業の存立環境が厳しくなり，更生資金（筆者注：現在の福祉費）の貸付件数が低減したことから，低所得者の狭義の自立更生を主な目的としていた世帯更生資金を見直し，高齢者の生きがいづくりや要介護高齢者の居住環境の改善などにかかる資金も貸付対象とするなど，制度を抜本的に改善する必要があるとしている。[(6)]

その背景には，高齢者人口比率の増加があった。1985年に初めて10％を超えた高齢化率が1990年にはさらに増加して12.1％となったことから，生活福祉資金貸付事業の活用が要介護高齢者の在宅生活継続のためのインセンティヴとなることへの期待がうかがえる。

（2）生活福祉資金貸付事業の拡充

名称変更後，毎年のように通知が発出され，貸付限度額の引き上げと新しい資金の創設によって生活福祉資金貸付事業は拡充期を迎える。改称後の主な変

(5)　厚生労働省社会局関係主管課長会議資料「生活福祉資金貸付制度の運営について（世帯更生資金の名称変更）」1990年2月28日。

(6)　田中明「世帯更生資金貸付制度から生活福祉資金貸付制度へ」『月刊福祉』第73巻第6号，1990年，pp. 96-101。

更点を具体的に挙げると以下の通りである。[7]

1986年

・修学資金のうち就学支度費の貸付限度額が7万5000円から12万円以内に引き上げられる

1991年

・修学資金のうち私立高校の就学支度費が新設される

1993年

・生業費の特別貸付が新設されて，上限250万円まで認められる

1994年

・高齢者を含む4人世帯で，所得要件が500万円から600万円へ所得制限が緩和される

1995年

・阪神・淡路大震災の被災地に対する特例貸付が実施される

1996年

・中国残留邦人等の国民年金追納に係る貸付特例が新設される

・療養資金と療養資金を重複して借り受けた場合の生活資金が無利子化される

1998年

・精神障害者世帯の所得制限が撤廃される

1999年

・修学資金のうち修学費が自宅通学・自宅外通学の区分を設けて新設される

2000年

・介護保険法の施行に伴って療養資金を介護・療養資金と改称し，介護保険利用料の自己負担にかかる介護費貸付が新設される

以上のように，生活福祉資金貸付事業は名称変更後，拡充期を迎えた。

---

(7)　生活福祉資金貸付制度研究会『平成25年度版生活福祉資金の手引』筒井書房，2013年，pp. 41-46。

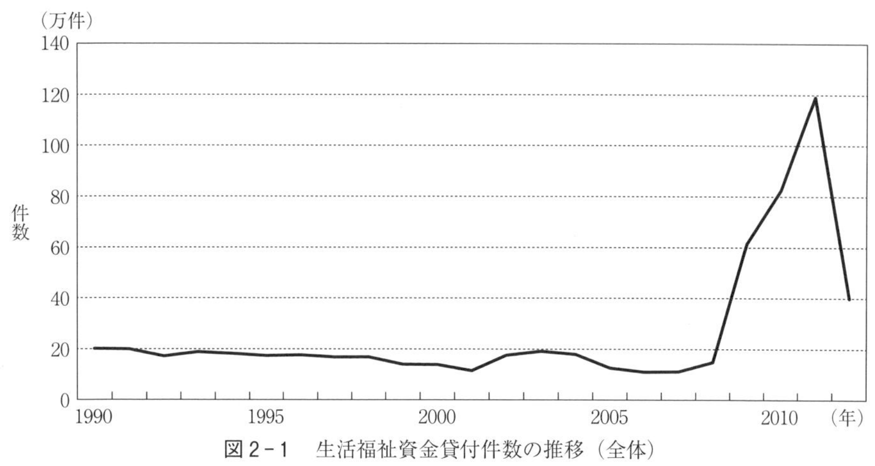

図2－1　生活福祉資金貸付件数の推移（全体）

（出所）厚生労働省社会援護局関係主管課長会議2008年３月３日および厚生労働省資料2014年２月より筆者作成。

しかし，**図2－1**のとおり，1990年の世帯更生資金貸付制度から生活福祉資金貸付事業への名称変更，貸付限度額の上限引き上げや資金使途の拡充は貸付件数の増加に寄与することはほとんどなかった。

3　新しい資金の創設と生活福祉資金貸付事業の変質

ここでは，2000年以降の改編，なかでも生活福祉資金貸付事業のあり方を変化させた離職者支援資金，長期生活支援資金そして総合支援資金を中心に取り上げてみて行きたい。

（1）離職者支援資金の創設

2001年９月20日内閣に設置された産業構造改革・雇用対策本部は総合雇用対策を決定した。前年の2000年には非正規雇用労働者（パート，アルバイト，派遣職員，契約社員，嘱託など）の雇用労働者に占める割合は26.0％に達しており，同年10月には完全失業率が過去最高の5.4％，352万人であった。[(8)]

総合雇用対策のなかでは，「雇用の受け皿の整備」「雇用のミスマッチ解消」「セーフティネットの整備」がうたわれた。なかでも，雇用保険の給付のない非正規雇用者や雇用保険の求職者給付期間がきれて生計維持困難におちいったものに対してセーフティネットを整備することの必要性から，2001年12月，離職者支援資金が新設された[9]。

離職者支援資金の貸付対象は，以下の5つの条件に当てはまるものとされた。

① 生計中心者の失業により生計の維持が困難となった世帯であること
② 当該生計中心者が就労することが可能な状態であり，求職活動等仕事に就く努力をしていること
③ 当該生計中心者が就労することにより世帯の自立が見込めること
④ 当該生計中心者が離職の日から2年（特別な場合は3年）を超えていないこと
⑤ 当該生計中心者が雇用保険の一般被保険者であった者に係る求職者給付を受給していないこと[10]

である。

離職者支援資金は，貸付限度額を月額20万円（単身者は月額10万円），償還期間は5年以内，据置期間を6か月以内とし，借受人と同一都道府県内に居住する連帯保証人が2名必要とされた（ただし，翌2002年には連帯保証人が1名に緩和，2004年には据置期間が12か月に延長，2006年には連帯保証人の住居要件が廃止されている）。

この離職者支援資金は，雇用保険の被保険者に該当しない非正規雇用者が増加し続け，生活困難におちいった場合には生活保障がないことに対する「セーフティネットの整備」として位置付けられたものである。

それまで生活福祉資金の貸付使途は，生業費や技能習得費およびその間の生活資金，住宅資金，修学資金，介護・療養資金などのライフハプニングやライ

---

(8) 厚生労働省　ウェブサイト
(http://www.mhlw.go.jp/stf/seisakunitsuite/bunya/0000046231.html)
(2014年8月28日閲覧)

(9) 産業構造改革・雇用対策本部「～雇用の安定確保と新産業創出を目指して～」2001年9月20日決定。

(10) 厚生労働省発社援第537号厚生労働事務次官通知「離職者支援資金貸付要綱」2001年12月17日。

フイベントに対応していた。しかし，離職者支援資金は，一定期間であっても，毎月の生活費を生活福祉資金貸付事業からの借受によって充当するという初めての貸付資金であった。

このことは，社会保険給付である雇用保険制度のうち，失業など給付の代替的な役割として離職者支援資金が機能することを期待するものであった。そして，江口が指摘したように，生活福祉資金貸付事業が雇用保険制度の「補完的な政策」であることを印象づけた。

そして，離職者支援資金はその後，2009年10月に新設された総合支援資金（のうち生活支援費）へと移行して行く。

（2）長期生活支援資金の創設

2002年，長期生活支援資金（2009年10月より不動産担保型生活資金に改称）が創設された。これは，それまで世帯更生資金制度と呼ばれていた時代も含めて，担保を不要としていた生活福祉資金貸付事業に，初めて居住用不動産を担保にすることを条件とした貸付の登場であった。

その背景の一つとして，高齢化率の上昇と高齢者の持家比率の高さが挙げられる。2000年に17.4％であった高齢化率はその後も高まって行き，2005年には初めて20％を超えて20.2％を記録した。[11]

また，高齢者世帯の持ち家率は85.2％に達しており，高齢単身世帯では65.3％と相対的に低いものの，全世帯の60.3％に比べて高くなっていた。[12]

長期生活支援資金の目的は，一定の居住用不動産を有し，将来にわたりその住居に住み続けることを希望する高齢者世帯に対し，居住用不動産を担保として生活資金の貸付けを行うことにより，世帯の自立を支援することにあった。

⑾　総務省統計局ウェブサイト
（http://www.stat.go.jp/data/topics/topi721.htm）
（2014年8月28日閲覧）

⑿　総務省統計局　ウェブサイト
（http://www.stat.go.jp/data/topics/158-3.htm）
（2014年8月28日閲覧）

長期生活支援資金の貸付対象は以下の５点である。[13]

① 借入申込者が単独で居住している不動産（同居の配偶者が連帯保証人となる場合に限り，配偶者と共有している不動産を含む）に，居住している世帯であること

② 借入申込者が居住している不動産に，賃貸借権等の利用権および抵当権等の担保権が設定されていないこと

③ 借入申込者に，配偶者又は借入申込者もしくは配偶者の親以外の同居人がいないこと

④ 借入申込者の属する世帯の構成員が，原則として65歳以上であること

⑤ 借入申込者の属する世帯が，市町村民税非課税程度の低所得世帯であること

である。

また，長期生活支援資金の貸付条件のポイントは以下の４点である。

① 貸付限度額は，不動産の評価額の概ね７割とする

② 貸付期間は，貸付元利が貸付限度額に達するまでの期間とする

③ １月当たりの貸付額は，原則として30万円以内で，都道府県社会福祉協議会の長と借入申込者が契約に定めた額とする

④ 貸付金の利子は，年３％とする（当該年度における４月１日時点の銀行の長期プライムレートのいずれか低い方を基準として貸付金の利率を定める。ただし，2009年10月以降は都道府県社会福祉協議会の長が利率を定める。）

そして，「長期生活支援資金貸付の手引き　問答集」によると，マンションについては以下の３点の理由で担保としない旨が述べられている。[14]

① マンションの担保価値は，償却資産である建物の耐用年数を考慮すると長期貸付になじまない

② 建物の資産価値を維持するためには，その管理費が高額であり，貸付金

---

(13) 生活福祉資金貸付制度研究会『長期生活支援資金貸付の手引き』筒井書房，2003年，p. 16，より引用。

(14) 生活福祉資金貸付制度研究会『長期生活支援資金貸付の手引き』筒井書房，2003年，p. 76。

額と見合わないおそれがある

③　マンションの場合，土地所有権はたとえば建物の専有面積の割合等に基づいて細分化した共有持分の形でこれを有するに過ぎない

というものである。

1981年に日本で初めてリバースモゲージを導入した東京都武蔵野市の貸付対象は，65歳以上の高齢者・障害者など世帯で，収入および世帯構成要件は問わず，同市福祉公社の提供する介護サービスの利用を組み合わせた，当時としては画期的なものであった。

しかし，貸付の長期化にともなって，1981年～2011年の貸付件数119件のうち，99件が解約された。なかでも18件が貸付限度額の到達に至る前の解約であった。

また，生存中に貸付限度額に達したため，死亡時までの長期間にわたり相当期間返済を猶予していたケースに関して，不動産売却による返済額が貸付額を下回り，貸付金額を全額回収できない事例が発生した[(15)]という。

高齢者世帯であれば，低所得世帯に限定しない・収入要件のない・世帯構成を問わない，という貸付条件である武蔵野市のリバースモゲージは1994年以降貸付件数の減少傾向をみせていた。

それにもかかわらず，生活福祉資金貸付事業に長期生活支援資金を導入したのはなぜか。それは，結果的であるにせよ，その後2007年に創設された要保護者向け長期生活支援資金創設の伏線となるものであった。

（3）要保護世帯向け長期生活支援資金の創設

生活福祉資金貸付事業の貸付件数が低迷する一方，全世帯のうち，生活保護受給世帯の占める比率をみてみると，1993年の14.0‰が最も低く，その後若干の微減はあっても増加傾向にあり，2007年には23.0‰まで上昇を続けて行った[(16)]。なかでも全生活保護受給世帯のうち，高齢者世帯の占める比率は上昇の

⒂　武蔵野市福祉資金貸付検討員会報告，2013年，p. 4。

⒃「社会福祉行政業務報告」平成23年度　福祉行政報告例／年次推移統計表　第1表　被保護実世帯数。

一途をたどり，1993年で41.1％，2007年では45.1％を占めた。[17]

このような生活保護受給率の上昇，特に高齢者世帯の占める比率の高まりを背景に，2007年3月，要保護世帯向け長期生活支援資金（2009年10月より要保護世帯向け不動産担保型生活資金に改称）が新設された。

要保護世帯向け長期生活支援資金の目的は，一定の居住用不動産を所有する低所得高齢者世帯が，居住用不動産を担保として生活資金を借受けることによって，自立した生活を送ることができるようにし，結果として生活保護の受給を必要としないようにすることにある。

また，長期生活支援資金と要保護世帯向け長期生活支援資金の貸付要件の違いのポイントは，以下の4点である。

① 借入申込者が，単独で概ね500万円以上の資産価値のある居住用不動産を所有していること
② マンションを含む居住用不動産を対象としていること
③ 推定相続人の同意が不要であること
④ 借入申込者の属する世帯が，要保護世帯向け長期生活支援資金貸付を利用しなければ，生活保護の受給を要することとなる要保護世帯であること

である。

要保護世帯向け長期生活支援資金が創設された契機となったのは，2005年11月の全国知事会・全国市町村会の「生活保護制度等の基本と検討すべき課題～給付の適正化のための提言～」[18]（以下，提言）であった。

提言では，生活保護制度の検討すべき課題の中で，「資産処分方策」として，「被保護者の扶養義務者が被保護者に対して何の援助もしないのに，土地・家屋等だけは相続するような現状は国民の理解を得られない。このため，資産活

⒄ 「社会福祉行政業務報告」平成23年度　福祉行政報告例／年次推移統計表　第4表　現に保護を受けた世帯数，世帯類型別（1か月平均）。

⒅ 全国知事会・全国市町村会「生活保護制度等の基本と検討すべき課題――給付の適正化のための提言」2005年11月，p. 2。

用を徹底し，自宅資産（土地・家屋）からの費用徴取（リバースモゲージ）の実施を検討すべきである」（筆者注：下線部は筆者による）としている。

この提言には次の２点の意図が込められていると考えられる。

１点目は，被保護者の扶養義務者が扶養義務を果たさないにもかかわらず，被保護者の居住する土地・家屋を相続しているとされていること，２点目は，資産活用の方策として「被保護者からの費用徴取＝リバースモゲージ」を利用すること，としていることである。

民法上の扶養義務者と推定相続人はかならずしも一致しない。つまり，扶養義務者が被保護者に対して扶養義務を履行することと，扶養義務者が被保護者の居住用不動産（資産）の相続人になることとは別の問題である。したがって，扶養義務と相続を混同しているものであると言えよう。

また，被保護者・要保護者がリバースモゲージを利用することは，本人および同居の配偶者が住居を失うリスクを伴い，被保護・要保護者をさらなる生活の不安定さに置くことが予想される。さらには，「提言」では，国家扶助である生活保護における費用徴収の是非および程度を議論することなく，「リバースモゲージ＝費用徴収」とみなすことによって，被保護世帯からの費用徴収を図ろうとしている。

むしろ「提言」のねらいは，国民感情――本来は被保護者を扶養すべき立場にある扶養義務者が，被保護者・要保護者の不動産を相続することに対する不公平感――に訴える効果をねらったものと言うべきであろう。

「提言」はのちに要保護者向け長期生活支援資金として結実し，室住眞麻子が指摘するように，「低所得者・貧困層に対する無担保の生活福祉資金貸付制度が，要保護状態の貧困な高齢者に限定して，資産活用型の現金貸付制度に変化」（室住，2008，p. 41）するのである。

生活保護法の運用において，被保護者の本人居住用の土地・家屋は，原則として，福祉事務所で開催される検討委員会において処分価値より利用価値があると認められた場合には，保有が認められていた。[19]

にもかかわらず，要保護者向け長期生活支援資金の導入は「他法・他施策活用」の名目で，本人居住用の土地・家屋を所有する65歳以上の被保護者・要保護者を生活保護受給から除外しようとする試みでもあった。

4　多重債務問題と総合生活支援資金

上述したとおり，社会背景の変化によって生活福祉資金貸付事業もそのあり方を変え続けて来たが，次に，生活福祉資金貸付事業のあり方を大きく変えたきっかけとなった多重債務問題について述べる。

（1）深刻化して行った多重債務問題

国民生活センターによると，「多重債務者」の定義は「消費者金融業者，信販会社，銀行等からの借入やクレジットカードの利用など，複数の事業者と取引（多重債務）を行なっているうちに，借金が返済能力を超えたり，借金の返済に窮して返済のために借金を重ねている人のこと[20]」を指す。

また，「多重債務問題改善プログラム（多重債務者対策本部決定）について[21]」では，「多重債務問題改善プログラム」の趣旨を踏まえ，多重債務予防の観点からも生活福祉資金貸付制度の積極的な活用・周知に取組まれたい，とされている。

同通知の別添1によると，2007年当時の消費者金融利用者は少なくとも1400万人，多重債務者は200万人存在するとされており，また，多重債務を抱えた世帯は家庭の福祉を損なう深刻な状態にあり，そのことが社会問題として認識されて来た（佐藤，2007）。

（2）貸金業法などの完全施行

多重債務問題が深刻さを増す中，2010年6月，上限金利の引下げ，借入れ

---

(19)　昭和36年4月1日社発第246号厚生省社会局長通知　「生活保護法による保護の実施要領について」。

(20)　「多重債務問題の現状と対応に関する調査研究」国民生活センター　2006年。

(21)　厚生労働省　社援地発0427001号　各都道府県民生主管部（局）長宛　厚生労働省社会・援護局地域福祉課長通知。

総量額の設定，与信の厳格化などを柱とし，消費者金融業利用者の信用収縮をねらいとした改正貸金業法などが完全施行された。

改正貸金業法などの完全施行に先立って，2007年4月に策定された多重債務問題改善プログラムの持つ意義は大きい。なぜなら，法改正の効果をより高め，社会問題化した多重債務問題のさらなる拡大と悪化を防止するために，金融庁をはじめ厚生労働省，総務省，文部科学省，警察庁などが省庁横断的に多重債務問題改善に向けて取り組むべき道筋を示し，政府機関・自治体における多重債務相談窓口の設置につながったためである。

その後，2011年には相談マニュアル「多重債務者相談の手引き～頼りになる相談窓口を目指して」が金融庁・消費者庁連名で作成され，相談窓口に配布された。

（3）多重債務問題対策としての生活福祉資金事業

多重債務問題改善プログラムにおいて，生活福祉資金貸付事業は「多重債務の予防・悪化の防止につながるニーズを確実に満たすべき制度」と位置付けられていた。

すなわち，低所得者向けの公的貸付のあるべき姿として以下の2点が明示されている。

① 地域の社会福祉協議会による生活福祉資金貸付，自治体による母子寡婦福祉貸付金制度の実施に際しては，利用促進と貸倒抑制の両立を図るため，制度の周知を図るほか，事前相談や事後のモニタリングを充実させるとともに，貸付にあたって，必要な場合には，弁護士等多重債務問題の専門家への紹介・誘導を図ること

② 生活福祉資金の貸付については，貸付実績が少額である現状にかんがみ，地域の関係機関とも連携して，制度の周知を行うとともに，関係機関が対象者を確実に誘導し，返済能力が見込まれ，多重債務の予防・悪化の防止につながるニーズを確実に満たすよう，積極的な活用を促すこと

である。

（4）生活福祉資金貸付事業のさらなる改編と総合支援資金の創設

上述した多重債務問題改善プログラムにおいて示されているように，生活福祉資金貸付事業は「地域における既存の消費者向け貸付」であると同時に，「多重債務の予防・悪化の防止につながるニーズを確実に満たすべき制度」として位置付けられており，生活福祉資金貸付事業の貸付需要者が消費者金融業を利用することがないよう，本来的な目的を果たすことが求められた。

しかし，同プログラムにおいて，生活福祉資金貸付事業について「貸付実績が少額である」と指摘されているように，2008年度末の貸付状況は貸付原資額2,065億円のうち，貸付中金額は967億円に過ぎず，貸付可能額は1,098億円残余しており，原資が十分に活用されていない状況にあった[22]。この現状にかんがみて，生活福祉資金貸付事業は2009年10月1日，**表2－3**のとおり新たに改編された。

改編された生活福祉資金貸付事業のポイントは3点あり，以下の通りである。

①　総合支援資金の新設

総合支援資金は，失業などによって日常生活全般に困難を抱えた世帯に対して，生活の建て直しのために継続的な相談支援（就労支援・家計指導など）を行うとともに，生活費および一時的な資金の貸付を行うことによって世帯の自立をはかるものである。

その中には次の3種類の資金が設けられている。

i　生活支援費（生活再建までの間・最長12か月間に必要な生活費用・月額20万円以内，単身世帯月額15万円以内・各12か月以内，据置期間は最終貸付日から6か月以内）

ii　住宅入居費（敷金，礼金等住宅の賃貸契約を結ぶために必要な費用・40万円以内）

iii　一時生活再建費（生活を再建するために一時的に必要かつ日常生活費で賄う

---

(22)　セーフティネット貸付実現全国会議「セーフティネット貸付の実現に向けて広島集会」配布資料　厚生労働省社会・援護局地域福祉課「生活福祉資金貸付事業の実施状況」p. 19，2009年2月28日

表２－３　2009年10月1日以降の生活福祉資金の資金種類と限度額

資金種類		限度額
1　総合支援資金（継続的な支援必須）		
	生活支援費 ※　最長１年間の生活費	（二人以上）月20万円以内 （単身）月15万円以内
	住居入居費 ※　敷金，礼金等	40万円以内
	一時生活再建費 ※　一時的な需要に対応	60万円以内
2　福祉資金		
	福祉費	580万円以内 ※資金の用途に応じて上限目安額を設定
	緊急小口資金	10万円以内 ※保証人不要
3　教育支援資金		
	教育支援費	月6.5万円以内
	就学支度金	50万円以内
4　不動産担保型生活資金		
	（一般世帯向け）	月30万円以内
	（要保護世帯向け）	生活扶助額の1.5倍

（出所）生活福祉資金貸付制度研究会（2013，p.55）より引用。

ことが困難な費用・60万円以内）の３種類である。

②　貸付利率と連動した連帯保証人要件の緩和

従来は貸付資金種別に応じて，おおむね３％であった利率が変更され，連帯保証人を確保できた場合は０％，連帯保証人を確保できなかった場合には1.5％に引き下げられた。

③　相談員の設置と資格要件の例示

生活福祉資金貸付のうち，総合支援資金（住宅手当緊急特別措置事業を除く）にかかる相談員を市町村社会福祉協議会または都道府県社会福祉協議会におくことができるとされた。

相談員の資格要件は以下の通りである。

i　ファイナンシャルプランナーの資格を有する者

ii　金融機関に勤務経験を有する者

iii　福祉事務所に勤務経験を有する者

iv　社会福祉士の資格を有する者

v　その他，市町村又は都道府県社会福祉協議会の会長が適当と認めた者

のいずれかとされた。

ただし，相談員の勤務形態は常勤・非常勤を問わない上，他の業務との兼務が可能である。

生活福祉資金貸付事業の2009年改正は，図2－3に示すように保証人要件の緩和などによって利用件数・金額を増加させた。

また，相談援助においても「おくことができる」という限定付きながらも，相談員の設置と資格を示すことで，生活福祉資金における相談援助の担い手のあり方について一定の方向性を示した。

総合支援資金の創設は次の2点によって特徴づけられるだろう。すなわち，1点目は，離職者支援資金が廃止されたことが示すように，総合支援資金（うち生活支援費）は，一定期間の生活費の借入である離職支援資金を拡大したものであった。2点目は，借受人に対する相談支援において，市町村社会福祉協議会は，借受人が失業者である場合には公共職業安定所（ハローワーク）に求職申し込みを行うよう指導するとされ，借受人に対する就労指導がさらに重視されたことである。

2009年改正の結果，図2－2に示すように，生活福祉資金貸付金額は飛躍的な増加をみるが，図2－3に示すように，その増加の原因を総合支援資金の新設におうことは明らかである。

しかし，2010年に総合支援資金貸付金額のピークを迎えたのち，再び生活福祉資金全体の貸付金額は減少に転じて行く。

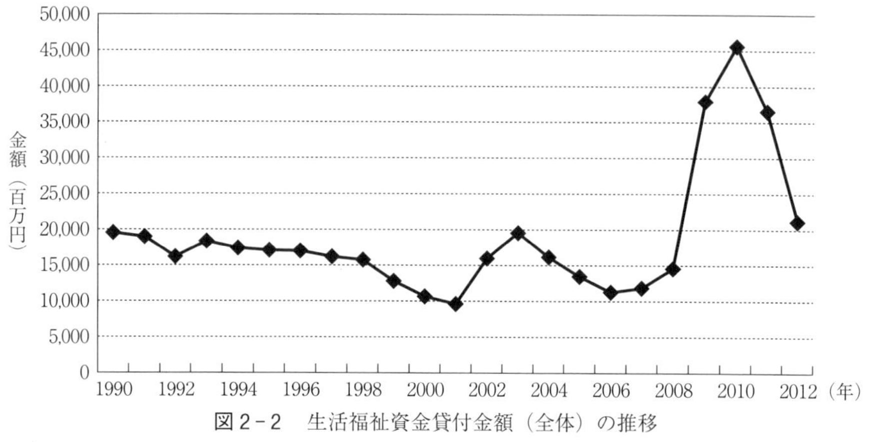

図２－２　生活福祉資金貸付金額（全体）の推移

（出所）1990年～2008年は社会保障統計各年報・2009年は改正貸金業法フォローアップチーム関係者ヒアリング厚生労働省提出資料（2010年12月12日開催）および2010年～2012年は厚生労働省社会・援護局地域福祉課資料より筆者作成。

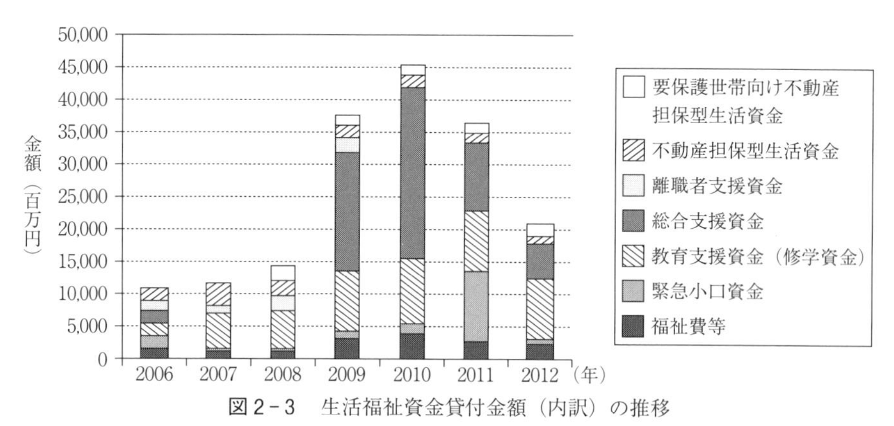

図２－３　生活福祉資金貸付金額（内訳）の推移

（出所）改正貸金業法フォローアップチーム　関係者ヒアリング厚生労働者提出資料（2010年12月12日開催）および2010年～2012年は厚生労働省社会・援護局地域福祉課資料より筆者作成。

（５）総合支援資金創設によって明らかにされたもの

次に，2014年３月に発表された全国社会福祉協議会「生活福祉資金（総合支援資金）借受世帯の現況調査報告書[23]」（以下，報告書）をもとに，総合支援資金の創設は何を明らかにしたかについてみて行きたい。

同調査は，貸付件数のピークであった2010年3月時点，および，据置期間が終了して償還開始となった直近の月である2011年10月の貸付決定世帯を対象に行われた。報告書によると，借受世帯の現況には以下の傾向があることが明らかにされており，そのポイントを挙げると以下のとおりである。

【貸付世帯の属性】

・借受世帯のうち，40～50歳代が62.1％

・借受世帯のうち，男性が85％

・借受世帯のうち，単身世帯が60.1％

【貸付世帯の所得】

・生活保護基準以下の借受世帯所得が92.3％

【貸付世帯の就業状況とその形態】

・失業中の借受世帯が92.9％

【貸付世帯の住居の状況】

・住居喪失状態，または住居喪失見込みの状態にある借受世帯が18.7％

【連帯保証人の有無】

・連帯保証人がない借受世帯が94.7％で，連帯保証人が付されている借受世帯が5.3％

【生活保護受給の状況】

・貸付期間中または貸付予定期間中に，生活保護受給となった借受世帯が10.7％

・償還金据置期間中に生活保護受給となった借受世帯が45.2％

【就労状況】

・貸付開始後，新たに就業し，一度も離職なしの世帯が11.2％，就業・離職の繰返しの世帯が12.8％,一度も就業無しの世帯が11.0％，不明が53.1％

---

(23) 社会福祉法人　全国社会福祉協議会「生活福祉資金（総合支援資金）借受世帯の現況調査報告書【厚生労働省平成25年度セーフティネット支援対策事業（社会福祉推進事業）】報告書，2014年3月，pp.6-11。

【相談支援の状況】

・関係機関への情報提供およびつなぎが23.3％，就職活動等の個別指導が9.0％，家計簿付けなどによる家計指導が9.0％

【償還状況】

・償還計画どおり償還しているが21.6％，一部滞納はあるが償還を継続しているが14.3％。一方，途中から滞納しているが27.4％，一度も償還がないが29.5％，行方不明・死亡が7.3％

であった。

上述したように，多重債務問題改善プログラムにおいて生活福祉資金貸付事業は「多重債務の予防・悪化の防止につながるニーズを確実に満たすべき制度」と位置付けられ，「利用促進と貸倒れ抑制の両立を図る」とされていた。

総合支援資金の貸付件数と金額の増加は，生活福祉資金貸付事業の「利用促進」を達成したことを意味するものであった。

しかし，報告書にみるように，償還については35.9％が計画通りまたは滞納しながらも償還を続けているが，一方で，償還不能となった借受世帯が56.9％存在している。もちろん，貸付決定時の借受世帯の中には調査後に後償還を開始した事例も存在するだろう。

ただし，報告書によると貸付開始後の就業状態について「不明」が53.1％と過半数を占めていた。その理由として，市区町村社会福祉協議会の限られた職員体制のもとでは，新規の貸付相談に対応することに追われ，借受人への継続的な支援が困難となっている状況にあることが指摘されている。

「貸倒れ抑制」を図るために必要なものは何であったか。それは，借受世帯に対して，貸付相談から貸付実行を経て償還完了までの長期にわたる見守り支援を行う体制のもとで，その過程において，必要が生じた際に償還計画を見直し，必要に応じて生活保護などの制度へつなぐ作業ではないだろうか。

岩田正美は「もともと『相談・情報提供』はそれ自体でひとつの社会福祉サービスの方法であると同時に，他の方法と結びつけられてその特徴を発揮するものである。また，貨幣給付や現物財・サービス給付も多かれ少なかれこの

『相談』方法を伴いながら実施されるところに社会福祉の特徴があるともいえる」と指摘している（岩田，1990，p. 165）。

実際に，市町村社会福祉協議会生活福祉資金事業担当職員からは「事務費の保障は単年度ごとになされており，相談員の配置増などの恒常的な人員増に結びつかない」との声が挙がっている。（佐藤，2012，p. 73）

生活福祉資金貸付事業では貸付世帯に対応した相談員数の定めがない。さらには，社会福祉協議会に対する継続的な事務費の保障がないことから十分な支援の継続を保障することができない。その循環が，結果的に「貸倒れの抑制」に結びつかないことの一因ではないだろうか。

5　貸付目的における「防貧」と「救貧」のボーダーレス化

（1）貸付使途が変えた生活福祉資金貸付事業のあり方

生活福祉資金貸付事業は1990年に改称された後，拡充期を経て2000年代に入って以降，次のように改編を繰り返した。

すなわち，2001年の離職者支援資金（2011年10月に総合支援資金に統合），2002年の長期生活支援資金（2009年10月より不動産担保型生活資金に改称），2007年3月の要保護世帯向け長期生活支援資金（2009年10月より要保護世帯向け不動産担保型生活資金に改称），そして2009年10月の総合支援資金の新設を始めとした改編である。

前述したように，本来，生活福祉資金貸付事業は「防貧」を目的として創設されたものであるが，報告書で示されたように，借受世帯所得の92.3％が生活保護基準以下という結果をみると，もはや「防貧」ではなく，「救貧」の役割をも担わされている様相を呈している。

さらには，要保護世帯向け不動産担保型生活資金の創設にみられるように，生活福祉資金貸付事業が生活保護法の運用を侵食するまでに至ったと言えよう。

（2）残された課題

生活福祉資金貸付事業のあり方が変わっていった現在，検討すべき課題として次の３点を挙げたい。

１点目は，生活保護の実施主体である福祉事務所と，生活福祉資金貸付事業の実施主体である都道府県社会福祉協議会，ならびに委託を受けた市町村社会福祉協議会との情報共有の必須化を実施要綱において明記し，定期的あるいは随時，情報を共有することである。

報告書によると，相談支援を進めるにあたっての関係機関との連携状況の回答として，貸付期間中では職業安定所（ハローワーク）が32.1％と最も多く，次いで福祉事務所の21.4％，市区町村行政の14.7％と続いている。また，償還据置期間中および償還期間中では，福祉事務所が連携先として最も多い。しかし，福祉事務所との連携は6.0％および6.9％を占めているに過ぎない。

これは，貸付にあたっては就労指導が強化されたことから職業安定所（ハローワーク）との連携が欠かせなかったこと，また，償還金据置期間中に生活保護受給となった借受世帯が45.2％あったことから，連携先に福祉事務所が最も多く挙げられたことは必然的な選択であったと言えよう。

しかし，生活福祉資金貸付事業が「防貧」だけではなく，生活保護制度の目的である「救貧」の役割をも担わされている現在，市町村社会福祉協議会と生活保護法を運用する福祉事務所との情報共有の場を保障することは不可欠である。

２点目は，信用保証制度創設についての検討である。信用保証制度創設についての議論は，1987年３月に全国社会福祉協議会から「世帯更生資金貸付制度の運営改善に関する資料」として出されたもので，その中では「福祉貸付保証共済制度」（仮称）とされている。

その内容は，借受人（契約者）が「保証料」を市町村社会福祉協議会に支払い，都道府県社会福祉協議会が債権者となり，同時に全国的な組織である「福祉貸付保証制度管理委員会」（仮称）が保証機能を果たすというものであった。

当時の世帯更生資金貸付制度は，連帯保証人が２名必要で，金利を３％としており，その上さらに借受世帯に保証料を負わせることは制度をより使いづらいものとする可能性が高かった。

しかし，2009年の改正を経て，連帯保証人なしで1.5％の金利で借受が可能となり，また，連帯保証人が確保できた場合には金利が０％となった現在，生活福祉資金貸付事業が存続するための一方策として，信用保証制度創設について検討する必要があるだろう。

その際，次の３点について留意する必要がある。１点目は，借受人（契約者）が「保証料」を市町村社会福祉協議会に支払うことの是非，２点目は，債権が信用保証制度を担う組織に移転することで，信用保証を担う組織が債権回収にのみ重点をおかないようにすること，３点目は，信用保証制度を全国規模のものとすることによって，生活福祉資金貸付事業の持つ地域性に応じた柔軟な運用が損なわれることがないようにすること，という点である。

そして，課題の３点目は，借受相談者と借受人の声に耳を傾け事業に反映するシステムの構築である。

多重債務者の相談支援にあたっている広島つくしの会は「生活福祉資金の実際と問題点」として，同会への相談者の声を次のように取り上げている（筆者注：事例は内容を損なわない程度に簡略化している[24]）。

Ａさんは家賃滞納のため住居を失い，福祉費（転居費）の借受相談をしたところ，敷金・手数料・引越し費用は借受けられたが，前住居の滞納家賃については借受ができないことが判明した。

Ｂさんは，がんの診断を受けて療養中であるが，医療費その他に出費がかさみ，療養中の生活資金を借受する生活資金を借受けするため，福祉費（医療費）の借受相談をしたところ，１年半以内に治癒見込みの診断書が必要と言われた。しかし，医師から１年半以内に治癒見込みがあるとは書けないと断られた。

---

(24)　広島つくしの会　日下健二「生活福祉資金の実例と問題点について」日本弁護士連合会『みんなで考えよう。セーフティネット貸付——生活福祉資金の現状と課題及びセーフティネット貸付のあるべきかたち』シンポジウム配布資料，2011年２月24日，p. 63。

いずれの事例も，実施要綱に基づいて実施主体が下した判断であったと思われる。しかし，相談窓口と実施主体が「借受相談者が抱えている生活困難は，生活福祉資金貸付事業のどのような規定や運用によって改善されるのか」について検討し，制度改編につなげて行くシステムが必要ではないだろうか。

6　これからの生活福祉資金貸付事業を展望する

生活福祉資金貸付事業に対する評価は，貸付金額と償還率によって数量的な効果測定がされがちである。しかし，福祉貸付である生活福祉資金貸付事業に対する評価は，借受人にとっての福祉的価値を考慮する必要がある。借受人にとっての貸付の持つ福祉的価値とは，柴香里が示唆しているように「(生活福祉資金貸付制度は) 返済できる可能性に賭けること自体が，利用者になんらかの効果をもたらし，結果として制度の意義を発現しうる」ことを考慮する必要がある (柴，2011，p. 41)。

したがって，生活福祉資金貸付事業においては，次の流れを確立することが必要である。すなわち，貸付相談窓口では，貸付決定に至らない場合でも，相談の時点で相談者の抱える生活困難を把握し，問題解決に至る道すじを描くことである。そして，貸付決定後は借受人の状況をモニタリングするとともに，継続的な支援を行うという流れである。

報告書にみるように，相談窓口では「離職，就労困難」や「生活困窮」「住居喪失，確保困難」以外にも，家族の問題や精神面の課題など借受人の抱える問題を把握している。しかし，償還期間中の「償還計画の見直し」は78.0％の借受人に対しては行われていない現状がある。

借受人の抱える問題の解決および償還計画の見直しには継続的な支援体制が必要であることは言うまでもない。そのためには，相談窓口である市町村社会福祉協議会に継続的な支援を行える人員配置を行うことは喫緊の課題である。

また，前述したとおり，総合支援資金の相談援助において，ファイナンシャルプランナーの資格を有する者，金融機関に勤務経験を有する者，福祉事務所に勤務経験を有する者，社会福祉士の資格を有する者などの相談員の資格要件が示された。しかし，これらの資格や前職は単独で機能させるのではなく，それぞれの資格の特性を生かした組合せによって，初めて相談援助の効果を発揮させせることができるよう。

ナタリー・サルトゥー＝ラジュは『借りの哲学』のなかで，借りるという行為は，借り手が「社会と関係を結びなおすことができるようにする」ことである，と指摘している（サルトゥー＝ラジュ，2014，p.75）。

したがって，福祉貸付における評価軸は次のとおりである。相談員による問題の把握と継続的な相談援助によって，「返すことができる支援」（償還完了）を目指すプロセスにおいて，「返すことを待ってもらう支援」（償還猶予），「返さないでもいられる支援」（償還免除）という柔軟な償還計画の変更もまた援助の一環である。そして，借受人がどのようにして，どこまで生活上の困難を乗り越えて行ったかが評価軸とされるべきであろう。

もちろん，社会福祉援助における評価は援助者による一方的な評価だけでは完結しない。そのためには，相談者／借受人の声を生活福祉資金貸付事業の運用に反映させる仕組みを取り入れる必要がある。

なぜなら，福祉貸付の存在意義は，貸付によって借受世帯が新しい生活の局面を切開くことを動機づけることにあるためである。

参考文献

岩田正美（1990）「社会福祉における「貨幣貸付」的方法についての一考察――世態更生資金貸付制度をめぐって」『人文学報　社会福祉学』（東京都立大学）。

江口英一（1972）「今日の低所得層と世帯更生資金制度の方向」『季刊 社会保障研究』第8巻2号。

佐藤順子（2001）「生活福祉資金貸付制度の現状と課題――介護・療養資金貸付相談の事例検討を通して」『佛教大学総合研究所紀要』 第8号。

――――（2007）「これからの多重債務者支援に問われるもの――多重債務者への生活支援のあり方調査結果を中心に」『佛教大学福祉教育開発センター紀要』第4号。

――――（2012）「生活福祉資金貸付制度の改正が意味するもの――2009年改正を中心に」『佛教大学社会福祉学部論集』。

サルトゥー＝ラジュ，ナタリー（2014）『借りの哲学』（高野優監訳　小林重裕訳）太田出版。

柴香里（2011）「生活福祉資金貸付制度の現状と課題——近年の制度改正に着目して」Discussion Paper Series. 国立社会保障・人口問題研究所，No. 2010-J01。
生活福祉資金貸付制度研究会（2013）『平成 25 年度版生活福祉資金の手引』筒井書房。
中垣昌美（1981）「民生委員運動における世帯更生運動」『龍谷大学論集』第 418 号。
室住眞麻子（2008）「生活福祉資金貸付制度の現状分析——生業資金から要保護者向け長期生活支援資金に至る変化」『帝塚山学院大学人間文化学部研究年表』第 10 号。

補論1

フードバンクとマイクロクレジット

――心のレストランとパルクール・コンフィアンスの取組み――

佐藤順子

（1） 概略と組織

心のレストラン（Les Restaurants du Cœr）は1985年にフランスで誕生したフードバンク（ただし，後述するように食料の配布に留まらない活動を展開している）で，フランス全土で展開されている組織である。

ここでは，フードバンクとマイクロクレジットを組合せた取組みを行っているドゥ県ブザンソン市・心のレストランでの聴き取り調査結果を紹介する。

ブザンソン市はフランス共和国北東部に位置するドゥ県の県庁所在地であり，人口は約11万6千人（2007年時点）である。

2014年3月11日，筆者はドゥ県ブザンソン市にある心のレストランを訪問し，代表者ジャック・マルティネ氏およびマイクロクレジット機関であるパルクール・コンフィアンス（Parcours Confiance）ブルゴーニュ・フランシュ＝コンテ支店職員のジャン＝ベルナール・アラテック氏から聴き取り調査を行った（パルクール・コンフィアンスについては第**7**章を参照）。

以下，心のレストラン・ブザンソン代表者ジャック・マルティネ氏からの聴き取り調査結果を紹介する。

心のレストランは主にボランティアによって運営され，心のレストラン・ブザンソンでも代表者を含めて全員がボランティアによって運営されている。心のレストランはドゥ県全体で11か所あり，ボランティアの数は643人，そのうち心のレストラン・ブザンソンでは146人のボランティアを擁する。

ボランティアの前職はクレディ・アグリクルや郵便局の職員，IT技術者などである。心のレストランでの役割は，まず全員が食料などの配布事業に参加したのち，本人の資質と希望を考慮して決められる。

心のレストランの登録者は受益者（bénéficiaire）と呼ばれ，心のレストラン・ブザンソンは，予算の関係で冬季（12月～3月）のみ開設しているが，夏期（4月～11月）も開設しているところもある。

また，心のレストラン・ブザンソンではカフェコーナーを併設しているが，宿泊用施設を持っているところもある。

ドゥ県全体の心のレストラン登録者数は7602人（うち，乳児の数は426人）で，そのうちブザンソン市では2137人（うち，乳児の数は137人）である。

心のレストラン・ブザンソンの主な事業概要は以下のとおりである。

①相談活動
②食料・什器・衣服・本・おもちゃなどの配布
③バカンスを過ごすためのチケットなどの給付
④パルクール・コンフィアンス職員によるマイクロクレジットの相談と貸付
である。

（2）利用の仕組み

心のレストランを利用するためには，まず登録手続きが必要である。登録手続きは最初に申請書に記入して，2人の面接員が面談を行うことから始まる。申請書は，申請者の氏名・年齢・住所・家族構成（乳児や障害者がいるかなど）・給与収入・失業手当・家族手当や積極的連帯手当（Revenue de Solidarité Active：RSA）の受給状況・住居の状況などの欄からなる。

申請者の収入が1か月あたりおおむね650€（2014年3月現在1€＝約138円換算で約89,700円）に達しない場合，登録することができる。ただし，家賃・債務・乳児のミルク代とオムツ代は控除される。

登録にあたって資産要件はなく，数か月ごとの収入要件のみで判断されるため，本人の置かれている状況が変わったり，稼働収入増などにより利用資格を失う場合もある。

収入が月額約89,700円の基準額より下回った申請者は，登録されてメンバーカードが渡され，心のレストランの利用が可能となる。利用者はメンバーカードを持って月に４回まで食料などを受け取りに来ることができる。

その際に，職員が利用者について食料棚などを回り，会話を交わして相談事はないか尋ねたり，特定の食品に偏らないようにアドバイスを行う。

心のレストラン・ブザンソンでは，2011年にどの食品などをいくつ受け取ったかチェックをして行くオリジナルの表を作成した。これは，利用者が特定の食品のみを持って帰る傾向にあったので，栄養のバランスを考えるための工夫である。

（３）利用者の属性

心のレストラン・ブザンソンの登録者の構成は，RSA受給者が43％，母子世帯が37％，失業中または低所得の若者が10％近く，そして10％程度の年金生活者からなる。

（４）心のレストラン・ブザンソン内部の様子

心のレストラン・ブザンソンは，ブザンソン市中心部から車で30分程度の

写真 補１-a　心のレストランのシンボルポスター

写真 補１-b　食料のコーナー

写真 補１-c　本のコーナー

写真 補1-d　衣服と本のコーナー

写真 補1-e　食料貯蔵倉庫①（企業から寄付された食品）

写真 補1-f　食料貯蔵倉庫②（地元農家から寄付された食品）

ところに位置する。受益者が食料・衣類・本などを受け取りに来所するスペースはゆったりしており，喫茶コーナーもある。食料のコーナーは肉，野菜，果物，乳製品，菓子など栄養バランスを利用者が考慮して取り出せるように並べてある。事務所と食料貯蔵倉庫は別棟にあり，数十台の駐車スペースを併設している（写真はすべて筆者撮影）。

（5）心のレストランの財政

心のレストラン・ブザンソンの財政は約50％が寄付によって支えられている。そして，EUから23％，キャンペーンのためのTV番組の広告収益および心のレストランの活動に賛同するアーティストのDVD売上収益が20％，フランス共和国政府，ドゥ県とブザンソン市からの補助が各数％である。

なお，心のレストランの創設者コリューシュ氏の名前にちなんで，1988年に通称コリューシュ法が制定され，個人からの寄付金に対する税控除が50％となった。その後，2003年には個人からの寄付金に対して75％が税控除の対象となった。

（6）心のレストランのキャンペーン

2014年3月15日午前8時（日本時間）からチャンネルTFIで'c'est ne pas bientôt fini ?'（「すぐに成し遂げられないのか？」）と題する心のレストランのキャンペーン番組が放映されていた。

その内容の一部は，心のレストランのシンボルマークと創設者コリューシュ氏の写真を背景に，3人の利用者の生活をルポルタージュ形式で紹介することによって心のレストランの活動を広報するものであった。

紹介された3つの事例の概略は以下のとおりである。

① 夜間，工事現場で働きながら自動車の中で寝起きし，食料配給を受ける若い男性。心のレストランのオフィスで相談員との面談後，オフィス内にある宿泊施設を提供される。

② 心のレストランの支援を受けている母子世帯の母親。相談員とどのようなバカンスを過ごすか話し合う様子が映された後，母子が海水浴を楽しむ。

③ 失業後も仕事がなく，心のレストランで支援を受けている若い単身女性。スタッフからボランティアに誘われ，自らも心のレストランでボランティアとして活動を始める。

番組のコマーシャルのスポンサーはルノー，フォルクスワーゲン（自動車），マクドナルド（飲食）を始め，日用品や菓子メーカーなどであった。

（7）心のレストランとマイクロクレジット

次に，心のレストラン・ブザンソンで行われているマイクロクレジットについて，以下，マイクロクレジット機関であるパルクール・コンフィアンス　ブルゴーニュ・フランシュ＝コンテ支店職員ジャン＝ベルナール・アラテック氏からの聴き取り結果を紹介する。

心のレストラン・ブザンソンでは，パルクール・コンフィアンスの職員２名が交替で週３回マイクロクレジットの相談窓口を開設している。利用者に対する周知はパンフレットで行っている。

貸付条件は以下の通りである。

担保・保証人は原則として不要である。貸付限度額は 1,000〜3,000€（13万 8,000 円〜41 万 4,000 円），利率は年利 1.25％で，12〜36 か月に分割して返済する。貸付使途は①就労，②住居改善，③教育を３つの柱としているが，それ以外でも，恒常的な生活費以外であれば臨時的出費に対応している。

貸付実績はドゥ県全体のパルクール・コンフィアンスでのマイクロクレジットのデータであるが，2013 年の１年間で相談者数は 240 件，そのうち，貸付実行件数は 42 件であった。

また，2013 年の１年間で，相談者の借入動機の大半は，就職や就労の維持に必要となる自動車の購入・自動車免許取得費用であったが，子どもの出産費用が数件，葬儀費用が１件あった。

実際の貸付金額は借入相談者のニーズに応じて 500〜2,200€（６万 9,000 円〜30 万 3,600 円）程度である。心のレストラン・ブザンソン利用者を対象としたマイクロクレジットが，他の利用者と比べて特徴的な点は，次の３点にあると考えられる。１点目は，借入金額がパルクール・コンフィアンスが行っているマイクロクレジット全体の平均借入金額より低い傾向にあること，２点目は，申請者の約 85％が RSA や年金・手当で生活を支えているため，家計が極端に逼迫している人が多いことである。そのため，返済の見込みが少ないことを理由に審査に通らないことがある。3点目は，心のレストラン・ブザンソン利用者の貸倒率はそれ以外のパルクール・コンフィアンスのマイクロクレジット利用者と比べて変わらないことである。

償還の遅れがあった場合の対応は，6回目の口座引き落とし期日に引き落とし不能となったり，償還期日を過ぎた時点で，パルクール・コンフィアンスブルゴーニュ・フランシュ＝コンテ支店の職員が借受人と面談を行う。具体的には生活状況の変化などについて聴き取りを行い，返済計画について話し合うという手順を必ず踏んでいる。

アラテック氏は「心のレストラン・ブザンソン利用者は経済的困窮と生活困難のため，どうしても自尊心が低くなる傾向にあるので，マイクロクレジットは『貸してもらえた』＝『他人から信用してもらえた』という自信を与えることにつながると考えている」と言う。

心のレストラン・ブザンソンでのマイクロクレジットの取組みはまだ3年目を迎えたばかりで，詳細なデータは整理できていないとのことである。

しかし，心のレストラン・ブザンソンでのパスクール・コンフィアンスの提供する「借受人と伴走するマイクロクレジット」の取組みは，暮らしぶりの厳しい生活困窮者に対して，食料の配布などによって生活を維持し，生活をより困難にすることを防ぎ，また，自らの生活を変えて行く機会を提供するものである。

第3章

日本の生活協同組合などによる貸付事業

——金融包摂の実践と福祉的意義——

角崎洋平

1 「金融への包摂」か，「金融への排除」か

戦後日本で何度か，人々の生活と金融（借入）の問題が，社会問題として注目された時期がある。その問題とは，具体的には，高利の消費者金融借入や，多重債務をめぐる問題である。そのうち最近のものは結果として，2006年の貸金業法・出資法改正に繋がっている。2006年の出資法改正は，利息制限法と出資法がそれぞれ定める上限金利を統一し，かつその上限金利を20％まで引き下げるものである。また貸金業法改正によって，与信限度を原則債務者の年収の3分の1に定めるという総量規制を導入し，貸金業を開業するために「資本金5000万円」以上を必要とすることを定め貸金業への参入規制も強化した（上柳・大森，2008）。

しかし一方でこの改正により，上限金利引き下げによる貸金業の経営難や，総量規制・参入規制による消費資金貸付金供給量の減少が確実とされ，結果として生活維持に必要な資金を必要とする者（世帯）が生活維持不可能になったり，いわゆる「ヤミ金」利用に陥ったりするのではないかとの懸念も指摘された。そうしたなか政府が2007年に打ち出したのが，本書はしがきでも触れられた「日本版グラミン銀行モデル」であり，その担い手の一つとして注目されたのが，本章で取り上げる消費者信用生活協同組合（以下，信用生協）などの生活協同組合（以下，生協）が関係する貸付事業である（多重債務者問題対策本部，2007，pp. 6-7）。

現在，貸付手法を用いた支援は，生活保護受給世帯の増加が問題視されるなかで，「第二のセーフティネット」の一つとしても位置づけられており，社

会政策（福祉政策）の分野でも注目されている。たとえば2015年度から始まった「生活困窮者自立促進支援事業」の一つとして，生活困窮者や生活困窮に陥るリスクの高い人々（以下，生活困窮者など）に対する，家計の収支改善のための相談や必要に応じて貸付支援を行う「家計相談支援事業」が位置づけられている。ここでも家計相談・貸付事業の担い手として位置づけされているのが生協である。

これまでヤミ金を含め高利金融しか利用できなかった人のために，生活再建のために比較的低利の貸付をするということは，「金融排除」の問題の克服という点で重要である。イギリス金融サービス庁（Financial Service Agency, FSA）の定義などを参照したサンティアゴ・カルボらによれば金融排除（financial exclusion）とは，ある社会集団に属する人々が金融システム――貸付・預貯金・保険・年金など――にアクセスできないことを指す。金融排除には，単に「借入できない」ということだけではなく，通常返済が不可能であるような高い金利でしか金融サービス（借入）が利用できない，ということも含まれる。こうした金融排除は社会的排除の一つであり，金融から排除されているということは，他の種類の社会的排除を促進しかねない深刻な問題であるとされる（Carbó, Gerdener & Molyneux, 2005, pp. 4-5）。こうした意味で，日本版グラミン銀行モデルや第二のセーフティネットとしての貸付事業は，金融サービスを利用できなかった人々，または高利でしか利用できなかった人々に適切な金融サービスを提供し，〈金融への包摂〉（金融包摂）を促進するものとして重要な意義を持つといえる。

しかし，社会政策分野での貸付手法の利用は，手放しで評価されているわけではない。近年では，途上国におけるマイクロファイナンスの高い金利や強引な債権回収が，困窮者をさらなる生活困窮や自殺に追い込む危険性が指摘されている（Sinclair, 2008 など）。日本においても，日本学生支援機構の奨学金が大学生・卒業生などにおよぼす負担の重さや厳しい取り立てが，社会問題にもなっている。日本学生支援機構の奨学金の利用者は必ずしも生活困窮者とは言えない。しかし，学校卒業後に低所得や不安定な就労形態にある人々にとって，このような奨学金制度は，かれらを返済困難に追いやり，生活をかえって不安定化させ，結果として生活困窮を招くものとして懸念される。たとえば次のようにいわれる。「給付ではなく貸付的方法（とりわけ有利子）は，借金を増やして生活再建にマイナスの効果を与えることから，生活費や就業訓練費，教育費の支援には適切な方法ではない」（日本学術会議社会学経済学合同 包括的社会政策に関する多角的検討分科会 2009，p. 10）。こうした見解は，〈金融への包摂〉よりも給付制度の拡充こそが必要であると主張するものである。

宮坂順子は，多重債務者の金融排除について，「二重の排除」があるとする。それは適切な金融サービスを利用できないという「金融からの排除」であり，生活保障制度が機能していないがために不適切な金融（たとえばヤミ金など）に依存しなければならないという「金融への排除」である（宮坂，2008，pp. 265-267）。貸付制度が「生活再建にマイナス」であると懸念する者からみれば，上述のような「金融包摂」を掲げる貸付制度でさえも，人々を不適切な金融サービスへの利用へと追い込む，「金融への排除」を促進する政策に映るかもしれない。

生活困窮者などへの貸付を考える際に検討しなければならない重要な問題は，〈金融への排除〉とは異なる〈金融への包摂〉の意義をどのように評価するかである。換言すれば，生活保護などの給付制度の拡充では対応できない社会政策分野での貸付手法の意義をどのように評価するか，こうした貸付制度が人々の福祉に資すものとなるためには，どういった点に留意しなければならないのか，を検討することが必要である。本章はこうした観点から，生協の貸付事業を題材に，その事業の福祉的意義と，貸付が借手の福祉に資すための（金融が借手の生活をさらに悪化させないための）条件について考えるものである。

第2節ではまず，これまで金融から排除されてきた人々を金融へ包摂するための構想・実践の歴史として，生協の貸付事業史を振り返る。これは第1章のマイクロクレジット史を踏まえて，生協の信用事業の構想史を整理するものでもある。第3節では，信用生協を含む生協や生協などの団体（以下，生協など）による現在実施されている貸付事業の設立経緯と概要について確認しておく。すでに生活困窮者など向けの貸付を取り上げた研究や，信用生協を含む生協などの貸付事業については，それを紹介する多くの報告や研究がある（藤井，

2007, pp. 84-102；上田正, 2008；小関, 2011, pp. 237-243；生協総合研究所, 2012；重川, 2012など)。第3節の記述はそれらで得られる知見を大きく塗り替えるものではないが, 近年の東日本大震災以降における信用生協の事業や2013年10月から新たに開始されたみやぎ生協の事例など比較的最近の事例も踏まえている。最後に第4節で生協の貸付事業を福祉貸付制度の一端を担うものとして評価した上で, その事業のインプリケーションやそれを踏まえた福祉貸付制度の意義について考察する。(1)

2　金融包摂の歴史としての生協の貸付事業史

(1) 生協運動と信用事業

近年, 多重債務者などへの貸付支援の担い手として, 生協や生協関係の団体が実施する貸付事業が注目されてきた。こうした団体の活動を受けて消費生活協同組合法（以下, 生協法）が改正され, 2006年正式に「生活に必要な資金を貸し付ける事業」(第13条)（貸付事業）が認められるようになった。

とはいえ, 生協が貸付事業を展開しようとするのは, 近年になってからのことではない。戦後直後の生協制度創設期から, 生協が貸付事業を担うべきかどうかが大きな論点であった。当初から生協にとって生活資金の貸付事業は, 生活者の生活に関わる問題として重要な課題と認識されていた。

当時の生協運動の主体となっていたのは, 1945年11月結成の日本協同組合同盟（以下, 日協）である。日協は, その綱領の第1に「協同組合による都市農村協同体制の確立に努め食料及住宅問題を解決し, 以て民衆生活の安定確保と新日本文化の昂揚を期す」と記していた。そして加えて「労働者・農漁民に

(1) 筆者は, 2011年に生活サポート基金（8月8日), 信用生協（8月24日), グリーンコープ生協生活再生相談室（9月26日）を訪れ担当者らにインタビュー調査を行った。また2014年に改めて信用生協（7月29日）と, みやぎ生協（7月30日）を訪問した。原稿については事前にインタビュイーに確認を取った。なお, 本章における貸付事業についての見解は筆者によるものであり, 各団体の見解を示すものではない。

よる自主的金融機関の設立」とするなど，金融事業についての目標も掲げていた。日協の運動方針においても，「生活必需物資配給機構を協同組合組織によって編成すること」とともに，「労働者農民の生業資金・生活改善および再建，あるいは教育その他社会厚生的施設等のための融資または投資の積極化」も掲げられ，生業・生活資金の貸付事業の確立は生協運動の重要な目標の一つであった（日生協25年史編集委員会，1977，pp. 5-8）。

日協の会長である賀川豊彦は，関東大震災の被災者支援の一環として中之郷質庫信用組合（1928年）の設立を主導しており，1945年12月には自ら組合長にも就任していた[(2)]。賀川は第1章でも紹介したライファイゼンの信用組合を，救貧と防貧の双方を実現するものとして評価しつつも，日本における信用組合は，地主の利益を代表するもので，生活困窮する小作人層を支援するものではないと批判していた。賀川は日本に信用組合がこうした状況にある原因として，相互扶助の精神の欠如やキリスト教精神の欠如をあげている（森，1978，pp. 153-156）。第1章で述べたとおり井関孝雄も信用組合を庶民階層の生活改善に資していないと批判していたが，彼はその解決策を，庶民金融を担う政府系機関の設立に求め，それは庶民金庫の設立に結実した。そしてその庶民金庫の生活困窮者向け貸付事業は，国民金融公庫の更生資金貸付を経て，現在は生活福祉資金貸付へと引き継がれている。対して賀川による信用組合の問題の解決策は，「相互扶助」精神の涵養やそうした精神に基づいた協同組合的金融機関の結成であった。

日協は1947年6月20日に生協法の試案を決定し，5月に誕生した片山哲内閣の与党となった3党（社会・民主・国民協同）と自由党に，信用事業（貸付・預金事業）を生活協同組合の事業内容に含める生協法の試案[(3)]を提示した（日生協25年史編集委員会，1977，pp. 54-55）。与党第1党社会党は同年7月，日協の方針も踏まえて，単位生協による貸付・預金受入などを認める法案[(4)]を作成した。

---

(2)　後身である中之郷信用組合のホームページ「沿革」の頁より（http://www.nakanogou.shinkumi.co.jp/enkaku.html　2014年8月21日最終閲覧）。

(3)　試案の内容については，木村文書（第Ⅱ期011204-0802）。

(4)　法案の内容については，木村文書（第Ⅱ期011204-0301）。

社会党の連立パートナーである民主党や国民協同党でも生協法案について同年8月から1948年1月にかけて対案が作成された。しかし民主・国協の両党においては，預金事業や連合会による貸付事業は認める意見もあるものの，単位生協による貸付事業については容認されなかった（日生協25年史編集委員会, 1977, p. 57）。

こうしたなか1948年3月5日，日協は大蔵省（特殊金融課）と折衝を行い，単位生協による信用事業（貸付・預金事業）の開始を容認するように求めた。これに対し大蔵省は，預金の安定性と信用組織の安定性の観点から賛成できないと応えた。加えて大蔵省は，庶民金庫を改組した新金融機関——当時は「国民金融金庫」の仮称で検討されていた（第**1**章参照）——を設置して生協との取引を可能とし，もって新金融機関が生協の「代理機関」として貸付・借入を行えるようにする計画を提示した。そしてそれゆえに，生協が直接実施する貸付事業は不要であると応じた。大蔵省はこの時点では，貸付・預金事業を認めなかったものの，生協から資金を預ったり生協に資金融通したりする機関として，そして生協に代わって組合員に対して生活資金などの貸付事業を実施する機関として，庶民金庫の後継機関を構想していたのである（日本協同組合新聞第55号（1948年3月20日））。

これを受けて日協は，国民金融金庫の設立を前提として，3月12日に『生活協同組合金融確立要綱案』を発表し大蔵省に提出した。要綱案では，国民金融金庫を生協の金融中央機関にすることや，国民金融金庫の運営を民主化し生協の金融中央機関にふさわしいものにすること，そして，単位生協を「国民金融金庫の下部所属金融機関」とすることが掲げられ，具体策として，「単位組合は組合員の臨時の生活資金に対して質庫〔質屋〕信用事業を営んでよいこと」，「単位組合の事業遂行に必要な資金は連合会を通じて国民金融金庫の融資を受けせしめること」，「連合会は単位組合の預金を受入れこれを国民金融金庫に預入れること」，が要求された（日本協同組合新聞第55号（1948年3月20日））。

生協運動が当時かように信用事業にこだわったのはなぜか。戦後直後の消費生活は，生活物資不足やインフレによって困難を極めていたことは想像に難くない。都市部では，深刻な食糧不足を背景に「買出組合」と呼ばれるような協同組合が多く誕生していた（日生協 25 年史編集委員会，1977，pp. 13-17）。こうしたなか，個々の世帯の生活資金の一時的不足を補う資金や，生活物資を共同で仕入れるための生協の運転資金の調達は，生活に困窮する人々の生活を支えるものとなる。それゆえ，生協による貸付事業や生協の円滑な資金調達は，元は産業組合法における「購買組合」たる生協の第1の目的とまではいえないが，それを支える重要な事業の一つであると考えられたと推察できよう。

（2）生協法の制定とその後

こうした動きのなかで 1948 年 5 月に厚生省社会局は生協法案を作成した。ここで厚生省は，生協による貸付・預金事業を「経済的条件よりみて至当であると認められる場合に限り」，厚生大臣および大蔵大臣が認可する案を提示した。また当時進められていた庶民金庫の再編を含めた金融制度再編（第1章参照）完了までの経過措置として，農林中央金庫や庶民金庫から生協への事業資金の融資を可能とする旨の規定をおいた（木村文書第Ⅱ期 011204-0701）。

この 5 月案に対して大蔵省は，「金融事業以外の事業を目的とする組合」が金融事業を兼営することは，「金融事業の健全たる発展を期待しえないから賛成し難い」と，生協による金融事業について反対姿勢を改めて示した。その上で，「目下金融制度全般に亘ってその再編成の段階にある」として，その金融制度再編後に改めて生協による金融事業を検討したいとした。また農林中央金庫と庶民金庫から生協への融資を可能とする案についても，再編成の過程にあることを理由に「にわかに結論を得難い」と態度を保留した（木村文書第Ⅱ期 011203-1203）。とはいえ，生協の系統中央機関の構想について大蔵省は，上述のとおりそれに庶民金庫を再編した機関をあてる旨を日協に表明しており，1948 年 6 月 8 日には「消費組合〔のちの生協〕に対する資金の貸付又はその債務の引受若しくは保証」を行う「国民金融公団」の設置法を閣議決定していた（第1章参照）。

大蔵省などの意見を受けて厚生省は，5 月案を修正して信用事業（貸付・預金事業）を認めないこととし[(5)]，最終案を作成した。厚生省は信用事業を認めなかった理由について，現状の生協の発展段階では信用事業を認めることは時期尚早であること，そして，「金融制度全般について再編成が行われようとしている」ので，その全体構想を見極める必要があること，をあげている（木村文書第Ⅱ期 011201-0401「消費生活協同組合法案質疑応答資料其の二」)。とはいえ最終案でも，大蔵省で構想中の「国民金融公社」(「国民金融公団」構想から改称）を，生協に融資する機関として位置づける構想は存続した。

しかし法案の国会提出段階では，信用事業の規定のみならず「国民金融公社」から生協への融資に関する規定も，見送られることとなった。生協法審議の過程で竹田儀一厚生大臣は，「国民金融公社」による融資を可能とすることを考えていたが国民金融公社法案自体が提出に間に合わなかった，と述べている（衆議院厚生委員会第 24 号（昭和 23 年 7 月 5 日))。結局，「国民金融公社」構想は 1948 年年 9 月閣議決定され，最終的には国民金融公庫として設立されるが，新金融機関による生協への系統的貸付に関する規定は盛り込まれなかった。大蔵省が方針を転換した大きな理由の一つは，第**1**章で指摘した通り，生協に対する貸付が結局は消費資金となり，当時深刻だったインフレを加速させる恐れがあると懸念され，そのことを GHQ が強く懸念したからであると考えられる。

それでも生協は，貸付事業の認可を求めて引き続き運動を展開する。この成果は，1949 年 4 月 28 日に大蔵省銀行局長が厚生省社会局長宛にした，共済事業として預貯金事業を伴わない生活資金の貸付を実施することは差支えないとする旨の回答につながった（日本協同組合新聞 59 号（昭和 24 年 5 月 15 日))。しかし，預金事業や国民金融公庫から生協への系統的貸付が認められず，激しいインフレが続く状況下で，生協の資金力は乏しかった。そのため貸付事業を展

(5) 厚生省社会局作成の 1948 年 5 月 24 日付「消費生活協同組合法要綱」(木村文書第Ⅱ期 011204-1301)，1948 年 6 月 4 日付「消費生活協同組合要綱」(木村文書第Ⅱ期 011204-1401）では 5 月案のとおりの貸付事業についての規定が残っているが，1948 年 6 月 15 日付「消費生活協同組合法要綱（案)」(木村文書第Ⅱ期 011204-1501）では同規定が削除されている。6 月 4 日～15 日の間に，各省間で協議が行われ，同規定が削除されたと考えられる。

開する余地はほとんどなかったと考えられる。

この間，生協による，戦前からの市街地信用組合制度に基づく信用組合設置運動が起こっている。しかし1949年6月の中小企業協同組合法制定による信用組合制度の再編後は，大蔵省も府県ごとに「生活信用協同組合」を設置する案を提示したりしたが，結局は生協独自で預金を吸収して貸付事業を展開する目途がたたず，多くの構想は立ち消えになった（日生協25年史編集委員会，1977，pp. 67-69）。

こうしたなかで岡山では県生協連合会が，労働組合などと協力して「生活信用協同組合」設立に動き，長期にわたる折衝の末，「岡山県勤労者信用組合」を設立した。かかる生協と労働組合が一体となった運動は，兵庫をはじめ各地に広がり，1953年の労働金庫法に結実した（三村，2014，pp. 39-44）。これにより貸付・預金事業の実施を求めた生協運動は一定の成果を上げたといえる。

しかし，労働組合未加入の労働者や自営業者，その他生活者一般向けに生活資金を貸付する協同組合の結成には至っていないことに留意する必要がある。そのため上述の1949年の銀行局長宛回答を根拠とした，民間の金融機関からも労働金庫からも借入できない人々のための生活資金貸付の仕組みが，なお必要とされた。たとえば，1956年に設立された宮崎生活協同組合労働質庫（のちの宮崎消費者信用生活協同組合，以下，宮崎信用生協）をはじめ，労働金庫と協力した生協による質庫事業が各地で展開される。その一つが，1969年に宮崎信用生協をモデルとして設立された，岩手県信用生協（現在の信用生協）である。その設立趣意書では，「労働組合に組織されない労働者や中小商店等の勤労者にとって市中の銀行・金庫は縁遠い存在であり，いきおい小口高利金融業者に依存せざるを得ない」としたうえで，「弱い立場にある者の自衛の組織として」生活協同組合を設立しよう，と述べられている（消費者信用生活協同組合，2010）。

しかし，同様の質庫事業を行う生協は，昭和30年代には全国11都道府県で設置されたようであるが，営業質屋も含めた質屋事業の衰退の影響もあり，その多くは消滅した（上田正，2008，p. 20）。結局現存している貸付事業をメインとした生協は，現在の信用生協のみである。宮崎信用生協も近年まで残っていたが2010年3月に解散している。

ここまでの生協による貸付事業の歴史を簡単に総括してみよう。賀川豊彦は，信用組合が農村における生活困窮者など向けの貸付事業として機能していないことを批判していた。また日協は，戦争後の生活困難に対して生協を通じて生活資金を供給しようとした。労働金庫設立後の生協は，労働金庫の貸付対象から漏れる人々を対象とする貸付事業を展開しようとした。そして次節で詳説するが，近年の生協は民間の金融機関からの借入が困難な，多重債務者などに対する貸付支援を積極的に行っている。生協の貸付事業をめぐる歴史は，そういう意味では「金融包摂」をめぐる構想と実践の歴史でもある。

3　現代における生協などの貸付事業

（1）生協などによる貸付事業の設立経緯と現状

以下，現在も貸付事業を展開する生協や生協の関係団体（生協など）を確認しておこう。そうした団体として，信用生協，生活サポート基金，グリーンコープ生活協同組合（以下，グリーンコープ）（とりわけその「生活再生相談室」），そして，みやぎ生活協同組合（とりわけその「暮らしと家計の相談室」）をとりあげ，こうした団体が貸付事業を行うに至った経緯と，貸付事業の概要を確認しておきたい。

①　信用生協

信用生協は上述のとおり，民間金融機関からも労働金庫からも借入できない人々のための生活資金貸付団体として，1969年に岩手県で設置された。信用生協が本格的に多重債務者問題に携わったのは，1987年に岩手県宮古市で起きた名義貸し詐欺事件により，地域住民の高利借入が社会問題になって以降である。このとき信用生協は，高利の貸手に対し利息制限法を超える過払い分を減額させた上で，残りについては借手に信用生協の貸付へと借換させた（横沢，2010，pp. 179-181）。

信用生協は1989年にはこの事件の経験を踏まえ，多重債務者問題の解決を行う「消費者救済資金貸付制度」（年利9.25～10.95％）を創設し，多重債務者の生活再生を行う貸付事業を開始した。この制度は，信用生協・地元金融機関・地方自治体・弁護士会が連携しながら，多重債務の決済（借換）資金を貸付するものである（上田正，2008，pp. 20-21）。

近年では「過払い金返還訴訟」によって，多重債務の解決に債務決済資金を貸付する必要性は低くなってきている。しかし法的整理後の人や，法的整理に至らなくても金融事故情報のある人は，必要な金融サービス（突発的な資金需要，たとえば冠婚葬祭や医療費のための借入，累積した公共料金の決済資金の調達，地方での生活に必要な車の購入資金の借入など）から排除される。信用生協は，そうした人々への貸付事業にも力を入れるため，2007年に資金使途を多重債務決済資金を除く生活資金とする「生活再建資金貸付制度」（年利8.98％）を創設した（上田正，2008，p. 23）。

なお信用生協は，2010年の生協法の施行規則改正により隣県での事業展開が可能になり，2011年には青森県全域での事業を開始している。このときに名称が「岩手県信用生協」から「信用生協」（消費者信用生活協同組合）に改称されている（生協総合研究所，2011，p. 20）。

貸付のための原資は，信用生協の組合員（主には信用生協の利用者である借手）からの出資金と地域金融機関からの借入により賄っている。金融機関からの借入については，市町村と地元金融機関，信用生協の三者による預託契約を結ぶことにより，安定的な調達が可能となっている。この預託契約では，提携している金融機関は信用生協に対して，市町村から受けた預託金の4倍の金額を貸付することになっている（藤井，2007，pp. 91-92）。

② 生活サポート基金

生協などによる同様の貸付事業として，2005年に設立された生活サポート基金による貸付事業がある。多重債務問題・「ヤミ金」問題が社会問題として全国的に注目されていることを踏まえ，生活クラブ生協やパルシステム生協らは，信用生協の貸付モデルを東京都にも導入するべく，岩手と同様の多重債務決済資金を貸付する生協の設立を目指していた（藤井，2007，pp. 92-94）。

しかし，認可権を持つ東京都が難色を示したことにより，生協としては設立できず，生活クラブ生協やパルシステム生協が出資する有限責任中間法人として，生活サポート基金が発足することとなった（2009 年 1 月に一般社団法人に改組）（横沢，2011，pp. 35-36）。設立当初は，生活サポート基金とは別に，その相談業務を連携して担う「生活サポート生協・東京」も設立されていた。しかし，別団体であることの連携上の問題から，現在は貸付に関連する相談業務も生活サポート基金自体が行っている（生協総合研究所，2011）。

生活サポート基金が行う貸付事業には，「生活再生ローン事業」（年利 12.5％以内）と，東京都からの委託事業である「東京都多重債務者生活再生事業」（年 3.5％）の二種類がある。前者は，2006 年 9 月より，生活サポート基金の独自事業として行っており，貸付原資も市民からの匿名組合契約出資（市民ファンド）により賄っている（横沢，2011；生活サポート基金；2012)。後者は，2008 年 3 月より実施されている。この事業では，生活サポート基金が借入申込者の相談・カウンセリング・斡旋を行うが，原資は東京都の補助金を受けた東京都社会福祉協議会（以下，社協）が設置した基金であり，貸付実務は中央労働金庫（以下，労金）が担っている（横沢，2011，pp. 36-37）。

両貸付制度は，多重債務や公共料金の決済資金，その後の生活資金を貸付する点で同じであり，信用生協の貸付業務とも類似する。しかし後者は，東京都の事業であることから，「東京都内に 1 年以上居住」「勤続年数 6 か月以上」「債務整理中または債務整理後の方」などの要件がある（東京都多重債務者生活再生事業，2010）。また前者にはそのような要件は存在しないものの，貸金業法の規制を受けており，総量規制対象者（総借入額が 3 分の 1 を超える個人への貸付禁止（貸金業法第 13 条の 2 第 1 項））への貸付はできない（生協総合研究所，2011，p. 22）。

③　グリーンコープの「生活再生事業」

福岡県・熊本県・大分県・山口県・長崎県では，「生活再生事業」としてグリーンコープが貸付事業を実施している。グリーンコープは元来，1988 年のグリーンコープ事業連合や，1994 年のグリーンコープ福祉連帯基金の創設以降，積極的に地域福祉の課題に取り組んできた（山口，2011，p. 71）。グリーンコープが多重債務者問題に取り組む必要性を認識した契機は，2005 年にグリーンコープふくおかが実施した，生協の商品代金延滞状況調査である。この調査でグリーンコープは，代金支払延滞の背景に組合員の生活困難があることを認識した。そして，信用生協との学習会を経て，2006年にグリーンコープふくおかが，貸付事業を含む「生活再生事業」を開始することになった（山口，2011，p.70）。

グリーンコープは，前2団体と違って貸付事業を行うために設立された団体ではないため，貸付事業開始にあたっては，従来からの組合員の承認を得る必要があった。そのためグリーンコープふくおかでは，約1年半の期間をかけて議論した上で，総代会での承認を得ている（山口，2011，p.72）。その後，生活再生事業は，2006年8月のグリーンコープふくおかでの「生活相談室」設置を皮切りに，同くまもと（2008年4月），同おおいた（2008年9月），同やまぐち（2008年11月）で開始され，そして2009年には長崎でも開始された（山口，2011，p.72）。

グリーンコープの貸付事業は「生活再生貸付事業」（年利9.5％）として，相談事業，金銭教育事業，「悪徳商法」への注意喚起などを行う消費生活支援事業とともに，生活再生事業の中に位置づけられている（行岡，2008）。資金使途は，前2団体と同様の多重債務決済資金や，公共料金の決済資金，その後の生活資金である（行岡，2008，p.34）。

④　みやぎ生協の「くらしと家計の相談室」

宮城県ではみやぎ生協が2013年10月から生活再建のための貸付事業を開始している。みやぎ生協が家計相談事業を伴う貸付事業の検討を始めたのは2010年6月からである（小澤，2014，p.32）。その後正式に2012年6月の総代会で事業検討開始を議決した。当初は貸付事業に対する反対・懸念などが多数あった。しかし，1年間をかけての話し合いや，信用生協の相談・貸付事例をもとにした学習会，信用生協の相談担当者を招いた学習会の開催などを通じて，みやぎ生協全体での合意形成の努力をし，2013年6月の総代会で85％の賛成を得て事業開始のための定款変更が議決された（日本生活協同組合連合会，2014，pp.4-6）。

事業開始にあたっては，信用生協やグリーンコープでの経験が多く参照されている。たとえば，貸付事業を開始するにあたっての定款変更や規約・規則の

表３－１　生協などによる貸付事業の実績

	信用生協	生活サポート基金（独自事業のみ）	グリーンコープ（５団体合計）	みやぎ生協
事業年度	2012年６月１日～2013年５月31日	2010年12月１日～2011年11月30日	2010年４月１日～2011年３月31日	2013年９月17日～2014年３月20日
期末貸付残高	4,070,098千円	214,539千円	328,090千円	167,969千円
貸付件数（年）	883件	94件	359件	186件
貸付金額（年）	910,603千円	140,660千円	203,920千円	183,670千円
平均貸付金額	1,031千円	1,496千円	568千円	987千円
連帯保証人条件	有（無職の場合は家計管理人）	有	有	無（家計管理人）

（出所）信用生協については2012年度事業報告より，生活サポート基金およびグリーンコープについてはインタビュー調査時およびその後に各団体より入手したデータより作成。みやぎ生協については小澤（2014，p.34）。

策定については，信用生協やグリーンコープのそれが参照された。また，みやぎ生協の事業開始に際し，日本生活協同組合連合会で，信用生協の情報管理システムを参考にした「コープ生活相談・貸付事業支援システム」が開発されている（日本生活協同組合連合会，2014，p.6）。

貸付制度は多重債務決済資金貸付である「債務返済貸付」と低所得や金融事故情報のために他の金融機関や貸付事業から借入困難な人に生活に必要な資金を貸付する「生活支援貸付」である。ともに年利は9.0％である（日本生活協同組合連合会，2014，p.24）。

以上，現在実施されている生協などによる貸付事業の導入経緯と概要を記した。生活サポート基金・グリーンコープ・みやぎ生協の相談・貸付事業は，信用生協との情報交換などを経て，それを参考に設計されていることもあって，それぞれの特徴はあるものの，信用生協と類似した貸付事業を行っていることを確認できる。その他各団体の，近年の貸付実績（残高，年間貸付件数，年間貸付額，平均貸付額，連帯保証人条件）については，**表３－１**を確認されたい。

表のとおり，多くの生協などの貸付事業では，同居の家族を家計管理と返済管理の伴走者として位置づけるために，小口・短期の場合などの場合を除き，原則として連帯保証人の設定を貸付条件としている。しかしみやぎ生協においては，生活福祉資金貸付制度における連帯保証人条件の緩和（連帯保証人が確保できれば無利子とするが，連帯保証人を確保できない場合でも低利（1.5％-3％）で貸付）や，連帯保証制度に対する弁護士会などの批判，連帯保証人制度についての民法改正の議論を踏まえ，原則として貸付に際して連帯保証人を求めず，返済義務のない家計管理人の設定のみを求めている（日本生活協同組合連合会，2014，pp. 15-17）。また，信用生協では連帯保証人条件を撤廃してはいないが，配偶者が無職の場合などは，家計管理人として借用証書に署名してもらっている。

1節で述べたように生協などによる貸付事業は注目されてはいるが，こうした事業が全国的に拡大しているとまではまだ言い難い。その原因は，上述からも推察できる。

第1に，生活サポート基金のケースで見たように新規に貸付を実施する団体を設置することが困難だからである。現在では2006年の生協法の改正により，生協が貸付事業を行うことは可能にはなっている。しかし，新規に貸付事業を主たる業務とする行う生協を立ち上げるためには，貸金業同様の5000万円の出資金を集める必要や都道府県の認可が必要であり，それが高いハードルになっている（横沢，2008，p. 28）。

第2に，既存の生協が新規に貸付事業を行う際には，新たに出資金を用意したり都道府県に認可を求めたりする必要はないが，組合員の同意を得なければならない。貸付事業を行うための定款変更などが必要となり，そのためには組合員の承認を得なければならない。グリーンコープやみやぎ生協が事業開始にあたって組合内で1年以上にわたる議論を行っていることからも推察できるように，合意形成にはやはり大きな労力が必要になる。

とはいえ，2010年10月から2011年9月にかけて，日本生活協同組合連合会・生協総合研究所は，「生協における多重債務者相談・貸付事業研究会」を開催し，相談・貸付事業についての情報共有を進め，最終的に「生協として多重債務／生活困窮者の相談・貸付事業にとりくむことを積極的に検討すべきである」と結論付けている（生協総合研究所，2011，p. 5）。またみやぎ生協で導入された「コープ生活相談・貸付事業支援システム」の本体部分は，日本生活協同組合連合会から無料で提供されることになっており，今後貸付事業を開始しようとする生協が，大幅に初期投資を節約することを可能にしている（日本生活協同組合，2014，p. 6）。実際に 2015 年 4 月には千葉市の生活クラブ生協が，上述の家計相談支援事業として「くらしと家計の相談室」を開設し，貸付事業を開始している（朝日新聞 2015 年 4 月 14 日朝刊東京地方版）。貸付事業についての生協全体としての経験も共有・蓄積されており，今後，生協主導でこのような取組みが各地で展開される可能性も十分にある。

（2）生活再建の手段の一つとしての貸付

これらの生協などが実施する貸付事業は，多重債務者やその他の理由で他の金融機関や貸付事業から借入が困難な人々を対象にし，そうした人々の生活再建を目的としている。こうした事業の相談窓口に来る人々の中には，多重債務を抱える人だけではなく，法的な債務整理後であったり金融事故情報があったりするために，一時的だがある程度まとまった必要な生活資金が調達できずにいる人々も多い。

たとえば，自家用車が故障したが破産・免責決定後であるために車のローンが通らず通勤に支障をきたしていたり，債務整理後であるために子どもの教育資金を銀行や国民金融公庫から借りられずにいたりするために，相談に訪れる，という相談ケースがある（上田正，2008，p. 23）。また東日本大震災後の信用生協に寄せられた相談でみれば，たとえば，震災による失職のための一時的生活費や車の損失のための車両再取得費用の相談が多かったという（松本，2012）。

生協などの貸付事業に共通する特徴は，こうした人々に，あくまで生活再建――「生活再生」「家計再生」ともよばれる――の手段として貸付を実施していることにある。目的はあくまで生活再建である。そのため生協などの貸付事業においては，相談者のすべてに貸付しているわけではない。貸付するのは，貸付による生活再建が見込める場合である。すなわち，相談者が借入を希望したり生活に困窮したりしている原因を確認し，その相談者の困難を解消するためのベターな対応が，生協などによる貸付事業である場合に限られる（生協総

合研究所，2011，p. 23；小澤，2014，p. 32-33）。

たとえば，金融事故情報が無く，一定の収入がある場合は，多重債務や高金利の借入に苦しんでいても，労金などの貸付制度を利用できる可能性がある。また，低所得であっても，資金使途が債務の借換でなければ，生活福祉資金貸付を利用できる場合がある[(6)]。収入がなく，今後も十分な稼得が見込めない場合は，生活保護受給が適切かもしれない。そうした人々は，相談窓口での相談・カウンセリングを経て，労金や社協，地方自治体へと誘導される。

したがって，生協などから借入する人は主に，生活保護受給要件にも，労金など民間金融機関の貸付条件にも当てはまらない人であって，かつ，一定以上の所得があるため生活福祉資金貸付が受けられない人，または収入は低いが資金使途が高利や多重債務の借換の場合で生活福祉資金の利用ができない人，ということになる。つまり，生協などの貸付事業は，民間金融機関のみならず，生活福祉資金貸付など既存の福祉貸付制度も対象にしてこなかった階層を貸付対象者としている。生協などが実施する貸付事業とは，これまで金融から排除されていた人々をターゲットにする貸付事業である。

労金や社協，地方自治体への「誘導」というのは，「たらい回し」をすることではない。たとえば信用生協は，社協，盛岡市消費生活センターなどと「くらしとお金の安心合同相談会」を開催したり，相談員の研修を行ったりと協力関係を構築している（上田正，2011）。また，相談者にギャンブル依存症の傾向やDV被害のおそれがある場合に対応するため，信用生協は2002年に「いわて生活者サポートセンター」をNPO法人として設立している（佐藤，2004；藤澤，2009）。そして生活保護申請についても，できるだけ同行支援を行っている（根本，2011，p. 126）。

生活サポート基金も，上述のように東京都から多重債務者生活再生事業を受託し，東京都・中央労金・東京都社協と連携を取っているほか，多重債務者の

(6)　厚生労働省「「総合支援資金」に関するQ&A」
（http://www.mhlw.go.jp/bunya/koyou/safety_net/68.html，2012年5月16日最終閲覧）では，借換使途で生活福祉資金（総合支援資金貸付）を利用できないことが説明されている。

発見過程においても，各種公共料金支払い窓口などと連絡・協力体制を敷いている（横沢，2008，p. 29）。また，同基金は，2010年12月より，生活福祉資金貸付が利用できない相談者の紹介を社協から受けたり，生活福祉資金貸付の貸付効果について社協にアドバイスしたりするなど，社協との連携を深めている。[7]グリーンコープも各地で多重債務者対策などの国や県の事業を受託することで，公的機関と連携している。[8]みやぎ生協においても，社協や福祉事務所，就労支援を実施しているNPO法人パーソナルサポートセンターと連携している（日本生活協同組合連合会，2014，p. 19）。信用生協をはじめ貸付事業を行う生協などは，貸付のための窓口というよりも，「お金」や家計の問題を通じた生活の「包括的な相談窓口」として機能していると言える。

そういう意味で生協などの貸付事業は単なる「貸付事業」ではなく，「相談・貸付事業」である。これらの事業では，組合員・非組合員問わず，随時無料で生活相談に応じている。たとえば信用生協は，電話による相談だけでなく，地方出張による相談会も定期的に実施している。また，相談員は家計の収支状況の把握を通じて，収支改善のアドバイスや，生活再建に向けての同居家族内での協力体制づくりの支援を行っている（消費者信用生活協同組合，2010）。各団体においても同様の取組みを実施しており，信用生協・生活サポート基金・グリーンコープには消費生活アドバイザーやファイナンシャルプランナーの資格を有した相談員も複数存在している（生協総合研究所，2011，資料① p. 6）。また，みやぎ生協においては，採用した相談員に対し，クレジットカウンセリングの基礎知識や信用生協での実地研修だけでなく，貧困やDVの問題，社会保障制度についての講義など，計121時間の研修を実施している（日本生活協同組合連合会，2014，p. 9）。

---

(7) 藤田愛子 生活サポート基金代表理事へのインタビュー（2011年8月8日）より。肩書は当時のもの。

(8) 宮﨑正義 グリーンコープ生協ふくおか常務理事・生活相談室長へのインタビュー（2011年9月26日）より。肩書は当時のもの。

（3）「困りごと相談」としての債権管理

貸付の実施は，それだけで問題の解決を意味するものではない。重要なのは，借入相談時のみならず，貸付後も継続的に家計相談・家計支援を行うことである。たとえば多重債務の原因が，金銭管理に関する知識の乏しさや，ギャンブル依存・アルコール依存などである場合，家計簿をつけさせるなどのアドバイスや，適切な援助機関につなぐことは多重債務に至った原因の一端を除去するものとなる。こうした支援を実効的なものにするためには，一時的ではない長期の経過確認が必要であり，借手に対する「伴走する」「寄り添う」支援が重要となる（重川，2012；生協総合研究所，2011，23；根本，2011；行岡，2008など）。

それでは，貸付後の継続的支援，すなわち債権管理は，具体的にどのように行われているのか。貸付後における再支援の必要性は，返済の遅れによって顕在化する。信用生協の相談事業に注目した根本（2011）をもとに，貸付後の生協などの貸付事業に置ける債権管理の実施過程を概観すると以下のとおりである。割賦金の回収は毎月の自動振替で行う。1回目の自動振替が不能だった場合，同月内に再度自動振替が行われる。それでも不能な場合は，相談員が借手に対して電話連絡を行う。この際，「支払してください」というのではなく，「何か事情がありましたか」と聞く。そうすることで借手の抱える現状の問題を発見する。それでも支払が継続的に遅延するようであれば，本人および連帯保証人・家計管理人に信用生協まで来店してもらい，直接面談して相談に乗る（根本，2011，p. 125）。信用生協はこのような姿勢の債権管理を「困りごと相談」として位置づけている（消費者信用生活協同組合 2010）。こうした業務フローは，生活サポート基金においても[(9)]，グリーンコープにおいてもおおむね同じである[(10)]。

しかし，借手との相談は問題発見の契機に過ぎない場合もある。相談を通じて借手の事情を把握した結果，借手の失業・家族の病気・事故・離婚などの事

(9)　川本亜夫 生活サポート基金専務理事・貸付事業部長へのインタビュー（2011年8月8日）より。肩書は当時のもの。

(10)　堂端弘 グリーンコープ生協ふくおか債権管理部門担当部長へのインタビュー（2011年9月26日）より。肩書は当時のもの。

情が発覚する場合がある。家計相談だけでは，こうした借手の生活困難には対応できない。

このとき，生協などの貸付事業では，必要に応じて関係する支援団体との連携や，家族などを交えた長期の家計収支計画の再設計をはかっている。合わせて，現行の支払条件の緩和（毎月の割賦金の減額）や，金利減免，必要に応じた追加貸付など柔軟なリスケジューリングや支援を行っている（消費者信用生活協同組合，2010）。このような，借手に対しての柔軟な対応がなければ，借手は社会の変動にさらされたとき容易に返済困難に陥ってしまう。返済困難に対する厳格な対応（たとえば期限の利益を喪失させ，強制執行を行う，など）は，生活再建の途上にある借手をさらなる生活困難に陥れる。そのためこうした借手に対する柔軟な債権管理上の対応は，生活困窮者などを貸付対象とするための必要不可欠な要件でもある。こうした事情により，たとえば信用生協では，2011年8月現在で，全債権の2割程度が貸付後の支払条件変更債権である[11]。

信用生協の債権管理における柔軟な姿勢は，2011年3月の東日本大震災後の信用生協の対応にも表れている。信用生協は，職場や自宅が津波で流されるなどの大きな被害を受けた借手の返済について，借手自身が支払いの見通しが立つまで，返済を猶予し，その間の金利負担を免除するという対応をしている。信用生協は，約3000人の被災沿岸地域在住の全組合員に，お見舞いと安否確認をかねた文書を送付し，転居先不明の組合員には，電話・住居地・避難所への訪問を行っている。これにより5月末までには，被災沿岸地域の債務者（現在も信用生協に借入のある者）計622人中618人までの安否確認を完了している（松本，2012，p.31）。618件中返済猶予を実施したのは5月末時点で248件（債権総額3億1253万円）にのぼった[12]。こうした措置に合わせて信用生協は2010年度決算において（2010年6月1日～2011年5月31日）において，震災分として約2.4億円の貸倒引当金も計上している（震災に関係しない引当分として

---

(11) 上田正信用生協専務理事へのインタビュー（2011年8月24日）より。肩書は当時のもの。

(12) 2014年8月29日訪問時に入手した震災債権引当状況についての資料より確認した。

別途257万円を計上している）（信用生協2010年度事業報告）。

かかる債権管理のスタンスは，信用生協のみならず，他の生協などの貸付事業でも実施されているものである。なお，このようなスタンスは，債権回収の等閑視を意味しないことを強調しておきたい。結果として信用生協の貸倒率は，2006年度から2009年度の4年間平均で，0.375％と非常に低い（消費者信用生活協同組合 2010）。震災により貸倒が増えた2010年度と2011年度においては貸倒率が上昇したが（0.97％，1.13％）（日本生活協同組合連合会，2014，p. 15），2012年度には0.3％に落ち着いている（信用生協2012年度事業報告書より計算）。また生活サポート基金の2011年度の貸倒率は1.3％であり，グリーンコープにおいても2012年度末における貸倒率は0.96％である（日本生活協同組合連合会，2014，pp. 15-16）。

このような貸倒率は，5％から8％台の消費者金融の貸倒率よりも低い。日本生活協同組合連合会は，生協などによる貸付事業の貸倒率が低い理由について，同居世帯全体を対象とした家計簿診断の実施，借手との継続的な関係の維持，同居家族や親族の連帯保証人・家計管理人としての協力，借入の際の資金使途の明確化，そして返済計画の柔軟な変更の容認，などをあげている（日本生活協同組合連合会，2014，pp. 15-16）。

4　生協などの貸付事業からみる福祉貸付制度の意義

（1）生協などによる貸付事業の意義

今日の生協などによる貸付事業は，金融から排除されてきた人々を金融へ包摂しようとする戦後直後の生協制度創設期からの構想を，現在に引き継ぐものである。これまで金融から排除されていた人々の生活改善を目的とするこの制度は，（貸手の利益を目的とするのではない）借手の福祉（利益）を第一においた，福祉貸付制度といえる。またそのターゲットは，生活福祉資金貸付といった既存の福祉貸付制度も対象にしてこなかった階層を貸付対象者としているという点で，既存の公的貸付制度を補完する制度でもある。

さて，このような貸付制度の意義，とりわけ福祉制度としての意義はどこにあるのだろうか。生協などの貸付事業は多重債務者などの，決済資金や法的整理後の資金需要に対応している。確かに多重債務問題の最も一般的かつ有効な解決方法は，法的整理である。しかし法的整理，たとえば破産手続きはイコール債務からの免責ではない。債務者に（多くはなくとも）生活に最低限必要とされる以上の財産があるならば，それは破産手続きの過程で処分されることになる。したがって，自営業者であれば自分の生産用の設備，それ以外の者であっても自分の生活基盤である自宅その他の財産を失うことになる。連帯保証人が存在するケースであるならば，自分の法的整理の影響がその連帯保証人にまで及ぶことになる。自分の生活基盤を保持し，連帯保証をしている知人との関係を保持しようとするならば，法的整理ではなく，多重債務決済資金を調達する方がよい場合が，やはりある。

また，法的整理後であっても，冠婚葬祭や医療費，累積した公共料金の決済，地方での生活に必要な車の購入，子どもや自分の教育・訓練資金など，まとまった資金が必要になることはあり得る。とりわけ自動車の購入や，教育・訓練は，今後収入を得るための投資であるともいえ，今後の安定的な生活の基盤にもなる。法的整理に至った原因を解消せずに再び貸付することは確かに問題があるが，個別の原因を精査せずに一概に法的整理を行った者を金融から排除することは一層問題である。信用生協などの生協などの貸付事業は，貸付事業に「相談」を組み入れることで，生活困窮の原因を突き止めたうえで，その解消手段の一つとして貸付を実効して，生活再建につなげようとしている。

上述のような資金を，他の公的な貸付制度や給付制度から調達できないでいる生活困窮者などは少なくない。このためこうした資金を供給する生協の貸付事業の意義は大きいといえる。借手は，借入と伴走的支援によって，多重債務などの現状の生活困難から脱却して生活基盤を立て直し，改めて将来に対する見通しを立てて生活する。福祉（well-being）が，単に最低限の生活の維持や今現在を凌ぐことのみを意味するのではなく，自分が価値を置く人生を生きる実質的自由（Sen, 1999）をも視野に入れるものであるならば，生活基盤の脆弱性を解消したり，新たな生活基盤を構築したりして，人びとの将来に対する見通しを開く資金供給制度は，現行の福祉制度を補完するものとして重要な役割を果たす。そうした意味で，多くの人にこうした資金供給制度の利用可能性を開く生協などによる「金融包摂」のプロジェクトは，重要な意義を持つ。

（2）「金融の規律」と「柔軟な債権管理」

しかし，第1節で述べたとおり，生活に困難を抱える者に貸付することへの懸念は残る。借りた金は返さなければならない。それゆえに借金は生活再建にマイナスである，と批判されている。

こうした批判に対して貸付推奨派は，給付よりも貸付が費用節約的であること，そして，貸付という方法が借手の意欲を促進させること，をあげて貸付を擁護していることが多い。たとえば日本総合研究所（以下，日本総研）のマイクロクレジットについての報告書では，貸付手法の効率性に加えて，以下のような貸付制度の〈利点〉が述べられる。「貸付に伴い発生する返済の義務は，確かに利用者にとっては負担だが，それがかえって自立への意欲につながるという側面があることは見逃せない」（日本総合研究所，2014，p.68）。角崎（2009）でも述べたように，マイクロクレジットの代表的擁護者であり，グラミン銀行の創始者であるムハマド・ユヌスの貸付推進論もそうした主張が軸になっている。

とはいえ，「貸付が借手の意欲を促進する」ということの過度な評価は，いささか問題含みである。上述の日本総研の報告書では引用の言葉に続いて，次の内容が述べられている。すなわち，給付には被援助者の自立心を奪い依存心を育てやすいという問題があること，「貸付であれば返済さえ滞らなければ，貸す側と借りる側は対等な関係でいられる」こと，「「借りた金は返さなければならない」という金融の規律の存在が規律順守のための努力を生み，そこから自信や向上意欲が生まれ，結果として家計再生のための行動意欲が生まれる」こと，である（日本総合研究所 2013，p.68　傍点は筆者）。

確かに，毎月毎月の返済の計画をたてることが，借手のとっての将来を視野に入れた生活設計に貢献し，その日その日で暮らしていた困窮者に，新しい生活の可能性を開くということはあるかもしれない。だが，それは貸付の付随的な結果である。生協の貸付事業においてそのように運用されていたように，貸付はあくまで生活改善のための資金供給の手段であって，取り立てを通じた規律化の手段ではない。こうした貸付評価は，生協などによる貸付の主要な目的と付随的な結果をとりちがえて理解しているように思える。

上述のような規律化手段としての貸付理解は貸付事業を社会問題に転化させかねない。消費者金融の研究者である上田昭三は1970年代末において，いわゆる「サラ金」を，一般金融機関の個人向け貸付と異なる「無担保強硬取り立て貸」として定義している。サラ金は，貸付時点から厳しく強硬な取り立てを行うことを前提として，借手を選別せず，高利で過剰融資する（上田昭三，1979，pp. 127-128）。すなわちサラ金は，借手の経済力や返済能力を問わず貸付し，高利によって時には元金以上に膨らんだ債権を，強硬な手段を用いて回収するビジネスモデルであった。サラ金の目的は，貸すことよりも回収（収奪）することにあり，こうしたサラ金の姿勢が，まさに1970年代後半における「第1次サラ金パニック」と呼ばれるような社会問題を引き起こしている（宮坂，2008，pp. 4-6）。

今日では，上述の2006年の貸金業法・出資法改正を含めた，いくつもの法改正・規制強化により，このような高利・過剰融資・強硬取り立てをセットとしたビジネスモデルは成り立たない。とはいえ，借手の事情を無視して回収を強化することで，借手の生活を脅かしている事例は，やはり後を絶たない。たとえば，近年の日本学生支援機構による奨学金の問題である。現在日本学生支援機構では，延滞3か月以上であれば専門の債権回収業者（サービサー）に回収業務を委託している。そのことが厳しい取り立て行為を生み，生活が不安定な学卒者をさらなる困窮に追い込んでいると問題視されている（奨学金問題対策全国会議編，2013）。

したがって，金融の規律に基づいてその履行を求める行為を，借手を規律化させ自信や意欲を向上させる，と手放しで評価することはできない。強硬な債権回収は，たとえ貸手や債権を譲渡された業者に法的に認められた行為であっても，借手の福祉に貢献するものとはいいがたい。なぜなら，返済できない者の多くはやはり返済する資力・余裕がないから返済できないのであり，それでも返済契約の履行をせまり，貸付金の回収を強行するのであれば，借手の生活水準のさらなる悪化は避けられないからである。むしろそうした行為自体が借手をさらなる困窮に追い込む蓋然性があることを認識する必要がある。今まさに困窮している者や困窮するリスクが高い者に金融の規律を義務として課し，「規律化」の枠組みに無理に押し込むことは，たとえ金利が高くなく，相談（カウンセリング）付きの貸付事業であっても，借手を返済困難・さらなる生活困窮に追い込む蓋然性を有する。

柔軟な債権管理を実施する生協などの貸付事業は，こうした金融の規律を盾に返済を迫る行為とは本質的に異なる。それは本章のこれまでの記述や，以下の生協などの貸付事業の担当者のコメントからもうかがえる。

> 信用生協では債権管理部門は「生活支援室」が対応している。現在の債権管理業務で重要なのは，基本的には，組合員の利益，債務者保護である。返済困難となった組合員には，契約をたてに返済を求めるのではなく，返済困難となった生活の状況を把握し，その原因と対策を一緒に考え，状況に応じて返済猶予や支払額の変更や減免を行う。そういう姿勢・対応が，結果的に最終的には完済に至っているというのが，過去からやってきた私たちの経験則である[13]。

> 相談当初に，相談者が，将来どういうような心配があるかということは，おおよそ予測がつく。返済計画が形式上きちんと立っているけども，たとえば自営業で建設業関係だと，業種全体の先行き見通しの厳しさもあり，必ずしも安定した収入が将来も継続的にあるとは限らない，ということをお互いに認識しているケースもある。今は大丈夫でがんばっていくけども将来どうなるかわからない。お互いにそれを認識した上で貸付する。実際に厳しくなったといわれれば，考えましょう，と応じる[14]。

⒀　上田正信用生協専務理事へのインタビュー（2011年8月24日）より。肩書は当時のもの。

⒁　堂端弘 グリーンコープ生協ふくおか債権管理部門担当部長へのインタビュー（2011年9月26日）より。肩書は当時のもの。

通常の民間金融機関だと，３回くらい延滞してしまえば，期限の利益を喪失しました，ということで，支払い督促かけたり，給与を差し押さえたりしてしまう。それは債権管理の一つの方法なんだけれども，われわれの方法としては，本人の返済意欲があって，返済が実際にできるのであれば，その人が生きている限り，その条件にあわせる。何回でも条件を変更してしまうということも，結果としてあり得る。伴走して，最終的に完済して，「よかったね」というところまで持っていきたい[15]。

「期限の利益を喪失させて強制執行する」，というのが貸付事業の一つの方法なのであれば，「何度も支払い条件の変更を繰り返すかもしれないが，長期的に伴走して完済させる」，というのも貸付事業の一つである。確かに前者のほうが，費用がかからず効率的である。しかし生協などの貸付事業はそうではない。借手の事情に配慮し，人件費など費用をかけて伴走し，ゆっくりと返済を待つ。

（３）福祉貸付の意義

では，福祉貸付制度の意義はどこにあるのか。ここで生協などの貸付事業において掲げられた，貸付は生活再建の手段であって，生活再建こそが目的であるという方針に改めて注目するべきである。重要なのは生活再建である。上述のように，生活再建のためには，多重債務決済や教育資金や自動車取得資金，または，一時的な収入不足を補うのに必要な資金など，一時的に必要なまとまった資金を，借手の人生計画に合わせて供給する仕組みが必要とされる。

それを踏まえた上で，生活再建に必要なまとまった資金を，誰の負担で，どういった方法で供給するべきかが，考えられるべきである。日々の最低限の生活（ベーシックニーズ）を維持するために必要な資源は，基本的人権や人道主義的な見地から生活保護給付などの方法で，提供されるべきであろう。日本で

---

(15) 川本亜夫 生活サポート基金専務理事・貸付事業部長へのインタビュー（2011年8月8日）より。肩書は当時のもの。

いえばそれはすでに憲法第25条によって保障されているものである。それはともかく，ここでの論点は，日々の暮らしに最低限必要な資源を超えた量のまとまった資源の供給方法についてである。すでに述べているように，生活に困窮している者であっても，このようなまとまった資金を必要とすることがある。

こうした観点でいえば，やはり福祉貸付制度は生活再建に必要なまとまった資金の有効な供給方法の一つとして位置づけられる。福祉貸付制度では，最終的には借手が，資金調達によって生活を安定させ，生活を改善することが目指されている。したがって，福祉貸付制度の最大の受益者は，資金を受け取って生活改善を成し遂げた借手である。資金の供給を受けた支援対象者＝受益者が，資金によって生活を改善することができ，それによって一定の利益を得ることができているならば，むしろ後日受益した範囲内で，かつ生活再建にマイナスにならない範囲内で，当初かかった費用の一部または全部を負担（弁済）してもらうことを推奨すべきではないか。困難を抱えている時に資金や支援を受け，利益が出たら受益者がそれにかかった費用を負担する，こうした制度を一概に否定する理由は存在しないように思える。

したがって，福祉貸付の存在意義は，日々の最低限の生活を維持するための資金量を超えた，生活再建のためのまとまった資金を供給するための，有効な手段の一つである，というところにある。生活再建が第1の目的であり，貸付はそのための手段にすぎない以上，貸付が「生活再建にマイナスの効果を与える」ということはあってはならない――貸付がマイナス効果を与えるならば，貸付制度の適用は差し控えられなければならない――はずである。そのため，結果として生活が改善されないならば，費用負担（返済）は強いないこと，そして，いずれ生活が改善されるものとみなし相談や伴走を続けることが必要となる。柔軟な債権管理と相談支援を伴う生協の貸付事業の実践と思想は，このような福祉貸付制度を推奨するだろう。重要なのは，借手の福祉（生活再建）を第1に考えることである。

もはやそれは貸付ではない，〈資本〉の給付であるといわれるかもしれない。しかし逆にいえば，生活改善という観点からみれば，こうした資金供給構想を貸付と呼ぶか資本と呼ぶかは，些末な問題なのではないか[16]。本章で確認したこととは，借手を「規律化」する便利な方法として福祉貸付を理解するのではなく，かれらの生活改善に必要なまとまった資金を提供する方法の一つとして福祉貸付を捉えることが必要だ，ということである。そうした観点から，資金提供者自身が安定してゆっくりと資金の回収（弁済）を待つことができるように，そして借手にとって負担とならないような金利が設定できるように，福祉貸付制度を設計することが必要だ，ということである。生協などがそうした福祉貸付の担い手にふさわしいのであれば，社会全体で，生協などの福祉貸付事業にかかる費用やリスクの一部を負担することも必要となる。

そもそも貸付事業において貸手は，自分では使用しない資源を他者へ融通することによって，借手から利息など受け取り，利益を得る。借手の利益は貸手に依存するが，貸手の利益も借手に依存しているのである。このような借手との互恵的な関係を，たとえ借手の返済が滞った場合でも維持することが重要である。貸手と借手の関係は「返済さえ滞らなければ対等」だ，ということは返済が滞った場合は対等ではない，ということである。そうではなく，貸付を「福祉」のための制度とするならば，常に貸手と借手の互恵的な関係が，金融の規律に基づいた支配-従属の関係に転化しないように留意されなければならない。そしてこうした貸手の借手に対する姿勢は，一人ひとりを，将来に向けて生きている個人とみなして伴走的に支援し，その未知の可能性と不可能性を肯定的に評価する姿勢につながる。継続して支援しつつ，生活再建までゆっくりと待つ。われわれが生協などの貸付事業から最も学ぶべきはこのことであり，こうした点からの福祉貸付制度の編成が求められる。

参考文献

上田正（2008）「生協の貸付事業と岩手信用生協の取り組み」『生活協同組合研究』388号。

――――（2011）「生協制度による相談・貸付事業」『生活協同組合研究』420号。

⒃　社会政策（福祉政策）における給付制度や資本供給制度と貸付制度の関係については角崎（2016）を参照のこと。

上田昭三（1979）「サラリーマン金融の成長要因と現状」澁谷隆一編『サラリーマン金融の実証分析』日本経済評論社。
上柳敏郎・大森泰人編（2008）『逐条解説貸金業法』商事法務。
小関隆志（2011）『金融によるコミュニティ・エンパワーメント――貧困と社会的排除への挑戦』ミネルヴァ書房。
小澤義春（2014）「誰もが安心して暮らせる“みやぎ”をめざして――みやぎ生協生活相談・家計再生支援貸付事業「くらしと家計の相談室」の現状とこれから」『生活協同組合研究』460号。
角崎洋平（2010）「なぜ〈給付〉ではなく〈貸付〉をするのか？――Muhammad Yunusの〈貸付〉論と「市場社会」観の検討」『コア・エシックス』6号。
――――（2016）「借りて生きる福祉の構想」後藤玲子編『福祉＋α　正義』ミネルヴァ書房（近刊）。
佐藤順子（2004）「多重債務者に対する生活支援のあり方とは――岩手県消費者信用生活協同組合とNPO法人いわて生活者サポートセンターの取組みから」『佛教大学社会学部論集』39号。
重川純子（2012）「生協における多重債務者・生活困窮者への相談・貸付事業の現状と課題」『生活協同組合研究』434。
奨学金問題対策全国会議編（2013）『日本の奨学金はこれでいいのか！――奨学金という名の貧困ビジネス』あけび書房。
消費者信用生活協同組合（2010）『生協制度による相談・貸付事業――社会的弱者の「金融的排除」の克服と地域の連携でくらしの安心・安全をめざす』（生協総合研究所第20回全国研究集会報告資料）。
生活サポート基金「個人再生ファンドの募集について」（http://www.ss-k.jp/finance/），2012年10月23日最終閲覧。
生協総合研究所（2011）『2010年度～2011年度　生協における多重債務相談・貸付事業研究会　研究会報告書』。
多重債務者対策本部「多重債務者問題改善プログラム」（http://www.kantei.go.jp/jp/singi/saimu/kettei/070420/honbun.pdf），2014年8月15日最終閲覧。
東京都多重債務者生活再生事業「事業の内容」（http://www.tokyo-saisei.jp/enterprise.html），2012年10月23日最終閲覧。
根本久仁子（2011）「「貸付」という手段を活かした相談支援――消費者信用生活協同組合（信用生協）からのヒアリングを通じて」研究代表者森川美絵『低所得者に対する相談援助の強化に関する研究』平成22年度厚生労働省科研費補助金政策科学推進研究事業総括・分担報告書。
日生協25年史編集委員会（1977）『日本生活協同組合25年史』日本生活協同組合連合会。
日本学術会議社会学経済学委員会合同 包括的社会政策に関する多角的検討分科会（2009）『提言 経済危機に立ち向かう包括的社会政策のために』。

日本生活協同組合連合会（2014）『地域購買生協における「生活相談・貸付事業」の事業モデル構築調査・研究事業　報告書』。
日本総合研究所（2013）『我が国におけるマイクロファイナンス制度構築の可能性及び実践の在り方に関する調査・研究事業』平成二四年度セーフティネット支援対策等事業費補助金社会福祉推進事業報告書。
藤井良広（2007）『金融 NPO――新しいお金の流れをつくる』岩波書店。
藤澤俊樹（2009）「「くらしの安全・安心」の実現に向けた信用生協の取組み」『地方自治研修』42 巻 5 号。
松本進（2012）「東日本大震災における岩手県・消費者信用生協の取り組み――釜石相談センター訪問レポート」『生活協同組合研究』437 号。
三村聡（2014）『労働金庫――勤労者自主福祉金融の歴史・理念・未来』金融財政事情研究会。
宮坂順子（2008）『「日常的貧困」と社会的排除』ミネルヴァ書房。
森静朗（1978）『庶民金融思想史体系Ⅱ』日本経済評論社。
山口浩平（2011）「議論を重ねて多重債務問題に取り組む――グリーンコープ・生活再生相談室の現状」『生活協同組合研究』420 号。
行岡みち子（2008）「グリーンコープ生活相談室の取り組み報告」『生活協同組合研究』388 号。
横沢善夫（2008）「改正貸金業法と東京都における生活再生支援事業」『生活協同組合研究』388，pp. 25-31。
――――（2010）「生活協同組合等の取組みと多重債務問題の解決策」金融財政事情研究会編『クレジットカウンセリングの新潮流――多重債務問題と生活再生への処方箋』。
――――（2011）「貧困への転落を救う生活サポート基金の取組み――日本版マイクロファイナンスの実践と課題」『月刊消費者信用』29 巻 1 号。
Sen, Amartya K., (1999) *Development as Freedom*, Alfred A Knopf.（石塚雅彦訳『自由と経済開発』日本経済新聞社，2000 年。）
Carbó, S., E. Gerdner & P. Molyneux (2005) *Financial Exalusion*, Palgrave.
Sinclair, Hugh, (2012) *Confession of a Microfinance Heretic : How Microlending Lost the Way and Betrayed the Poor*, Berrett-Koehler.（太田直子訳『世界は貧困を食いものにしている』朝日新聞出版，2013 年。）

第4章
アメリカ合衆国におけるマイクロクレジット
――政府の庇護下で堅実に成長――

小関隆志

1　アメリカにおける金融の社会的排除問題

アメリカにおける金融の社会的排除（＝金融排除；financial exclusion）の問題は1960年代にさかのぼる。1960-1970年代に大都市中心部（インナーシティ）に黒人が多数流入してスラムが形成され，豊かな白人層は中心部から郊外に移り住んだ。黒人の集住するインナーシティの多くは低所得で失業率も高く，銀行はこうした地域を赤線で囲み，融資の対象から除外する「レッドライニング」という差別を行った（大塚，1994）。

政府は銀行に対して差別的な待遇を禁じ，特に貧困地域への金融サービスを促進するため，地域再投資法（Community Reinvestment Act of 1977：CRA）が制定された。1980年代末以降の金融自由化とともに，金融機関は合理化を進めて競争力を高めるべく統合や支店の統廃合を進めた。支店の統廃合に反対する地域住民と銀行との間でトラブルが起きたことから，政府は地域再投資法の規制を1990年代以降次第に強化した。

（1）銀行口座を持たない人々

それでは，こんにちのアメリカでは，金融排除問題はどのような状況にあるのか。地域再投資法の規制やNGOの圧力もあり，人種や所得，居住地によるあからさまな差別は身をひそめた。しかしながら，金融サービスの利用には大きな格差が依然としてみられる。

欧米の金融排除問題を概観したCarbo et al.（2005, Chapter 5）は，アメリカの金融排除問題として，多くの世帯が銀行口座を持たず定期預金をしていないことを指摘し，その対策として地域再投資法や基本口座，クレジットユニオンへの支援などを挙げた。銀行口座を持たない世帯は，2001年には全世帯の9.1％，2013年には7.7％存在している（Carbo et al., 2005；FDIC, 2014）。2013年の調査では，口座を持っていても銀行を利用せず，代替金融機関（Alternative Financial Services：AFS）を利用する世帯が全世帯の20.0％にのぼり，口座を持たない世帯とあわせると約3割（27.7％）にのぼる。銀行口座を持たない世帯のなかには低所得者やマイノリティ，若年者・高齢者，低学歴者，失業者が多く含まれており（FDIC, 2014），彼らが銀行の金融サービスを受けるうえで相対的に不利であることが分かる。

銀行口座を持たないことが，消費者にとっていかなる不利益を生むのか。最大の問題は，代替金融機関の費用が銀行に比べて高いことである。FDIC（2014）によれば，口座を持たない世帯の63.2％が，過去12か月以内に何らかの代替金融機関を利用していたのに対し，口座を持つ世帯のうち代替金融機関を利用したのは21.7％にとどまった。代替金融機関は，郵便小為替や小切手換金，質屋，送金など金融事業者の総称だが，なかでも支払や送金の手段として多く利用されている郵便小為替の振出には，1回平均3.8ドルの手数料がかかる。口座を持たない労働者は，毎週の給与を小切手で受け取ると，小切手換金業者のところで現金化するが，その際に手数料として額面の1-4％を徴収される。ペイデイ・ローンと呼ばれる短期の消費者金融業者の中には，年利400％を超える例もあるといわれる。

このように，代替金融機関の利用による高い手数料や金利の負担が，金融排除によってこうむる消費者の不利益ということになる。

（2）信用履歴と銀行履歴

金融排除と密接なかかわりをもつアメリカの金融制度として，信用履歴と銀行履歴が挙げられる。消費者が支払いや融資返済などの金融取引を行うと，個々の記録が信用履歴として信用調査機関（クレジット・ビューロー）に蓄積され，その信用履歴をもとに消費者一人ひとりのクレジット・スコアが算出される。いくつかのスコア算出方法があるが，最も一般的に用いられているFair

Issac 社の FICO Score は，費用の支払や信用履歴の長さなどに基づいて 300-850 点の範囲で点数を算出する。かりにある消費者が医療費の支払を期限までにしなかった場合，点数が下がってしまう。また，現金取引のみの消費者や，信用履歴の短い消費者には点数が算出されない（点数が算出されない消費者は，金融機関からは，未知数なのでリスクがきわめて高いとみなされる）。

クレジット・スコアは個人の信用度を図る重要な指標とみなされ，銀行口座の開設，融資，クレジットカードの作成，就職などにも影響を及ぼしている。FICO Score が 700 点以上の消費者は財政的に健全であるとみなされ，それに対して 600 点未満の消費者はリスクが高いとみなされて融資を受けられないか，高い金利を徴求される。2013 年 11 月時点では，FICO Score の中間値は 723 点であり，700 点以上の消費者はアメリカ全体の 58％，600 点未満は 15％を占める（“About Credit Scores,” Money-Zine http://www.money-zine.com/finan cial-planning/debt-consolidation/about-credit-scores/）。600 点未満である 15％の消費者は銀行の融資から排除されているといえる。連邦準備銀行フィラデルフィア地方局による四半期ごとの調査では，中低所得層が融資を受ける際の障害要因として「融資審査基準・信用格付け」を挙げる回答者は 60-80％台と常に高い割合を占める（表 4-1）。

他方銀行履歴とは，利用者の銀行口座の預金残高の不足，当座貸越，詐欺的な小切手の預け入れ，小切手の不渡りなどのネガティブな履歴である。信用情報機関 Chex Systems 社が利用者の銀行履歴を 5 年間保有し，銀行が口座開設の審査を行う際に情報提供する（BankRate.com, “Chex Systems” http://www.ban-krate.com/finance/checking/chexsystems.aspx）。小切手の不渡りやデビットカードの支払の遅延を繰り返すと，銀行口座の開設が困難になる[(1)]。

筆者の聞き取りによれば，2008 年の金融危機の際に多くの人が失業し，住宅ローンを払えなくなった。また，病気・ケガで高額の医療費を払いきれなくなる人も多い。住宅ローンと医療費の支払い不能が，クレジット・スコアを下

(1) Ceiba での聞き取り 2011 年 11 月 9 日，および Local Development Corporation of East New York（LDCENY）での聞き取り 2012 年 1 月 24 日。

表4－1　中低所得世帯が融資を受けるにあたっての障害要因（単位：％）

	2014 Q1	2013 Q1	2012 Q1	2011 Q1
キャッシュフローの欠如	75	73	71	70
金融知識の欠如	65	74	78	72
融資審査基準・信用格付け	60	71	75	72
金利とその他の融資費用	35	20	20	31
銀行への信頼の欠如	24	24	37	22
法規制	16	18	14	15

（注）Community Outlook Survey は FRB フィラデルフィア管轄地域（デラウェア州・ニュージャージー州・ペンシルバニア州）で中低所得世帯に対して四半期ごとに行っているアンケート調査結果である。このデータは複数回答。表中，Q1は第一四半期を指す。

（出所）Federal Reserve Bank of Philadelphia, Community Outlook Survey, First Quarter 2014［http: //www. philadelphiafed. org/community-development/community-outlook-survey/］より筆者作成。

げる二大要因といわれている（Clarifi での聞き取り，2012年2月15日）。さらには，信用履歴やクレジット・スコア，銀行履歴について，充分に認識していない消費者も多い。クレジット・スコアのことをよく知らずに，期限までに請求書の支払いを済ませなかったり，融資の返済を遅らせたりすると，いつの間にかクレジット・スコアが下がってしまう。したがって，自らの財政状態を健全なものに保つには金融の基礎知識が求められる。

（3）金融排除が生じる多様な要因

金融排除層はなぜ銀行を利用しようとしないのか。一般市民を対象としたアンケート調査からは，金融排除層の意識をうかがい知ることができる。

銀行口座を持たない最大の理由は「お金がない」ことであり（55.9％），所得水準が銀行口座の有無に影響していると考えられる（FDIC, 2014）。年収1.5万ドル以下の低所得世帯に限ってみると，口座を持たない世帯が27.7％もの高い割合となる。多くの銀行は一定額以下の残高の預金口座に対して口座維持手数料の支払いを要求する。「口座維持手数料が高すぎる・予測できない」（25.4％）という理由も大きい。しかし，多くの金融排除層が銀行を利用しないのは，単に「お金がない」からというだけではない。その理由には「銀行取

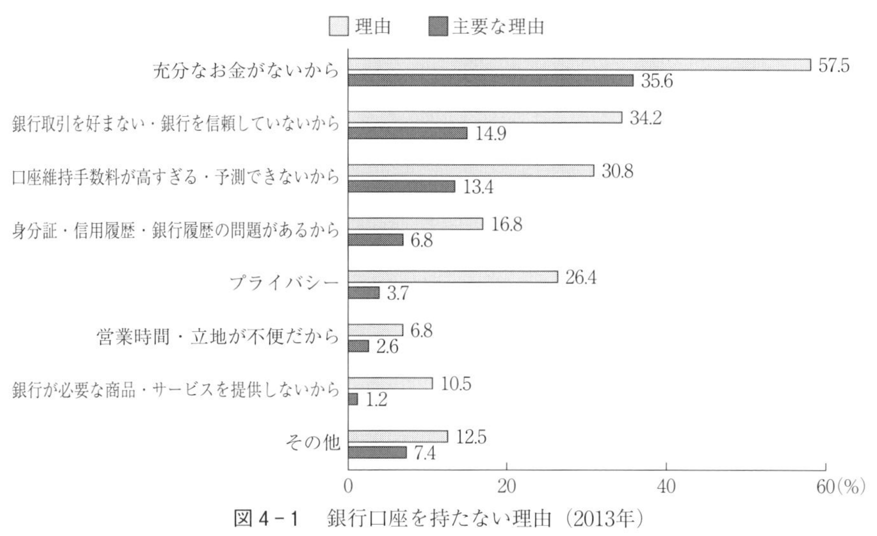

図4－1　銀行口座を持たない理由（2013年）

（出所）FDIC（2014）より筆者作成。

引を好まない・銀行を信頼していない」(33.1％),「プライバシー」(24.7％),「身分証・信用履歴・銀行履歴の問題がある」(17.3％), など, 非経済的要因も含まれている（図4－1）。

「金融排除」には, 本人の意思にかかわらず金融サービスから強制的に締め出され, 不利益を強いられているという語感があるが, 口座を持たない理由の中には, 本人が主体的に選び取った結果（プライバシー, 銀行を信頼していないなど）も少なからず含まれている。表面的には本人の主体的な選択であったとしても, こうした「自己排除」の背後には金融知識の欠如があり, 誤解に基づく銀行への拒否感や, 語学力の不足, 特定の文化・価値観が銀行へのアクセスを妨げることもあり得る。

筆者の聞き取りによれば, 金融知識の不足については「ラテン系移民は銀行で融資を受ける手続きを知らない」,「移民はアメリカの信用制度がどのように機能しているかを知らないので, 貸金業者に高い手数料を払っている」などの指摘があった（Latino Economic Development Corporation での聞き取り, 2012年1月8日；Accion East での聞き取り, 2012年2月1日）。他方, 銀行に対する不信については，「移民・難民は，銀行を利用することで自分たちの存在が政府に報告され，トラブルに巻き込まれるのではないかと恐れている」，「銀行が政府に通報して自分たちのプライバシーが侵害されるのではないかという恐怖心から，銀行に近づかない」などの指摘があった（Business Outreach Center Network での聞き取り，2012 年 1 月 12 日；Washington Area Community Investment Fund での聞き取り，2012 年 2 月 23 日）。価値観の違いについては，「アフリカ移民は現金取引のみで，銀行を好まない」「アフリカ移民は銀行口座や信用制度ではなく現金で取引する傾向にある。中央アメリカからの難民はクレジットカードを好まない」など，現金取引を好む移民の存在が指摘されている（Business Center for New Americans での聞き取り，2012 年 1 月 10 日；ECDC Enterprise Development Group での聞き取り，2012 年 2 月 6 日）。

移民・難民だけでなく，低学歴者や低所得者，女性などについても金融知識不足を背景とした金融排除が指摘されている（筆者の聞き取りによる）。

居住地域に銀行の支店の数がきわめて少ない場合も，銀行へのアクセスを妨げることにつながる。たとえば，貧困地域が多いワシントン市東部には支店数が 13 しかなく，市内の富裕な地域に比べて支店数は 10 分の 1 以下で，小切手換金業者などが多数営業しているという（Washington Area Community Investment Fund での聞き取り，2012 年 2 月 23 日）。ワシントン市東部の貧困地域に銀行支店が少なく，小切手換金業者や貸金業者が多い傾向は，他の事例研究でも示されている（People Plan DC, "An Analysis of Access to Consumer Credit and Banking Services" http://www.peopleplandc.org/wp-content/uploads/2011/10/Financial-Services.pdf）。ボストン市の事例研究では，移民の集住地区は銀行の支店が少ないために金融包摂が困難となっていることが明らかにされている（Joassart-Marcelli & Stephens, 2010）。

金融排除の要因は貧困，低所得のみならず，金融知識の欠如や語学力の不足，地理的な不便さなども含めて幅広くとらえる必要があると思われる。

（4）金融排除の範囲

アメリカでは銀行口座の有無が，金融排除か否かの重要な判断基準となってきた。だが，銀行口座の有無は重要な基準の一つではあるものの，それがすべてではない。口座を持っていても，銀行から融資を受けられるとは限らない。口座を持つこと，融資を受けること，その他の金融サービスを受けることは，それぞれ異なる基準があり，金融排除の質やレベルもまちまちである。言い換えれば，金融排除は白か黒かの単純な二者択一ではなく，中間に無数のグラデーションがあるといえる。本章では，融資も含めて金融排除を広くとらえることとしたい。

2　政府による金融包摂の政策

金融包摂（金融排除の解消）に関する連邦政府の政策は，地域再投資法を基盤として，個別には口座開設，融資，預金，金融教育の各分野で展開されている。連邦政府の金融包摂政策は，民間のマイクロクレジットの財政的基礎を提供していることから，マイクロクレジットとかかわりの深い施策を本節でみておきたい。

（1）地域再投資法

地域再投資法（Community Reinvestment Act of 1977）は，銀行がコミュニティの信用需要に積極的に応えることを促す目的で1977年に制定された。銀行がコミュニティ（特に中低所得層）の信用需要に積極的に応えているかどうかを，政府監督当局が定期的に審査し，「優秀」「合格」「改善が必要」「著しく不履行」の格付けを行う。格付けで「合格」以上に達しない場合，銀行の買収・統合・支店開設などの認可が下りないことがある。

地域再投資法は対象となる地域をいくつかの統計指標をもとに指定し，その指定地域において銀行が投融資などの金融サービスを適切に提供したかどうかを審査する。地域指定の基準は，(1)その地域が低所得であるか，または(2)非都市部で中程度の平均所得があるが失業率が高い，貧困率が高い，ないし人口減少が著しい，もしくは(3)自然災害の被災地域であることである。(2)

銀行は「融資テスト」「投資テスト」「業務展開テスト」の３種類の審査を受

表4－2　地域再投資法　監督官庁による格付けの年次推移

年	2013	2012	2011	2010	2009	2008	2007	2006	2005	2004
優秀	7.1%	8.3%	8.5%	9.1%	8.7%	9.8%	11.9%	14.1%	16.0%	13.1%
合格	90.8%	89.7%	88.1%	87.4%	89.1%	88.3%	86.4%	83.9%	83.1%	86.1%
改善が必要	1.9%	1.7%	3.1%	3.4%	2.0%	1.7%	1.5%	1.5%	0.6%	0.7%
著しく不履行	0.2%	0.3%	0.3%	0.1%	0.3%	0.2%	0.2%	0.4%	0.3%	0.1%

（出所）FFIEC http://www.ffiec.gov/craratings/ より筆者作成。

け，各審査の得点を合計して最終的な格付けの判定となる。「融資テスト」では，銀行が指定地域内において小企業への融資や住宅・自動車購入などへの融資の実績，融資の地理的な偏在，利用者の所得水準などのデータを審査する。また「業務展開テスト」では，指定地域内における銀行の支店・ATM（自動預け払い機）の設置状況に加えて，コミュニティ開発の活動を審査する。

毎年の格付け結果をみると，「合格」に達しない銀行は1–3％程度とわずかである（表4－2）。2005年を境に「優秀」評価の銀行が減少し続けているが，ほとんどの銀行は地域再投資法の要求水準をとりあえず満たしているといえる。

地域再投資法に基づく政府の監督官庁による審査が，中低所得地域での金融サービスを促進しており，金融包摂政策の柱の一つとなっている。そして，ア

---

(2)　①アメリカの人口統計では，census tract（国勢統計区）という細分化された小区域を最小単位として，住民の人数，属性，失業率などを計測する。個別のcensus tractにおける世帯所得の中間値（Median Family Income）が，広域の地域の世帯所得の80％未満であれば，そのcensus tractの地域は低所得とみなされる。②非都市部において中程度の平均所得とは，census tract世帯所得の中間値が広域の世帯所得の中間値の90％以上120％未満である。失業率については，census tractを含む郡（County）の失業率が全国平均より1.5倍以上，貧困率については20％以上，人口減少については，1990年から2000年までの10年間に人口減が10％以上か，または1995年から2000年までの5年間に純流出が5％以上であることが基準となっている。詳細は，Federal Financial Institutions Examination Council（FFIEC）http://www.ffiec.gov/cra/distressed.htm およびPolicymapの地域再投資法に関する解説 http://www.policymap.com/our-data-directory.html#CRA（Community Reinvestment Act）eligibility criteria.

メリカのマイクロクレジット機関は地域再投資法の規制を背景として，銀行と協力関係を結び，銀行からの寄付や融資，技術提供などの協力を得ることが可能となっている。

（2）基礎口座の提供

地域再投資法は，銀行に対して金融排除層への口座開設支援を明示的に求めているわけではない。小切手の換金や諸費用の支払・決済，預金などの基礎的な金融サービスを提供する基礎口座（Basic Bank Account, Lifeline Bank Account）を金融排除層に広く提供するという金融包摂政策が連邦政府でも検討されたが，「銀行は自主的に基礎口座のサービスを行うべきで，多くの銀行はすでに行っている」という銀行協会の反対にあって，立法化には至らなかった（FSA, 2000, p. 75）。

連邦政府は1999年，社会保障給付の支払方法を従来の小切手郵送から銀行口座への振込に切り替えたが，給付対象者の約2割は口座を持っておらず給付を受け取れなかった。そのため財務省は1999年末以降，銀行に対し「電信振替口座」（Electronic Transfer Account：ETA）の新設を促した。これまで口座を持っていなかった給付対象者は電信振替口座を通して社会保障給付を受領できることとなり，口座維持手数料は1ヵ月あたり3ドル以下と安く設定された。ただし，これは社会保障給付対象者以外には利用できない（U. S. Department of the Treasury, “About ETA” https: //www.eta-find.gov/eta/about.gd）。

（3）低所得クレジットユニオンの促進

1970年の改正連邦クレジットユニオン法は，低所得者を会員として多数抱えるクレジットユニオンに対して優遇措置を講じることを定めた。連邦政府の全国クレジットユニオン管理庁（National Credit Union Administration：NCUA）から「低所得」の指定を受けたクレジットユニオン（以下，低所得クレジットユニオンと略称）に対しては，非会員の預金を受け入れ可能，外部からの資本の受け入れ，会員への事業融資上限額の例外措置，コミュニティ開発回転融資（Community Development Revolving Loan Fund：CDRLF）の利用といった優遇措置がある。クレジットユニオンが「低所得」の指定を受ける要件は，低所得者（地域世帯所得の80％以下）が会員の過半数（50.01％以上）を占めていることである（MyCreditUnion.gov., “Low Income Credit Unions” http://www.mycredit-union. gov/about-credit-unions/Pages/Low-Income-Credit-Unions. aspx）。2012年に低所得クレジットユニオンの認可に際して会員の低所得を証明する方法を簡素化し，新たに676組合を承認したことから，低所得クレジットユニオン数は2012年10月には1,876組合にまで急増し（NCUA Office of Small Credit Union Initiatives, “2012 Achievements” http://www.ncua.gov/ Resources/OSCUI/Documents/AnnualRpt2012.pdf），さらに2013年12月には2,002組合に達した（NCUA, “Low-Income Credit Unions Top 2,000 Mark”, http://www.ncua.gov/News/Pages/NW20131219LowIncomeCUs.aspx）。

全国クレジットユニオン管理庁の中に，小規模クレジットユニオン局があり，同局は低所得を含む小規模クレジットユニオンに対して，コンサルティング，補助金・融資の支給，訓練を提供している。補助金は，新規サービスの開発やスタッフの人材育成，学校での金融教育など，クレジットユニオンの経営基盤強化の事業に対して支給されるもので，2013年には約110万ドルが171組合に配分された。融資は，市場よりも低い金利でクレジットユニオンに資金供給するもので，2013年には約57万ドルが貸し出された（National Credit Union Administration, “2013 Annual Survey” http://www.ncua.gov/Legal/RptsPlans/AnnRpts/Pages/annualrpt.aspx）。この融資事業は「コミュニティ開発回転融資」とも呼ばれ，1件30万ドルを上限として5年間，低所得クレジットユニオンに融資される。

訓練は，クレジットユニオンの経営者に対して研修会や情報提供を行うものであり，2012年は計32回のワークショップに967組合のクレジットユニオンが参加した（NCUA Office of Small Credit Union Initiatives, “2012 Achievements” http://www.ncua.gov/Resources/OSCUI/Documents/AnnualRpt2012.pdf）。

低所得クレジットユニオンへの支援策は，低所得者や金融排除層（銀行口座を持たない者や口座を利用しない者）に基礎的な金融サービスを提供することを主目的としており，低所得のために銀行口座を利用できない消費者に対し，銀行に代わって低所得クレジットユニオンの利用を推奨することで金融排除の解消を図ろうとしていることが読み取れる。

（4）預金による資産形成の奨励

個人開発口座（Individual Development Account：IDA）とは，低所得者の資産形成を目的として，連邦政府及び州政府が提供する補助金制度である。1993年にアイオワ州政府が初めて導入して以来，現在は33州およびワシントン市とプエルトリコが個人開発口座の制度を有する。連邦政府も個人責任および就労機会調整法（Personal Responsibility and Work Opportunity Reconciliation Act of 1996）で制度化した。齋藤（2006）によれば，アメリカでは疾病や失業などの際に政府が用意する代替的所得が貧弱なため，個人の資産所有によって苦境時の緩衝としようとする動機が強く，アメリカは個人口座政策の最先進国であるという。

個人開発口座にはいくつかのプログラムがあるが，低所得者を対象としたAsset for Independence（AfI）プログラムの場合，対象者は貧困家庭向け一時援助金制度（Temporary Assistance for Needy Families：TANF）の受給条件を満たしているか，あるいは世帯の資産が1万ドル以下かつ年間所得が貧困線（Poverty Line）の2倍以下または勤労所得控除（Earned Income Tax Credit：EITC）対象者となっている。連邦政府は1人あたり2,000ドルを上限として，プログラム参加者の預金額に対して，補助金をマッチングして支給する（Assets for Independence Resource Center　http://idaresources.org/page?pageid=a047000000DegF5）。政府から認定されたIDAの運営団体はアメリカ全体で275あり[(3)]，2011年時点で約2万人が既に預金を目標額まで達成して終了し，約1.3万人が現在預金を続けている。使途は住宅の購入・修繕が87％と最も多

(3)　連邦政府の保健福祉省のコミュニティサービス室がIDAプログラムを管轄し，プログラムの運営団体を認定する。免税資格を持つ非営利組織，CDFI，非営利組織と連携している政府機関などがプログラムの運営団体となることができる（Assets for Independence Resource Center　http://idaresources.org/page?pageid=a047000000DegF5）。

く，次いで高等教育（81％），起業・事業拡大（77％）が利用されている（The Corporation for Enterprise Development（CFED），“2013 IDA Program Survey” http://cfed.org/assets/pdfs/2013_IDA_Program_Survey_-_Key_Findings.pdf）。

零細企業育成機関の4分の1（25％）はIDAプログラムの運営団体としてサービスを提供しており，預金による金融包摂もマイクロファイナンスの一分野としての役割を果たしている。

（5）零細企業向けマイクロクレジット事業の支援

零細企業を支援する連邦政府機関は，主に中小企業庁（Small Business Administration：SBA）とコミュニティ開発金融機関ファンド（Community Development Financial Institutions Fund：CDFI Fund）の二つである。

中小企業庁の少額融資事業は，運営団体（Microloan Intermediaries）を通して実施されている[(4)]。零細企業や非営利保育所などに対して事業資金の低利融資およびコンサルティングなどの経営支援を提供する。融資の使途は運営資金，商品の仕入れ，設備・機械の購入などに限定され，既存の債務の返済や不動産の購入には充てられない。融資額は1件当たり50,000ドルを上限とし，返済期限は6年間まで，また金利は通常，8％～13％の範囲内である。

コミュニティ開発金融機関ファンドは，社会的弱者や貧困地域の自立支援を図る金融機関をコミュニティ開発金融機関（Community Development Financial Institutions：CDFI）として認定し，補助金や投資減税を提供している（Meyskens et al., 2010）。2015年3月末現在で945のCDFIが認定されており，CDFIの中には，零細企業に融資する零細企業育成機関も多数含まれている。2014年には，CDFIのうち152団体が，計1億6083万ドルの補助金を受け取った（CDFI Fund, “2014 CDFI Program Award Book” http://www.cdfifund.gov/docs/2014/CDFI/2014%20CDFI%20Program%20Award%20Book.pdf）。

中小企業庁やコミュニティ開発金融機関ファンドは運営団体への資金提供を

---

(4) 運営団体は地域の非営利組織であり，全国で180団体が指定されている（2014年4月時点）。Small Business Administration, “Microloan Program” http://www.sba.gov/content/microloan-program

通じて，銀行からの融資を受けにくい零細企業に対して，事業資金を調達する手段を提供しており，零細事業者向けマイクロクレジット政策の柱として位置づけることができる。

3　マイクロクレジットの活動

（1）コミュニティ開発クレジットユニオンの動向

クレジットユニオンの中には，低所得者・コミュニティに金融サービスを提供することを目的としたコミュニティ開発クレジットユニオン（Community Development Credit Unions：CDCU）がある。コミュニティ開発クレジットユニオンは，先述の低所得クレジットユニオンと異なり，法律上の制度ではなく，コミュニティ開発金融をミッションとするクレジットユニオンが自ら名乗っているもので，社会運動の一つである[(5)]。特に，低所得賃金労働者や移民，障害者など金融へのアクセスが限られている人々に対して金融サービスを提供することに特化している（The National Federation of Community Development Credit Unions, "About Us" http://www.cdcu.coop/about-us/）ことから，クレジットユニオンの中でも金融包摂に積極的である。

コミュニティ開発クレジットユニオンは非営利の協同組合であり，また政府の監督下にある金融機関であるという点は一般のクレジットユニオンと共通であるが，これらに加えて独自の特徴としては，信用履歴の不十分な会員に対しても適正な融資を提供すること，安全な貯蓄と資産形成の場を提供すること，会員に金融教育やカウンセリングを行うこと，会員を高利貸しから解放すること，などの点を挙げている。永井（2004）と由里（2009）はクレジットユニオンの事例研究で金融教育の実践に着目しているが，クレジットユニオンにとって金融教育は，金融包摂に向けた重要な活動の一つといえる。

全国組織であるコミュニティ開発クレジットユニオン全国連盟（The National Federation of Community Development Credit Unions：NFCDCU）には257のク

(5)　コミュニティ開発クレジットユニオン運動の歴史は由里（2009）を参照。

表4－3　コミュニティ開発クレジットユニオンによる主な事業

- ➢ 略奪的サービスに代わる，責任あるサービス
  - ✓ 「融資と貯蓄」プログラム：高利貸しや質屋，サブプライム住宅ローンによる多重債務の悪循環を断ち切るため，貯蓄の習慣を身につける
  - ✓ 「高利貸しからの解放」プログラム：搾取的な高利貸しの被害を受けた会員に救済融資を行う。全国組織が貸倒損失の25％を負担する。
- ➢ 住宅ローン
  - ✓ クレジットユニオンは住宅ローンおよび住宅購入に関する教育・カウンセリングを行う。全国組織はカウンセリングのネットワークを設立
- ➢ マイクロファイナンス
  - ✓ 高利貸しに代わって，企業向けおよび消費者に少額融資を行う。
  - ✓ 全国組織はクレジットユニオンの力量形成に努めるとともに，基金を通じて融資額の25％を保証する。
- ➢ 金融教育・カウンセリング

（出所）The National Federation of Community Development Credit Unions
http://www.cdcu.coop より筆者作成。

レジットユニオンが加盟しており，加盟するユニオンの組合員数は約250万人，総資産は約190億ドルである（2014年6月時点；The National Federation of Community Development Credit Unions, "Member Directory" http://www.cdcu.coop/about-us/member-directory/）。

全国組織の支援の下で，コミュニティ開発クレジットユニオンは融資や貯蓄，住宅ローン，マイクロファイナンス，金融教育・カウンセリングなどを行う（表4－3）。また全国組織は，クレジットユニオン指導者の育成，クレジットユニオンの設立・運営支援，クレジットユニオンへの投資促進，アドボカシー活動などの活動を展開している。

（2）コミュニティ開発クレジットユニオンの事例――TBFCU

本節で事例に挙げるThe Triumph Baptist Federal Credit Union（以下TBFCUと略称）は，ペンシルバニア州フィラデルフィア市内にあるコミュニティ開発クレジットユニオンの一つである。フィラデルフィア市内にはTBFCUを含め6つのコミュニティ開発クレジットユニオンがあり，いずれも低所得クレジットユニオン指定およびマイノリティ指定を受けている[(6)]。筆者はTBFCUの事務所を訪問して，TBFCU代表への聞き取りを行った（2011年11

表4－4　フィラデルフィア市内のクレジットユニオンの資産規模・会員数

	組合数	総資産（$）	会員数（人）
コミュニティ開発クレジットユニオン	6	251,678	342
（コミュニティ開発を除く）低所得クレジットユニオン	26	870,469	571
（低所得を除く）クレジットユニオン	9	12,577,149	885
クレジットユニオン全体	41	854,334	435
最大規模のクレジットユニオン		4,294,231,388	221,223
最小規模のクレジットユニオン		17,739	96

（注）最大・最小規模のデータを除き，中間値（median）を示している。
（出所）National Credit Union Administration
http://researchcu.ncua.gov/Views/FindCreditUnions.aspx より筆者作成。

月9日)。

同市内の6つのコミュニティ開発クレジットユニオンはいずれも黒人が人口の大半を占める低所得地域に立地している。TBFCU 代表によれば，1960-1970 年代に，この地域において黒人教会とクレジットユニオンの設立運動が盛んとなり，低所得住民の相互扶助を目的としてこれらのクレジットユニオンが相次いで設立されたとのことである。フィラデルフィア市内には全部で41 のクレジットユニオンがあるが，そのなかでもコミュニティ開発クレジットユニオンは資産額・会員数ともに極めて小規模である（**表4－4**）。

TBFCU は，Triumph Baptist Church というキリスト教会を母体として1973 年に設立された。場所はフィラデルフィア市北部の低所得地域にあり，TBFCU 代表によれば，1973 年当時この地域は銀行が融資しない「レッドライニング」の対象となっていたことから，教会の信者が銀行を利用できず，クレジットユニオンを設立したという。

TBFCU の事務所は教会内の一室に置かれ，教会の信者をクレジットユニオンの会員としている。TBFCU の資産は 474,256 ドル，会員数は 357 名で，コミュニティ開発クレジットユニオンの中ではやや規模が大きい。とはいえ，

(6)　マイノリティ指定となる要件は，会員の過半数がマイノリティの類型（アジア人，黒人，ヒスパニック，先住民族）に当てはまること，かつ経営幹部の過半数がマイノリティの類型に当てはまることである。

表４－５　TBFCU の主なサービス

個人融資	Signature Loan	融資額 $100-$5,000，金利は理事会で決定 融資期間は最大６年間 融資額の３分の１以上は預金を担保
	Secure Loan	融資額 $100-$20,000，金利は理事会で決定 融資額と同額の預金を担保
貯蓄口座	定期預金	
	子ども用預金（12歳まで）	預金（$1以上）のたびにシールをもらえる（預金額によってシールの枚数が異なる）
	若者用預金（13―17歳）	預金額の10％をプレゼント（上限 $100），小切手を無料進呈などのサービス
決済口座		最低額を維持する必要なし
金融教育		クレジット・カウンセリング，金融講座，ニュースレター（季刊誌）の発行

（出所）TBFCU http://www.tbfcu.com

TBFCU の運営はパートタイム１名とボランティア 15 名に支えられている（教会のスタッフが TBFCU の代表を兼務している）。教会の信者は約 3,000 名で，そのうち１割強が会員に登録していることになる。

TBFCU の提供する主なサービスは融資と貯蓄，決済など基本的な金融機能，金融教育の３種類である（表４－５）。融資審査の主な基準は負債率（月収に対する借金などの割合）で，負債率 40％以下であれば融資可能である。しかし貧困層は多額の借金を抱えているため 40％の基準をクリアできない人も少なくない。そのため TBFCU は負債率に加えてクレジット・スコアや雇用の状況などを総合的に判断して，可能な限り融資するよう努めている。商業銀行は 650 点以上のクレジット・スコアがなければ個人消費者に融資しない（ただし個別の銀行によって基準は少しずつ異なる）が，TBFCU は 650 点未満であっても融資している（ただし個別のクレジットユニオンによっては，650 点未満の消費者には融資しないものもある）。

無担保融資の金利は 12.87％（2013 年 12 月時点）で，ペンシルバニア州のクレジットユニオン平均（10.37％）よりやや高い。自動車ローンの金利は 8.51％で，州の平均（3.90％）の２倍以上である。[7] 代表によれば，金利を高く設定しているのは，貸し倒れのリスクがそれだけ高いため，とのことである。この金利はあくまで標準値であり，クレジット・スコアの多寡（すなわち消費者のリスクの高さ）によって金利が変動する。

金融教育としては，「信用の再構築教室」と題した6週間の連続講座を開催しており，信用履歴やクレジット・スコアが自分の生活にどのような影響をもたらすか，返済の遅れや貸し倒れがいかにクレジット・スコアに悪影響をもたらすかを教える。誰でも無料で参加でき，参加者数は約10名とのことである。

近年の実績をみると，2007年12月をピークに，資産額・融資残高・会員数ともに減少傾向が続いている。2007年12月から2013年12月までの6年間に，資産額が91万ドルから44万ドルに，融資残高が82万ドルから38万ドルに，会員数が677名から350名に減少した[(8)]。こうした減少傾向は，程度の差はあるが，同市内の他のコミュニティ開発クレジットユニオンでもみられる。代表によれば，会員減少の要因は既存会員の高齢化や死亡にある。若い世代の住民はクレジットユニオンをよく理解しておらず，近隣の相互扶助には関心が薄いこと，オンラインでの情報交換が主で高齢者とはコミュニケーションの手段が異なることなどから，若い世代の会員を増やすことは容易ではないという。

他方で，Philadelphia Credit Union のような大規模クレジットユニオンは資産額・融資残高・会員数ともに大幅な増加傾向にあり，大規模なユニオンと零細のユニオンとの二極化が一層進んでいるようである。

コミュニティ開発クレジットユニオンだからといって，銀行や一般のクレジットユニオンに比べて低金利であるというわけではなく，誰にでも融資できるというわけではない。しかし，他の金融機関で融資を受けられなかった人々にも可能な限り敷居を低く融資しようとしており，また金融教育や若年層の貯蓄促進にも努めている点は評価できると思われる。

---

(7)　金利の比較は USA Credit Unions.com のペンシルバニア州の箇所 http://www.usacreditunions.com/pennsylvania-page9 を参照した。

(8)　資産や会員数などの推移は USA Credit Unions.com http://www.usacreditunions.com/　のデータを参照した。

（3）零細企業育成組織の動向

零細企業育成組織（Microenterprise Development Organizations：MDOs）は，零細企業[(9)]に対して融資，助成，起業講座，コンサルティングなどの支援を提供する組織の総称である。固有の法人格はないが，その多くは民間非営利組織で，政府の金融機関監督官庁から監督を受けない貸付基金（Loan Fund）である。貸付基金は銀行やクレジットユニオンとは異なり，預金を集めることは認められていないため，自己資金に加えて補助金・助成金・寄付金・投融資などで財源を調達している。クレジットユニオンは主に消費者に対して貯蓄，決済，融資など基礎的な金融サービスを提供するのに対し，零細企業育成組織は主に個人事業主（あるいは起業を希望する者）に対して融資や経営支援を提供する。

本稿は零細企業育成組織をアメリカにおけるマイクロファイナンス機関の一つと位置付けて近年の動向と事例を紹介するが，零細企業育成組織の当事者が，自らをどの程度マイクロファイナンス機関として認識しているかどうかは別問題である。1980年代以降，いくつかの先駆的な組織が途上国のマイクロファイナンスの経験を参考に活動を展開したことから，Servon（2002）やJulik（2005）をはじめとする研究者は，零細企業育成組織が途上国からマイクロファイナンスをアメリカに輸入し「複製」したとみなす。事実，途上国のマイクロファイナンスをモデルとしてアメリカで同様の事業を展開したWorking Capitalなどもあった（Ashe, 2000）。しかし，マイクロファイナンス（特にアメリカ国内における金融包摂の事業）の概念は一般に浸透しておらず（FIELD前ディレクター，エレーン・エッジコム氏への聞き取り，2012年5月30日），零細企業育成組織の多くも「零細企業支援」「小企業支援」（microenterprise / small business development）と表現することが多い[(10)]。そのためアメリカにおけるマイクロファイナンスの定義や範疇が市民権を得ているとは言い難いが，途上国のマ

---

(9) アメリカにおいて零細企業とは一般的に，従業員5人未満または資本金2万ドル未満の個人所有の企業を指す（Julik, 2005）。

(10) たとえば零細企業育成組織の全国組織もAssociation for Enterprise Opportunity（AEO）という名称で，キャッチフレーズにThe Voice of Microbusinessを掲げている。

イクロクレジットの多くが零細企業への融資であることと，中小企業庁による零細事業融資（Microloan Program）の上限額が5万ドルであることから[11]，アメリカのマイクロクレジットは5万ドルを上限とする零細企業融資とみなされている。

零細企業育成組織の調査研究を行っているFIELD[12]によると，2012年夏の時点で816の零細企業育成組織の存在を確認し，これらの組織に対してU.S. Microenterprise Censusというアンケート調査を実施した（回答率25％）。FIELDはこの調査結果をもとに，2011年度のアメリカ全国の零細企業融資の規模を以下のように推計した（FIELD, 2013）。

・零細企業への融資は2011年度に24,708件，1億7545万ドル

・2011年度末の融資残高は2億3798万ドル

・零細企業融資の原資は3億6436万ドル

・融資の利用者数は36万1460名

調査に回答した207団体についてみると，零細企業育成組織1団体あたりの利用者数は773名（平均値）だが，最高値は7961名で，大規模な組織が平均値を押し上げている。利用者の半数強（56％）は女性で，女性利用者が大半を占める途上国のマイクロファイナンスと大きく異なる。宗教や風習の影響で女性差別の激しい一部の途上国ではとりわけ，家庭内での女性の地位向上や女性の社会参加・所得向上をねらいとして，マイクロファイナンス機関が女性を利用者に位置づけることが多い。アメリカでも，「労働者階級の女性は家庭で金融教育がないため，金融の知識に乏しく，高利の貸金業者に搾取されている」との指摘もあり（Women`s Opportunities Resource Centerでの聞き取り，2011年10月18日），女性が相対的に不利な立場にあることから，女性を主な対象とし

⑾　零細企業融資の上限額は2010年の小企業雇用法（Small Business Jobs Act of 2010）により，それまでの3万5千ドルから引き上げられた。

⑿　FIELDの正式名称はMicroenterprise Fund for Innovation, Effectiveness, Learning and Disseminationで，ワシントンDC市に本部を置く研究機関The Aspen Instituteの中の研究プロジェクトとして1998年に設立された。FIELDウェブサイトhttp://fieldus.org/index.html参照。

た零細企業育成組織もある。ただし，途上国ほど女性差別が厳然とあるわけではないので，零細企業育成組織の利用者は女性に大きく偏っていない。

人種別では，利用者の40％が白人，60％がマイノリティ（ヒスパニックや黒人，アジア人，先住民族など）と，マイノリティがやや多い。

所得水準では，利用者が零細企業育成組織の事業に参加した時点で，貧困線以下であった者の割合は41％で，貧困層は一定程度を占めるものの，半数以下である。生活保護（TANF）の受給者は6％と極めて低い。利用者の71％は，住宅都市開発省（HUD）が定めた地域平均世帯所得の80％以下の所得水準である。地域平均世帯所得の80％以下の所得水準は「中低所得層」で，絶対的な貧困層よりは所得が多いものの，不況や災害などの影響を受けて貧困に陥りやすい脆弱階層とみなされる。途上国においては，マイクロファイナンスの主な利用者は脆弱階層（＝貧困線より上の所得階層）と貧困層であり，最貧困層はマイクロファイナンスの対象に含まれない（三井・鳥海編，2009）が，アメリカでも利用者の多くが脆弱階層と貧困層によって占められていることがわかる。

零細企業育成組織の利用者である零細事業主についてみると，零細事業主の半数近く（46％）は，連邦政府の定める最低賃金（7.25ドル）を下回る収入しか得られていない（FIELD, 2011a）。また零細事業主の半数以上（56％）は兼業であり，他の複数の収入減（賃金，社会保障給付など）を足し合わせながら生計をやりくりしている。アメリカでは兼業している零細事業主が多く（Clark & Kays, 1999；Edgcomb & Klein, 2005），失業率の増加を背景に兼業の自営業者も2006年以降急増している（Hipple, 2010）。こうした零細事業者にとって，事業資金の確保は最低限の生計を維持するために必要であるが，クレジット・スコアや融資額の規模が銀行の基準に満たないと，銀行からの融資は期待できない。銀行からの融資を得にくい零細企業がどれだけ存在するのか，正確な数値は不明であるが，1999年に当時のAccion USAが独自のアンケート調査に基づき，1310万の零細企業のうち1080万の零細企業（約82％）が銀行からの融資を得にくいと試算した（Burrus, 2006）。

零細企業育成組織が提供する金融サービスは，零細企業への融資に加えて，個人開発口座や助成金，投資などがある。アンケート調査に回答した組織のうち91％の組織は零細企業に対して何らかの金融サービスを提供している。言い換えれば，残り9％の組織は経営支援事業に特化している。

マイクロファイナンスのサービスを提供している零細企業育成組織のうち60％は零細企業への融資（5万ドル以下）を行っており，その金利は平均8％である。1組織あたりの融資実績は，中間値21件・264,054ドル，平均値171件・946,640ドル（2011年度）で，一部の大規模な組織が平均値を押し上げていると考えられる。また融資1件あたりの融資額は，中間値13,955ドル，平均値15,832ドル（2011年度）である。

融資形態は，個人への融資を行っている零細企業育成組織が93％と圧倒的に多く，グループ融資を取り入れている組織は7％とわずかである。途上国でも近年は都市部などで個人への融資が増えてきているが，やはり利用者数名のグループを前提とした融資形態が一般的である。それに対しアメリカでは社会的背景の違いからグループ融資が機能せず，個人融資が主流となっている（Servon, 2002）[13]。途上国のマイクロファイナンスはグループ融資を採用することで情報の非対称性に起因する高い取引コストを回避したと考えられているが，アメリカでは個人融資が一般的であることから，個別の融資申請に対する審査に時間と労力を要する。融資審査では事業計画書の内容に加えて融資申請者のクレジット・スコアやキャッシュフロー，担保などが総合的に判断される。クレジット・スコアを重視する零細企業育成組織は多く，銀行ほど高い基準ではないにしても，一定の点数に達していなければ融資しないという組織もある。クレジット・スコアがない，あるいは極めて低い人は，少額の借金（500–1000ドル程度）をして期日までに返済するといったことを繰り返して信用履歴を築き，徐々にスコアを高めていく必要がある。スコアを高めるための少額融資（「信用形成融資」）の制度を設けている零細企業育成組織もある。

金融以外のサービスとしては，経営支援事業がある。経営支援事業とは零細事業主が起業または事業を拡大するのを助けるサービスで，起業講座，1対1

⒀　ただし，2008年に設立されたグラミン・アメリカはグループ融資の形態を導入して急速な事業規模拡大に成功しており，注目に値する。

のコンサルティング，金融教育，金融カウンセリング，インキュベーション，技術協力，納税対策など多様であるが，なかでもコンサルティングを提供した組織が 90％と最も多い。アンケート調査に回答した零細企業支援組織の 97％が何らかの経営支援を提供している。金融サービスの利用者のうち 78％は経営支援を受けていることから，零細企業支援組織の大半は，1人の利用者に対して金融と経営支援を合わせて提供しているようである。金融サービスを提供する組織の中で，金融サービスを中心とする組織は 44％，経営支援を中心とする組織は 55％で，どちらかといえば経営支援を主，金融を従とする傾向がみられる。途上国でも，統合的アプローチを採るマイクロファイナンス機関は融資だけでなく経営支援を提供しているが，それでも金融面に重点を置いているのに対し，アメリカでは金融よりも経営支援に重点が置かれてきた。これは，アメリカの金融制度やビジネスが高度に成熟し，法規制も複雑なため，起業には多くの知識やスキルを要するためと言われている（Servon, 2002；Schreiner & Woller, 2003）。

零細企業育成組織は，単独の独立した組織である場合もあれば，ある組織のなかの一つの事業部となっている場合もあるが，単独組織は 35％と少数である。零細企業育成組織の財政構造をみると，事業収入が占める割合は 16％に過ぎず，収入の大部分は政府からの補助金と民間からの寄付金・助成金で賄われていることから，収益を上げて組織規模を急速に拡大することは難しい。組織の規模は，1組織あたりの正規換算職員数4名（中間値），年間収入 400,526 ドル（中間値）と小規模なため，小規模な零細企業育成組織の場合，単独組織での経営は厳しい面があると思われる。

4　零細企業育成組織の事例――Accion East

本節で事例に挙げる Accion East は，ニューヨーク市に本部を置く零細企業育成組織の一つである。組織形態は非営利の貸付基金（Loan Fund）で，コミュニティ開発金融機関（CDFI）および，中小企業庁の少額融資事業の運営団体（Microloan Intermediary）として認定を受けている。

歴史をたどると，1961年に南米ベネズエラで設立されたAccion International がブラジルにてマイクロクレジット事業を始めたのは1973年のことで，その後はしばらくの間中南米でマイクロクレジットを展開した。その後，1991年にAccion New Yorkを設立し，ニューヨーク市でマイクロクレジットのパイロット事業を始めた[14]。アメリカで最初の融資は，2人のメキシコ人移民女性に対して行われたという（Accion Eastでの聞き取り，2012年2月1日）。このパイロット事業は拡大し，Accion International は1994年にテキサス州サンアントニオ，ニューメキシコ州アルバカーキ，イリノイ州シカゴ，カリフォルニア州サンディエゴに事業所を設立した。さらに1999-2002年の間にはジョージア州アトランタ，フロリダ州マイアミ，マサチューセッツ州ボストンにも事業所を増設した。

Accion International はアメリカ国内各組織のフランチャイザーとしてAccion USAを設けたが，このAccion USAはボストン，マイアミ，アトランタの各事業を直接統括し，また遠隔地についてはインターネットを通じた融資事業を始めた。2002年にはボストンのマイクロファイナンス機関 Working Capitalと事業統合し，2008年にはAccion New Yorkを統合した[15]。アメリカ国内の各Accionの全国組織としては別途Accion U.S. Networkを設立し，Accion USAは実質的に全国のフランチャイザーから東海岸の地域事業所へと転化した[16]。Accion USAは名称を実態に即したものにするため，2012年にAccion East and Onlineと改称し（その後Accion East, Inc.），主に東海岸地域をカバーすることを明確にした。Accion U.S. Networkはアメリカ国内最大規模の零細企業育成組織の一つである。筆者はAccion East（訪問当時はAccion

---

(14) Accionのウェブサイト“Our History” http://www.accion.org/about-us/our-history なお，Accionはその後，2000年にアフリカへ，2005年にインドへ，2009年に中国にも進出した。

(15) Accion Eastのウェブサイト“About Us” http://www.accioneast.org/home/support-accion/about-accion/who-we-are.aspx およびBurrus（2006）による。

(16) US Accion Networkのウェブサイト　http://us.accion.org/　US Accion Networkは，国内5組織（Accion East, Accion Chicago, Accion Texas, Accion San Diego, Accion New Mexico- Arizona-Colorado-Nevada）を統括する。

USA）の本部事務所を訪問して，数名の担当者への聞き取りを行った（2012年2月1日）。

Accion Eastの本部はニューヨーク市，支部はボストン（マサチューセッツ州）とマイアミ，オーランド（フロリダ州）にある。FIELDの提供するMicro Trackerのデータベースおよび Accion Eastの発行する財務報告書によれば，2013年度の経常収入は687万ドル，正規換算職員数は48名であった。

顧客数は2013年度の1年間で5683名，うち男性が59％と過半を占める。人種別では，ヒスパニック系が51％と最も多い。スタッフへの聞き取りによると，Accionはもともと中南米で活動していた歴史的経緯もあり，ヒスパニック系移民との関係が強いためだという。

Accion Eastの管轄地域は広範で，他の Accion 4団体が管轄していない全ての州（34州）に及ぶが，実際には本部・支部のある3州（ニューヨーク州，マサチューセッツ州，フロリダ州）およびその周辺での活動が中心となる。本部・支部のない州では，その地域の零細企業育成組織と提携して，協調融資を行ったり，顧客を紹介されたりすることが多い。Accionの融資を希望する零細事業者が近隣に零細企業育成組織をみつけられない場合はオンラインのみでの取引も可能である。

通常の零細事業融資の場合，融資対象者は事業開始後6か月以上経過していること，クレジット・スコアが525点以上あること，などの条件を満たさなければならない。通常の零細事業融資は1000ドル～5万ドルの範囲で，返済期間は最大5年間，金利は固定金利で8.99％～15.99％である。金利のほかに融資申請の手数料（135ドル），融資実行の手数料（融資額の5％）が徴求される（Accion East http://www.accioneast.org/home/small-business-loans/about-our-loans/loan-amounts-interest-rates-and-fees.aspx）。事業開始6か月未満の創業期にある事業者に対しては，「スタートアップ融資」として1万ドル以下を融資する。

中南米でマイクロファイナンスを展開する Accion Internationalがグループ融資の方式であるのに対し，アメリカの Accionは個別融資方式を採用している。Accion Eastの担当者の見解によれば，グラミン・アメリカのようにアメリカでもグループ融資の事例があるが，グループ融資は極めて零細なインフォーマル・ビジネスに向いているのに対し，インフォーマル・ビジネスがフォーマル化して事業規模や融資額が拡大すると，個別融資のほうが適切であるという。グラミン・アメリカは1件あたりの融資額が約2,000ドルと少額で，利用者の事業規模も極めて零細である。グラミン・アメリカの利用者がより多くの融資を受けて事業を拡大したい場合は，グラミン・アメリカを「卒業」し，こんどはAccionでやや多額の融資を受けることができる。Accion Eastの1件あたりの融資額は約8,000ドルとやや大きい。Accionの利用者がさらに事業拡大に成功すれば，やがて銀行と取引できるようになる。Accionは，利用者がクレジット・スコアを上げて銀行から融資を受けられることを目標に据えており，Accionでの融資を銀行融資の前段階と位置付けているので，個別融資のほうが望ましいという。

2008年の金融危機は，零細企業育成組織の経営にも大きな影響をもたらした。銀行の貸し渋りに遭った零細企業や中小企業が資金繰りに行き詰まり，零細企業育成組織に融資を求め，融資需要が大きく膨らんだ。その一方で，不況の影響で融資のリスクも高まり，零細企業育成組織としては融資需要に応えながらリスクも抑えなければならないという難題に直面したのである。担当者への聞き取りによれば，2008年の金融危機以前には，クレジット・スコアの条件は設けていなかったが，金融危機を契機に，リスク管理のために導入した。ただし，スコアが525点より若干低い場合でも，点数が低い理由いかんによっては柔軟に対応している。銀行は，700点以上のスコアがなければ事業者に融資しないので，525点は銀行に比べてはるかに低い基準だという。他方，融資審査にあたってスコアカードを導入したことから，金融危機以前の金利（10.99％～17.99％）を2％引き下げた。固定金利（8.99％～15.99％，平均12％）は，銀行の金利に比べると高いが，クレジットカードの当座貸越や営利の貸金業者よりははるかに低いという。

融資担当者は利用者の返済能力を見極め，返済能力を超えた金額を貸して債務超過が生じることを避けるよう努めている。

Accionは無担保融資も頻繁に発行している。Accionのスタッフが融資申請者の事業所を訪問し，融資申請者の事業経験やスキル，クレジット・スコアなどを総合的に勘案したうえで，担保不要と判断すれば無担保で融資する。通常は保証人も不要である（リスクが高い場合のみ保証人を求める)。こうした点は銀行に比べてはるかに柔軟な審査基準であるという。

Accion East の 2013 年の融資実績は，981 件・801 万ドルであった（**表 4-6**)。金利は平均 12％，延滞は 2.93％（2013 年度)，債務調整[17]は 2％（2013 年度)，貸倒は約 8％（累計）である。全国平均は，FIELD（2013）によれば延滞 9％，債務調整 8％，貸倒 7％（2013 年度）であるから，Accion の融資事業は全体的に良好な水準を保っているといえる。

Accion は利用者に以下のような個別の経営支援を行っている。

①ウェブサイトでの情報提供：金融知識に関する情報をまとめてウェブサイトに掲載し，オンラインでの金融教育を行う。
②融資前・融資後の個別相談：経営支援担当スタッフが，電話にて 1 回平均 30 分程度相談に応じる。
③メンタリング：事業経営の経験が長い Accion の利用者がメンターとなり，1 対 1 で相談に応じる。
④イベント：Accion はネットワーク・イベントを開き，イベントに参加した利用者は，他の利用者との人脈を築いて情報交換し，自らの事業計画がどの程度有効かを検証できる。
⑤紹介：ビジネススクール，金融機関，企業，専門家，政府機関などを紹介する。
⑥オンラインの商品市場 Microfinance Marketplace に出店し，利用者の商品販売を支援する。
⑦月刊誌 Small Business Tip of the Month を発行し，事業者に情報を提供する。
なかでも特筆すべきはビールメーカーの Samuel Adams 社，ファッション

(17) 債務調整（Restructured Loan）とは当初の返済条件では返済困難となった利用者に対して，毎月の返済額や利率の変更などにより返済を容易にすること。

表4－6　Accion East および Accion 5団体の経営実績

（Accion East　2008-2013年度の推移）

年度	顧客数（人）	融資件数（件）	融資額（$）	融資残高（$）	融資原資（$）	経常収入（$）
2008	1,750	1,330	10,040,880	16,031,606	19,189,123	9,027,341
2010	2,101	618	4,356,071	7,441,799	11,208,530	6,589,147
2011	3,359	604	6,242,621	8,063,143	15,508,130	6,194,039
2012	4,710	743	7,715,224	11,457,592	17,382,025	5,943,021
2013	5,683	981	8,015,671	12,036,670	22,262,936	6,878,929

年度	事業収入割合（%）	年利率（%）	債務調整件数割合（%）	延滞率（%）	経営支援（人）	正規換算職員数（人）
2008	14					63
2010	20					NA
2011	20	12	11.00	5.23	1,421	42
2012	18	12	4.00	2.43	743	45
2013	23	12	2.00	2.93	4,620	48

（Accion5団体の合計，2013年度）

年度	顧客数（人）	融資件数（件）	融資額（$）	融資残高（$）	融資原資（$）	経常収入（$）
2013	11,491	3,584	31,955,310	46,069,084	64,048,585	26,175,369

年度	事業収入割合（%）	年利率（%）	債務調整件数割合（%）	延滞率（%）	経営支援（人）	正規換算職員数（人）
2013	31	13	3.60	3.48	7,576	219

（注）顧客とは，融資を受けたか，10時間以上の講座やコンサルティングを受けた利用者。延滞率とは，毎月の返済期限より31日以上返済が遅れている融資件数の割合である。経営支援とは，専門家や経営者などから個別に助言指導を得ることであり，ここでは経営支援を受けた顧客数を示す。

Accion 5団体とは，Acccion US Network に加盟する Accion East, Accion Texas, Accion New Mexico-Arizona-Colorado-Nevada, Accion San Diego, Accion Chicago である。経営支援の項目については，Accion East と Accion Texas 以外の3団体は無回答であった。

（出所）Micro Tracker http://microtracker.org/ より筆者作成。

デザインの Tory Burch 財団との提携により，飲食業やファッションの業界にいる Accion の零細事業者を対象に無料のネットワーク・イベントを開催していることである。Samuel Adams 社や Tory Burch 財団のスタッフが専門知識を生かして助言指導を行っている。

筆者はAccion Eastの利用者の一人にも聞き取りを行った（2012年1月31日）。この利用者はニューヨーク市マンハッタンの中心部でブティックを営む女性で，コロンビア共和国からの移民である。彼女は祖国で衣服店と工場を営んでいたが，不況の影響を受けて倒産し，1997年に職を求めて渡米した。渡米後，結婚・出産を経て再び事業を営みたいと考え，2007年に働く女性向けの衣服店を開業した。当初は仕入れた衣服を販売するだけだったが，2010年に彼女が自ら服をデザインして販売したところ好評を博した。やがて彼女は展示会に服を出展したいという夢を抱くようになったが，出展するには6,000ドル以上の高額な申請料がかかる。銀行に融資を申し込んだが，当時彼女の夫が一時的に失業していたことを理由に融資を断られてしまった。

彼女は友人からの紹介で，Accionから6,000ドルの融資を受けることができ，展示会に無事出展することができた。そのおかげで商談が増え，利益が上がり，融資は難なく返済できた。2012年には第2回の融資7,000ドルを得て展示会に出展した。彼女はAccionの紹介でプロボノの弁護士に会い，商品の特許について助言を得たり，ネットワーク・イベントで会計士やマーケティングのコンサルタントなどから無償で助言を得たり，イベントに参加して投資家や起業家と交流するなど，融資以外にも様々な支援を得ることができた。今後はより広い作業スペースを借りて，スタッフを増やしたいと希望している。

5　アメリカのマイクロクレジットの特徴と課題

アメリカにおけるマイクロクレジットは，様々な要因によって生じる金融排除問題を背景として生じてきた。連邦政府は地域再投資法による銀行への規制をはじめ，社会保障受給者への基礎口座提供，低所得クレジットユニオンの促進，貧困層に対する預金の奨励，零細企業の育成支援など，金融包摂の施策を実施しており，マイクロクレジット機関はこうした施策の庇護下で，堅実に成長してきた。FIELDの推計によれば，零細企業育成組織は2000年には約16万人に融資し，融資残高は9850万ドルであったが，2010年には約34万人に融資し，融資残高は2.4億ドルであった（FIELD, 2011b）。2010年までの10年間に市場が2倍以上に増加したことになる。

アメリカのマイクロクレジット機関はコミュニティ開発クレジットユニオンと，零細企業育成組織に分かれるが，これらはいずれもコミュニティ開発金融セクターの一部をなしている。コミュニティ開発金融は，地域社会における貧困や社会的排除の問題に取り組むための資金供給であり，マイクロクレジットだけでなくNPOや社会的企業への投融資，アフォーダブル住宅への融資なども幅広く含まれる。

アメリカのマイクロクレジットの特徴は，マイクロクレジットの利用者層の中にマイノリティや移民などが多くいることである。特に移民はアメリカの金融制度やビジネスを知らない，英語を話せない，身分証がないなどの理由で結果的に金融排除になることが多い。そのためアメリカにはAccionやグラミン・アメリカをはじめとして移民や難民を主な対象とした零細企業育成機関が数多くつくられた。

アメリカのマイクロクレジットの課題は，その存在が一般社会に充分認知されていないことである。マイクロクレジット機関の多くは広告宣伝費が限られ，マスメディアを用いた宣伝は困難である。

また，政府からの補助金，財団からの助成金，銀行・企業からの寄付金などに財源の多くを依存しているため，政府の予算や財団の意向に影響を受けやすいという問題もある。

こうした課題はアメリカのマイクロクレジット機関の収益性の低さに起因しているが，では収益性を高めれば解決するのかというと，また別の問題を呼び起こす恐れがある。収益性を高めるために高コストの利用者をなるべく減らそうという動機が強まるからである。こうしたミッション・ドリフト問題（収益のためにマイクロクレジット機関のミッションが犠牲になること。Arena（2008）参照）を回避し，ミッションと収益のバランスをとりながらマイクロクレジットをスケールアップさせるための方策が求められているといえよう。

参考文献

大塚秀之（1994）「レッドライニングと居住地の人種隔離」『研究年報』（神戸外国語大学）31号。

齋藤拓（2006）「福祉国家改革の一方向性――各国に見る資産ベース福祉への移行」『コア・エシックス』2号。

永井敏彦（2004）「米国クレジットユニオンの経営戦略6――オレゴン州 O. U. R. Federal Credit Union」『金融市場』15巻4号。

三井久明・鳥海直子編（2009）『よくわかるマイクロファイナンス』DTP出版。

由里宗之（2009）『地域社会と協働するコミュニティ・バンク――米国のコミュニティ銀行・クレジットユニオンとNPO』ミネルヴァ書房。

Arena, Todd, (2008) "Social corporate governance and the problem of mission drift in socially-oriented microfinance institutions", Columbia Journal of Law and Social Problems, Vol. 41, No. 3.

Ashe, Jeffrey, (2000) "Microfinance in the United States: The Working Capital Experience: Ten Years of Lending and Learning", *Journal of Microfinance*, Vol. 2, No. 2.

Burrus, William, (2006) "Innovations in Microenterprise Development in the United States", Accion USA.

Carbo, Santigo, Edward P. M. Gardener & Philip Molyneux, (2005) *Financial Exclusion*, Palgrave Macmillan.

Clark, Peggy & Amy Kays, (1999) *Microenterprise and the Poor: Findings from the Self-Employment Learning Project Five Year Study of Microentrepreneurs*, Economic Opportunities Program at the Aspen Institute.

Edgcomb, Elaine L. & Joyce A. Klein, (2005) *Opportunities, Building Ownership: Fulfilling the Promise of Microenterprise in the United States*, FIELD at the Aspen Institute.

Federal Deposit Insurance Corporation (FDIC), (2014) *2013 FDIC National Survey of Unbaked and Underbanked Households*, FDIC.

FIELD, (2011a) "Micro Jobs Fast Facts: Do microenterprises provide employment beyond the business owner?", FIELD at the Aspen Institute.

――――, (2011b) "Microenterprise Census", FIELD at the Aspen Institute.

――――, (2013) "U. S. Microenterprise Census Highlights Size of the Industry: 2011", *FIELD Trendlines Series*, Issue 5.

Financial Services Authority (FSA), (2000) "In or out?: Financial exclusion: a literature and research review", *Consumer Research*, No. 3.

Hipple, Steven F., (2010) "Self-employment in the United States", *Monthly Labor Review*, September.

Joassart-Marcelli, Pascale & Philip Stephens, (2010) "Immigrant banking and financial exclusion in Greater Boston," *Journal of Economic Geography*, Vol. 10.

Julik, Nancy C., (2005) *Bootstrap Dreams : U. S. Microenterprise Development in An Era of Welfare Reform*, Cornell University Press.

Meyskens, Moriah, Alan L. Carsrud & Richard N. Cardozo, (2010) "The symbiosis of entities in the social engagement network : The role of social ventures", *Entrepreneurship & Regional Development*, Vol. 22, No. 5.

Schreiner, Mark & Gary Woller, (2003) "Microenterprise Development Programs in the United States and in the Developing World", *World Development*, Vol. 31, No. 9.

Servon, Lisa J., (2002) "Fulfilling the Potential of the U. S. Strategy", in : J. H. Carr & Z. Y. Tong (eds.), *Replicating Microfinance in the United States*, Washington, DC., Woodrow Wilson Center Press.

補論2
アメリカにおける延滞者支援

小関隆志

（1）零細企業育成組織の延滞・貸倒とTA

第4章では零細企業育成組織の動向と事例を述べたが，零細企業育成組織の中には延滞や貸倒の課題を抱えている例も少なくない。貸倒を最小限にとどめるためには，延滞管理だけでなく，延滞者を支援して貸し倒れを予防する必要がある。そのため，補論として延滞者支援の事例をみておきたい。

コミュニティ開発金融機関（CDFI）全体を比較すると，零細企業育成組織による融資は延滞率・貸倒率・債務調整率ともに高い（表 補2-a）。これは零細企業融資が他のコミュニティ融資（中小企業，コミュニティ施設，アフォーダブル住宅など）に比べてリスクが高いためである。貸倒の発生は零細企業育成組織の融資実績に悪影響をもたらすだけではない。融資の返済に失敗した利用者は自らの信用履歴を大きく傷つけるため，かえって金融排除を強める結果となる。延滞・貸倒を防ぎ，リスクを緩和するためには，経営講座や金融知識教育，コンサルティング，インキュベーションといった非財務的な経営支援を合わせて提供することが求められるのである。

アメリカでは零細企業育成組織による代表的な経営支援として「テクニカル・アシスタンス」（Technical Assistance：TA）があり，90％以上の零細企業育成組織がTAを行っている（表 補2-b）。TAという用語は一般的に用いられているが厳密な定義はないようである。筆者の聞き取り調査の範囲では，おおよそ以下2つの意味で用いられていた。

a）1対1のコンサルティング：事業計画書の書き方や経理，事業者の資格取得，マーケティング，技術など様々な内容が含まれる。

b）紹介：他の専門家（弁護士，会計士，コンサルタント，デザイナーなど）や支援組織を紹介する。

表 補2-a　延滞・貸倒・債務調整率（%）

	CDFIの種類	2008 Q4	2009 Q1	2009 Q2	2009 Q3	2009 Q4	2010 Q1	2010 Q2	2010 Q3	2010 Q4	2011 Q1	2011 Q2	2011 Q3	2011 Q4
サンプル組織数		22	13	20	13	16	18	17	23	16	26	17	14	19
延滞率 平均	零細企業融資	15.9	18.7	14.4	10.6	15.6	9.8	8.7	11.4	9.5	12.2	12.1	8.2	9.0
	CDFI全体	11.2	9.3	10.0	9.5	8.1	10.1	10.2	8.5	8.5	8.5	6.5	6.8	5.8
貸倒率 平均	零細企業融資	4.7	1.1	1.2	2.4	3.2	2.1	2.2	1.2	1.2	0.6	1.7	0.7	3.6
	CDFI全体	1.6	0.4	0.8	0.7	1.1	0.9	0.8	0.7	1.0	0.5	0.7	0.8	1.3
債務調整率平均	零細企業融資	NR	NR	NR	NR	NR	6.6	7.1	9.4	8.4	6.8	7.6	8.4	23.5
	CDFI全体	NR	NR	NR	NR	NR	4.2	4.4	7.5	7.7	5.0	5.4	5.0	7.0

（注）a）OFNは様々なコミュニティ開発金融機関（CDFI）を7類型に分類し，サンプルの組織を抽出して，各事業年度末の融資状況を集計しているが，零細企業融資はその1つである。OFNは零細企業融資を，従業員数5名以下（経営者含む）の営利・非営利組織に対する35,000ドル以下の融資と定義している。

b）本表でいう延滞率とは，返済期日を31日以上過ぎた融資件数の割合を示す。

c）NRとは報告なし（Not Reported）の意味である。Qは四半期である。

（出所）Opportunity Finance Network（OFN）（2012）

表 補2-b　経営支援を行っている組織

	2008年調査 数	2008年調査 割合（%）	2010年調査 数	2010年調査 割合（%）
回答数全体	369	100.0	366	100.0
経営支援実施	266	72.0	356	97.2
TA	246	66.6	330	90.1
経営講座	225	61.0	302	82.5
メンタリング・コーチング	176	47.7	238	65.0
金融知識教育	162	43.9	224	61.2
信用カウンセリング	106	28.7	135	36.9
マーケティング	112	30.4	125	34.2
技術支援	69	18.7	80	21.9
インキュベーション	53	14.4	79	21.6
納税準備	50	13.4	75	20.5
個別対応	50	13.4	62	16.9
その他	74	20.1	129	35.2

（出所）Edgcomb & Girardo（2010, 2012）

TAは通常，利用者の求めに応じて提供されるものであり，たとえばある利用者が自らのウェブサイトを作成する必要が生じた場合に，零細企業育成組織にウェブデザイナーの紹介を求める。ところが，延滞している利用者は事業が順調に進まないなどの理由から返済に苦しみ，助けを必要としているにもかかわらず，大概の場合は自らTAを利用しようとしない。それどころか，零細企業育成組織の融資担当者が連絡を取ろうとしても，返済を督促されるのを恐れて連絡に応じようとしない。

したがって，延滞者に対するTAは，通常の利用者に対するTAとは異なり，目的は延滞者が直面している問題を解決して延滞をなくすこと，また延滞者に対して積極的に働きかけ，問題の診断，解決法の提示，実行のモニタリングと結果評価を行うことが主な特徴となる。延滞者に対するTAは通常のTAに比べて時間と手間がかかると考えられる。

TAに要する費用は通常，助成金によって賄われているが，零細企業育成組織は限られたTAの予算と人的資源の大半を通常の利用者の求めに応じて使う。延滞者への支援が必要だと分かっていても，後回しになりがちである。

TAに関する先行研究はあまり多くないが，初期の研究では，Servon（1999, 2002）とBhatt（2002）が挙げられる。ServonとBhattは，途上国のマイクロクレジットと比べて，アメリカの零細企業育成組織は融資よりも経営講座やTAに力を入れていると指摘した。またFIELDは，零細企業への経営支援をテーマとした一連の調査を行ったが，デトロイトにある零細企業育成組織を事例にTAの有効性を検証した事例研究（FIELD, 1999; Edgcomb, 2001; Rugg, 2002）や，5つの零細企業育成組織の事例研究（FIELD, 2000; Edgcomb & Malm, 2002）などが挙げられる。

これらの研究はTAの有効性を明らかにしたが，延滞者を対象としたTAには焦点が当てられてこなかった。

（2）調査方法

筆者はペンシルバニア州フィラデルフィア市にある1つの零細企業育成組織において事例研究を行い，延滞者に対するTAの有効性を検証した。この組織の懸案事項の一つは高い延滞率・貸倒率であった。この組織の融資担当スタッフは延滞している利用者に対して電話をかけ返済を督促しているが，人材不足のため延滞者に対する経営支援は行っていなかった。

この組織の融資担当スタッフ，ディレクター，筆者の3名で2011年12月に

表 補2-c　融資額

	合計	実験群	統制群
延滞者数	28	12	16
融資額　平均値	$6,923	$9,748	$4,628
融資額　中間値	$5,000	$6,000	$2,500
融資額　最大値	$35,000	$35,000	$11,000
融資額　最小値	$2,200	$2,200	$2,500

（注）a）TA のプロジェクト開始時（2012年1月）において返済中の融資が対象。
b）1人の事業者が複数の融資を受けていることもある。
c）TA のプロジェクト開始以前に完済した融資については，本表に含めていない。
（出所）筆者作成。

プロジェクトを発足させた。2012 年 1 月 1 日時点の延滞者 28 名を特定し，このうち 12 名を無作為に抽出して支援対象者とした。支援対象者の 12 名を実験群，その他の 16 名を統制群として対照実験を行うことで，TA の有効性を比較検証することが目的であった。

これらの延滞者はいずれも，この零細企業育成組織から少額の融資を受けて事業を営む零細事業主であり（融資額は表 補2-c参照），毎月の返済期限より 30 日以上返済が遅れていた。そのため，このプロジェクトは 12 名の延滞者に対する TA を開始した。12 名の延滞者に対して計 4 名の経営コンサルタント及び融資担当スタッフが定期的に接触し，現地を訪問したり電話をかけたりして状況を把握するとともに，助言を行ったり，他の専門家を紹介したりして，延滞者の問題解決にあたった。延滞者に対する TA の進捗状況は，毎月のミーティングで共有するとともに，融資返済の状況をデータベースに蓄積し分析した。TA の成果は，延滞期間の長さと，利用者の営む零細事業の売上額の 2 種類の指標，および利用者の状況（質的な側面）から総合的に判断することとした。

（3）調査結果

このプロジェクトは翌 2013 年 4 月に終了するまでの 1 年 4 か月間 TA を実施したが，対象となった 12 名はいかなる理由で返済が遅れたのだろうか。

主要な理由の一つは売り上げの低迷による返済の滞りであった。その要因としては第一に，金融危機に伴う不況が挙げられる。中産階級の家庭に絵画を販売していた事業者は，不況のために絵画が売れなくなってしまい，延滞が生じた。このほかにも，要因としては市場競争や，インナーシティ問題などが挙げられる。

主要な理由の第二は，利害関係者との関係である。利害関係者には，地主やテナント，元請業者など多様な人物が含まれる。商業施設を経営していた事業者は，施設のテナントが賃貸料を払おうとせず，それが延滞の理由であった。この事業者はテナントの組織を追い出し，賃貸料の支払を求めて提訴に踏み切ったが，判決までには長い時間を要すると見込まれている。

主要な理由の第三は，家族の介護である。実験群の延滞者はいずれも自宅で開業する自営業者または従業員5名未満の零細事業主であるが，こうした自営業者や零細事業主は，家族の状況に影響を受けやすい。特に50歳以上の年配女性の場合，親や夫，子どもなどを介護するために，事業に時間を割けなくなりがちだと言われている。ある事業者は親の介護のために自宅を離れられず，遠隔地での事業の機会をあきらめざるを得なかった。

これらの理由のほかにも，詐欺に遭って資産を失い，事業計画が潰えたり，大幅に狂ったりして，延滞につながったケースもあった。

延滞の理由は様々であるが，融資担当スタッフやコンサルタントはそれぞれのケースに応じて助言や紹介などのTAを実施した。最も多かった対応は，売り上げを伸ばすためのマーケティングであった。売り上げが低迷する事業者に対して，新たな顧客を見出して紹介したり，ウェブサイトの刷新のためにウェブデザイナーを紹介したり，販路拡大のための市場調査に協力したりした。コンサルタントは，必要に応じて弁護士や，貿易の専門家などを紹介した。ある事業者は西アフリカ・アメリカ間の輸出入業を始める準備をしていたが，コンサルタントは輸出入業に詳しい小企業開発センター（Small Business Development Center：SBDC）に協力を求め，輸出入の事業計画書作成とプレゼンテーションにこぎつけることに成功した。

中には財務管理ができていないために資金不足を起こし，延滞につながっていた事業者もいたので，コンサルタントは経理のソフトウェアを導入してキャッシュフローを常時把握できるようにした。

その結果，実験群の 12 名の延滞者のうち 1 名（8%）は融資を完済し，4 名（33%）は完済ではないが返済状況が改善した。5 名（42%）は返済状況に特段の変化がみられず，1 名（8%）は深刻な延滞が続いた。そして残る 1 名（8%）は残念ながら貸倒となった（表 補 2-e）。

特段の改善がみられない，あるいは貸し倒れになったのはなぜか。個別のケースによって事情はまちまちであるが，市場調査をして事業計画書を作成したり，マーケティングによって潜在的な顧客にアプローチしたりウェブサイトを改善しても，売り上げ増や延滞解消といった目にみえる成果が直ちに得られるとは限らない。裁判で地主やテナントと係争中のケースも，判決に至るまでに時間がかかる。また，家族の介護や，詐欺に巻き込まれたなどのケースはコンサルタントが有効な手を打てなかった。深刻な延滞や貸倒になった事業者の場合は，売り上げの低迷にもかかわらずコンサルタントからの連絡にほとんど応答せず，あるいはコンサルタントの助言に耳を貸さず，事態の改善が望めなかった。

他方，統制群については，16 名の延滞者のうち 6 名（38%）が深刻な延滞，4 名（25%）が返済状況悪化，2 名（13%）が変化なし，1 名（6%）が返済状況改善，3 名（19%）が貸倒となった（表 補 2-e）。実験群と統制群を比較すると，実験群のほうが返済状況の改善がみられ，TA の効果があったといえる。

（4）延滞者に対する TA の課題

このプロジェクトでは，延滞者に積極的に働きかけて問題解決を促した結果，返済の改善に一定の効果があった。しかし，延滞の原因は様々で，複雑な問題になると，解決に長い時間と手間を要するケースも少なくなかった。

家族の介護によって事業に支障が出た事例では，コンサルタントが有効な対策を取れなかった。零細事業にはこうした問題が生じるのは避けられない。そうであれば，事業計画を立てる段階でリスク緩和の対処法を組み込んでおくこ

表 補2-d　延滞レベル

延滞期間	延滞なし	延滞 30日未満	延滞 30日以上	延滞 60日以上	延滞 90日以上	延滞 120日以上
延滞レベル	1	2	3	4	5	6

（出所）筆者作成。

表 補2-e　1年間の延滞者の変化（2012年1月〜2013年1月）

	実験群		統制群	
改善した	4	33％	1	6％
変化なし	5	42％	2	13％
悪化した	0	0％	4	25％
深刻な延滞	1	8％	6	38％
貸し倒れ	1	8％	3	19％
完　済	1	8％	0	0％
合　計	12	100％	16	100％

（注）延滞者の状況変化は基本的に延滞レベル（表4-d）による。コンサルティング後に延滞レベルが下がれば「改善した」とみなす。延滞レベルが大きく上がれば「悪化した」，延滞レベルが6（最高位）のまま続けば「深刻な延滞」である。
（出所）筆者作成。

とが必要となる。非常時に備えて，事業者のためのサポート・チームを作り，身近な人々が手助けや穴埋めができるような態勢を整えておくことで，リスクを抑えることが考えられる。

延滞者は必ずしもコンサルタントに対して協力的な姿勢とは限らず，なかには連絡を絶ったり，助言に耳を貸さなかったりして，TA が成り立たないこともあった。これは，零細企業育成組織が利用者との信頼関係が築けていなかったためである。延滞が生じる前から利用者と密にコミュニケーションを取り合い，信頼関係を築いておけば，仮に延滞が起きても円滑な解決が望める。

TA の費用対効果についてみると，延滞者1名平均の TA 時間数は 16.3 時間，費用は 489 ドルであった（最高は 30 時間，最低は 3 時間)。長時間をかけたからといって，それだけの効果が得られたというわけではない。全体としては，時間と費用がかかった割に効果は限定的であった。

予算も人的資源も限られている零細企業育成組織にとっての優先課題は，延滞を予防することにある。延滞が発生する前に利用者の状況を詳細に把握し，強い信頼関係を築くこと，仮に延滞が発生したら，事態が悪化する前に早めに対処することが，より効果的で効率的な対処法だと考えられる。

なお，本論は，Koseki（2014）を要約したものである。

参考文献

Bhatt, Nitin,（2002）*Inner-City Entrepreneurship Development: The Microcredit Challenge*, Oakland, ICS Press.

Edgcomb, Elaine. L.,（ed.）（2001）*Assessment Tools for Microenterprise Training and Technical Assistance*. FIELD at the Aspen Institute. http://fieldus.org/publications/AssessmentTools.pdf

———— & Erika, Malm,（2002）*Keeping It Personalized : Consulting, Coaching & Mentoring for Microentrepreneurs (FIELD Best Practice Guide : VOLUME 4)*. FIELD at the Aspen Institute. http://fieldus.org/publications/PrimeVol4.pdf

———— & William Girardo（2010）“Key Data on the Scale of Business Development Services”, FIELD at the Aspen Institute. http://fieldus.org/publications/KeyDataBDS.pdf

———— & William Girardo（2012）“The State of Business Development Services”, FIELD at the Aspen Institute. http://fieldus.org/publications/StateofBDS.pdf

Koseki, Takashi,（2014）“Technical Assistance for Delinquent Clients”『経営学論集』（明治大学経営学研究所）61(3)

FIELD,（1999）*Assessing the Effectiveness of Training and Technical Assistance (FIELD Forum, Issue 1)*. FIELD at the Aspen Institute. http://fieldus.org/publications/Field_Forum1.pdf

————,（2000）*Five New Grants Focus on : Follow-Up Services : Post-Loan and Post Training (FIELD Forum, Issue 4)*. FIELD at the Aspen Institute. http://fieldus.org/publications/Field_Forum4.pdf

Opportunity Finance Network（OFN）（2012）“CDFI Market Conditions : Third and Fourth Quarters 2011, Report Ⅱ—Detailed Tables.”

Rugg, Carol. D.（ed.),（2002）*Improving Microenterprise Training and Technical Assistance : Findings for Program Managers*. FIELD at the Aspen Institute. http://fieldus.org/publications/improvingmicro.pdf

Servon, Lisa. J.,（1999）*Bootstrap Capital : Microenterprises and the American Poor*. Washington, D. C., The Brookings Institution.

Servon, Lisa. J.,（2002）Fulfilling the Potential of the U. S. Strategy. In J. H. Carr & Z. Y.

Tong (eds.), *Replicating Microfinance in the United States*, Washington, DC., Woodrow Wilson Center Press.

第5章
イギリスにおけるマイクロクレジット
――岐路に立たされるマイクロクレジット業界――

小関隆志

1　金融排除の状況

（1）1990～2000年前後の状況

サッチャー政権は1980年代に金融自由化政策を推し進め，イギリスの銀行の国際競争力を高めるために規制緩和を行った。銀行は経費削減のため1980～1990年代にかけて多くの支店を閉鎖したが，特に貧困地域の支店を集中的に閉鎖したことから，貧困地域の住民は銀行へのアクセスが困難となった（Leyshon & Thrift, 1995）。

労働党政権が「社会的排除」を主要な政策課題と位置づけ，その一つに金融排除を含めたこともあり，1990年代以降，金融排除の現状調査が行われた。Kempson & Whyley（1999）は87世帯に対する詳細なインタビュー調査と各種統計から，どのような人々がどのような過程で銀行の金融サービスから排除されるのか，金融サービスから排除された人々（＝金融排除層）はどのような影響をこうむるのか，さらに金融排除層のニーズに応える柔軟な金融サービスをどう設計すべきかについて，包括的に論じた。この調査の推計によれば，イギリス全世帯の7％に当たる150万世帯が銀行口座や貯蓄，年金，保険などの主要な金融サービスを全く利用していないこと，そして20％が金融サービスをごくわずかしか利用していないことが明らかになった。特に一人親世帯や公営住宅居住者，貧困地域の住民，低所得者などに金融排除が集中していた。

FSA（2000）は，これまでの調査や統計を総合して金融排除の状況を包括的に分析した。銀行口座，貯蓄，保険，融資などが，なぜ金融排除を生み出すのかを調べたところ，地理的なアクセスの困難に加えて，障害者への配慮不足や，低所得者に対して適切な金融商品の設計になっていないこと，言語や宗教の違いによる障壁，金融機関に対する不信感や抵抗感，金融知識の不足・欠如などの要因が明らかになった。

こうした金融排除は先進諸国に共通した問題として浮上しており，金融排除層は低所得で信用履歴が弱いといった特徴が共通してみられる（Kempson et al., 2004）。決済性の当座預金口座を持たない人口の割合を指標として金融排除を国際比較すると，金融排除層が最も少ないデンマークの0.9％から最も多いイタリアの29.6％まで，国によって金融排除層の割合には大きな差があり，イギリスは12.3％と中程度に位置する（Carbó et al., 2007）。ただし，この数字だけで金融排除問題の深刻さを測れるわけではない。社会生活を送るうえで金融サービスを利用することが増えること（クレジットカードでの商品購入やオンラインでの料金支払いなど）をGloukoviezoffは「金融化」（Financialization）と呼び，ヨーロッパ諸国全体で金融化が進行しているものの，スペイン・イタリア・ポーランドのように金融化が進んでいない国では金融排除が深刻な社会問題として浮上しないという。これに対し，イギリス・フランス・ドイツなど特に金融化が進んでいる国では金融排除の弊害が深刻になりやすいと指摘する（Gloukoviezoff, 2007）。高度に金融機能が発達した社会は市民生活の利便性が増すが，金融サービスから排除された人々にとっては市民生活の利便性からの排除がそれだけ深刻さを増すことになるといえる。

（2）2000年代後半の推移

イギリス政府は社会保障受給者に対し，社会保障費の支払を従来の現金ではなく本人の銀行口座に直接振り込むことにした。それまで口座を持っていなかった人々に対しては，銀行の基礎的な金融サービスのみ利用できる「基礎口座」を容易に取得でき，また郵便局の支店窓口でも取引ができるようにした。このため，2005年9月末までに約600万人が新規に基礎口座を開設した（Collard, 2007）。バーミンガム大学の調査によれば，2002/03年時点では438万人の成人が銀行口座（当座預金口座または基礎口座）を持たなかったが，口座を持たない人口は年々減少を続け，2011/12年時点では半分以下の187万人にまで減少した（Rowlingson & McKay, 2014）。基礎口座は，銀行口座保有者の増加に大きな役割を果たし，給与や社会保障の受給，デビットカードでの支払いなどに利用されている（Accent, 2012）。

他方，融資や保険など他の金融サービスについては，2005年以降も金融排除の状況が続いた（Collard, 2007）。様々な金融サービスのいずれも利用していない完全な金融排除層は1990年代末に7％だったが，その後も横ばいの状況が続き，改善がみられなかった（Devlin, 2009；岡村，2007）。1990年代当時は銀行支店の相次ぐ閉鎖による，銀行への地理的なアクセスの困難が問題とされていたが，Leyshon et al.（2008）によれば1995年以降も銀行の支店の配置状況は何ら改善されなかった。

バーミンガム大学の調査によれば，貯蓄・資産に関しては2006/08年から2010/12年までの4年間で，若干の改善にとどまった。貯蓄口座の預金額（中間値）は3500ポンド（2006/08年度）から4000ポンド（2010/12年度）に微増した一方で，貯蓄口座を持つ世帯は62％から58％に減少しており，これは所得分配の二極化を背景として，貯蓄を増やす世帯と口座を閉じる世帯とが生じた結果であると分析している（Rowlingson & McKay, 2014）。融資に関しては，借金を抱えている世帯は約半数（49％；2010/12年）だが，借金の残高は年々増加傾向にあり2006/08年の2900ポンドから2010/12年の3600ポンドに増加した（Rowlingson & McKay, 2014）。特に低所得者ほど消費者金融への依存が高いという[(1)]。また，年金の加入者数は1980年代初頭の1110万人から2013年の780万人へと一貫して減少を続けている。家財保険については，2008/09年に加入者が65％だったが，2011/12年には62％に減少し，改善がみられなかった（Rowlingson & McKay, 2014）。総じて，基礎口座の開設以外の分野では，金融包摂の進展が目にみえる形で表れていない。

---

(1)　金融排除に関する民間のシンクタンク The Financial Inclusion Centre によれば，230万人が消費者金融（年間金利180-500％）を利用，16.5万人が違法な貸金業者を利用しているという。http://inclusioncentre.co.uk/wordpress29/

2　金融包摂政策

1997年に発足した労働党政権は，内閣府に社会的排除対策室（Social Exclusion Unit：SEU）を立ち上げ，犯罪や薬物，失業，地域崩壊，劣悪な居住環境などの問題について対策をまとめるよう要請した。社会的排除対策室は1998年9月に「イギリスの結束：地域復興国家戦略」と題する報告書をまとめるとともに，個別の課題ごとに18の政策研究チーム（Policy Action Team：PAT）を設け，戦略立案に必要な情報を提供し，取り組むべき公共政策課題を提示することとした（野田，2013)。18のチームのうち，金融排除に関連するチームはPAT14（金融サービス）とPAT3（ビジネス）の2つであった。本節では，主に消費者金融政策との関連でPAT14と，零細企業育成政策との関連でPAT3の各々を取り上げ，政策の展開を検討する。

（1）消費者金融政策

①消費者金融政策とPAT14勧告

PAT14は1998年から1年間の検討を経て1999年に報告書を刊行し，消費者金融政策に関する勧告をまとめた。

第一にクレジットユニオンを金融包摂の中心的な担い手と位置づけ，「中央サービス機構」を設けてクレジットユニオンが低所得者層に対して金融サービス提供することを促進すること，クレジットユニオン法の規制緩和を行うことなどを勧告した。第二に家賃に合わせて保険料を支払う「家賃付帯保険」を拡大・活用を促すことを提言した。第三に，銀行の基礎口座を普及し，郵便局ネットワークを通じて基礎口座を利用できるようにすることなどを提言した。上記の3つの課題のほか，金融機関に対する誤解や不信を解消するために消費者への助言や金融教育を行うこと，金融包摂策のモニタリングを行うことも提言した（野田，2013)。

政府の「国家戦略活動計画」(2000年）には，保険に関する勧告を除くPAT14の勧告が取り入れられ，公式の政策課題となった。社会保障の受給者には，現金ではなく銀行口座に振り込む方式に変更したことから，銀行口座のない受給者は基礎口座の開設を強く促された。銀行の支店が多く閉鎖されたことから，全国に支店を展開する郵便局が基礎口座の窓口業務を代行することとした（当初はスーパーマーケットでも窓口業務を代行するという案があったが，実現はしなかった）。

クレジットユニオンに対しては，2002年に規制緩和し，会員の預金に限らず外部機関からの融資で資金調達できるようにして，財政基盤の強化を図った（Carbó et al., 2005）。さらに2011年にはクレジットユニオン法の改正でさらなる規制緩和を図った。2011年の改正により，クレジットユニオンは個人だけでなく地域の団体や企業，社会的事業に対してもサービスを提供できるようになり，また転職・転居後もそれまでのクレジットユニオンのサービスを継続的に受けられるようになった（峯岸，2012）。

②金融包摂基金・タスクフォースの創設と廃止

2004年，過剰債務問題に関心を寄せるようになった労働党政権は，政策文書の一つとして「金融包摂の促進」（"Promoting Financial Inclusions"）と題する報告書を発行し，金融包摂基金（Financial Inclusion Fund：FIF）の創設と，この基金に対して3年間で1.2億ポンドを拠出することを宣言した（Collard, 2007）。

この報告書に基づき，政府は金融包摂基金を2005年10月に創設した。このうち，3600万ポンドは「成長基金」（Growth Fund）に割り当て，また約4500万ポンドを対面式のマネーアドバイス（金融カウンセリング）への補助金に割り当てた。

成長基金は金融排除層に対する手頃な価格の融資を促進するため，雇用年金省（Department for Work and Pensions）の管轄下で，クレジットユニオンや消費者融資型CDFIなど非営利金融機関に補助金を支給した。

金融包摂基金は2005-2008年の3年間に1.2億ポンド，その後の3年間（2008-2011年）に追加で1.3億ポンド，6年間で計2.5億ポンドの補助金を支給した。

さらに2005年には金融包摂政策を担う機関として金融包摂タスクフォース

（Financial Inclusion Taskforce）も設立された。このタスクフォースは口座・融資・貯蓄・保険やマネーアドバイスへのアクセス改善を目的として，産業界・サードセクター・消費者団体・地方自治体・研究者などから構成され，金融包摂の進捗を確認し財務省に提言するものとされた（Rowlingson & McKay, 2014）。

しかし，2010年に労働党から保守党に政権が交代したことで，社会的包摂，なかでも金融包摂は主要な政策課題から外されてしまった。政府予算の縮小もあって，金融包摂タスクフォースは2011年3月に廃止された（Rowlingson & McKay, 2014）。金融包摂基金も2011年3月に終了する予定であったが，反対の声が相次ぎ，終了は1年間先送りされて2012年3月に終了した。金融包摂基金からの補助金を失った非営利の金融カウンセリング団体には先行きに対し懸念が広がった（Patel et al., 2012）。

（2）零細企業育成政策

①零細企業育成政策とPAT3勧告

PAT3は1999年11月に刊行した報告書の中で24の勧告を出した。主な勧告は，中小企業庁（Small Business Service）や地域開発局（Regional Development Agencies：RDAs）が貧困地域における起業を促進すること，貧困地域にインキュベーション施設を整備すること，市場原理が機能しない地域において事業融資のための資金を提供すること，コミュニティ開発金融機関の財務基盤を強化すること，社会保障の受給者に自己雇用による経済的自立を促すこと，などであった（Social Exclusion Unit, 2001）。

他方，財務省の諮問機関として設立された社会投資タスクフォース（Social Investment Task Force：SITF, 2000-2010）は，アメリカのコミュニティ開発金融機関とそれに関する政策を参考にしながら，2000年に5項目の勧告を行った。(1)投資減税制度を創設し，コミュニティ開発金融機関の資金調達を援助すること，(2)コミュニティ開発ベンチャー基金を創設し，政府とベンチャーキャピタル業界や投資家，銀行などが資金を拠出して起業家に投資すること，(3)貧困地域における銀行の融資実績に関する情報開示を義務づけること，(4)公益財団がコミュニティ開発金融機関に投資できるようにすること，(5)コミュニティ開発金融機関の全国組織と基金を創設すること，である（Social Investment Task Force, 2000）。

PAT3の勧告に基づき，1999年にフェニックス・ファンド（The Phoenix Fund）が設立された。また，SITFの勧告に基づき，投資減税制度（Community Investment Tax Relief：CITR）が2002年に制定され（2003年から実施），ベンチャー基金としてBridges Community Venturesが2002年に発足し，コミュニティ開発金融機関の全国組織CDFAも2002年に発足した。しかし，アメリカの地域再投資法（CRA）を参考にした銀行の情報開示と，財団による投資制度については実現しなかった（Social Investment Task Force, 2005）[(2)]。

投資減税制度は2002年金融法（The Finance Act）を根拠とし，財務省（HM Revenue & Customs：HMRC）と事業革新技能省（Department for Business, Innovation & Skills：BIS）の共管によって運営されている。政府の認定を受けたCDFIに対して投資家が資金提供（投資，融資，預金のいずれか）し，その資金をCDFIが指定貧困地域に融資した場合，投資家に対しては資金の5％相当分の税額を5年間にわたって控除する（5年間で計25％）という制度である（コミュニティ開発金融協会（Community Development Finance Association：CDFA）"Community Investment Tax Relief" http://www.cdfa.org.uk/policy/community-investment-tax-relief/）。筆者が事業革新技能省の担当者に聞き取りを行った時点（2013年7月12日）では，26の認定CDFIが存在しており，投

(2)　Social Investment Task Forceのようにイギリスにも地域再投資法を導入すべきだという主張も根強いが，地域再投資法のような規制はなじまないという主張もある。イギリスはアメリカと異なり，政府が銀行業界を強く統制するのではなく，銀行業界が「銀行規則」（The Banking Code）を設けて自主規制を行う伝統があること，また銀行は国際競争力を保つために国家統制からの自由が重視されていることから，銀行は企業社会責任として貧困地域への支援を行うのが望ましいという主張である（Marshall, 2004；Chambers, 2010）。アメリカは地域再投資法を通して銀行に対して差別是正措置（アファーマティブ・アクション）を求める「立法者」の役割であるのに対し，イギリスは政府が銀行に自主的な対応を要請する「仲介者」の役割というように，政府の役割と位置づけには大きな違いがあるとされる（Carbó et al., 2007）。

資減税制度開始以来累計で9490万ポンドが同制度によって投資された。

フェニックス・ファンド（The Phoenix Fund）は2000年から2006年までの間，政府がCDFIに支給した補助金である。貿易産業省（Department for Trade and Industry：DTI）の監督下，60の事業融資型CDFIに対して，計4200万ポンドを支給し，CDFIセクターの成長を促した（GHK Consulting, 2010）。

②フェニックス・ファンド終了後の変遷

2006年3月にフェニックス・ファンドが終了した後，ファンドの残金1100万ポンドを全国9つの地方開発局（RDA）に分配し，残金の活用を任せた。CDFIにとっては地方開発局からの補助金が重要な財源となったが，フェニックス・ファンドに比べて金額は大きく縮小し，また各地方開発局によって残金の活用の仕方に大きな差が生じた（GHK Consulting, 2010；Affleck, 2011）。

CDFIの財源縮小に対する補償として2006年，政府は小企業融資保証制度にCDFIを参加させることにした。小企業融資保証制度（Small Firms Loan Guarantee Scheme：SFLG）とは1981年に設けられた制度で，小企業が銀行から融資を受けられない場合に政府が融資額の75％までを保証するという趣旨である。対象となるのは年間売上が560万ポンド以下で，創業5年未満の小企業であり，融資は有担保で，融資額は5千～25万ポンドの範囲内とされた。2006年以降は，認定CDFIが小企業に融資した場合も保証されることとなった（Thiel & Nissan, 2008）。

フェニックス・ファンド終了後，補助金の減少したCDFIにとってこの融資保証制度は高リスクな零細企業融資を続けるうえで重要な支えになった（GHK Consulting, 2010）。事業革新技能省の報告書「小企業融資保証の経済評価」（2010年2月）によれば，この融資保証制度によって輸出産業の振興や新技術の活用，雇用創出が進んだという。

しかし政府は2009年1月，小企業融資保証制度から企業融資保証制度（Enterprise Finance Guarantee：EFG）へと大きく変更した。この変更は，金融危機に伴う中小企業の資金繰り悪化に対応して導入されたが，小企業への融資を抑制したという点で大きな後退といえる。政府の保証は従前と同じく75％で，対象とする企業は年間売上が4100万ポンドまでの中小企業に拡大し，融資額も1千～100万ポンドの範囲に拡大された。しかし，1金融機関あたり年間の融資保証の請求額を全体の13％以下にする（銀行から借りた資金を原資とする場合は，全体の20％以下）という制限を導入した（年間の融資保証の請求額は2013年に20％以下にまで引き上げられた）。この制限は何を意味するかというと，仮にあるCDFIが行った融資のうち1万ポンドが貸し倒れになったとすると，従前の制度では75％に当たる7500ポンドが政府によって損失補てんされていたが，新制度では（75％×20％＝）15％にあたる1500ポンド分しか政府が補てんしないということである。こうした損失補てんの上限が設定されたのは，融資保証を濫用したためだとの指摘もある（Black Country Reinvestment Societyでの聞き取り，2013年7月10日）。コミュニティ開発金融協会の担当者への聞き取り（2013年7月3日）によれば，零細企業への融資はリスクが高く，政府の保証は極めて不十分であるという。融資保証制度の変更は零細企業にとっても，CDFIにとっても大きな打撃であった。

CDFIは2006年以降，各地方開発局と連携を深めながら事業を展開し，地方開発局のなかにはCDFIに対する基金を設置したものもあったが，2010年5月の総選挙と保守党への政権交代によってこの枠組みも根本から覆された。保守党政権は発足後間もない2010年6月に地方開発局の廃止を決め，2012年3月には全ての地方開発局を廃止した。これによって，政府がCDFIに提供する補助金は全て途絶え，活動休止に追い込まれたCDFIも出てきた（Fredericks Foundationでの聞き取り，2013年7月8日）。

地方開発局の廃止後，地方自治体ごとに，地域経済パートナーシップ（Local Economic Partnerships：LEPs）と呼ばれる官民連携の経済活性化組織が設立された。筆者の聞き取りの限りでは，地域によって実態はまちまちであるが，CDFIが地域経済パートナーシップの会員として活動に参加することはあっても，このパートナーシップから資金を得ているわけではないようだ。

2006年，政府は貧困地域における中小企業の起業を促すため地域企業成長イニシアティブ（Local Enterprise Growth Initiative：LEGI）を始めた（“The Local Enterprise Growth Initiative（LEGI）”, *CLES Bulletin* No. 33, Centre for Local Economic Strategies（CLES）, May 2005）。この政策は地方自治体を経由して4億

1800万ポンドの補助金を20の貧困地域の零細企業に支給した。GHK Consulting (2010) は，この政策をフェニックス・ファンド終了後最も重要な起業支援政策だと評したが，一部のCDFIにとっても重要な財源となった。補助金の大半は構造不況で失業率の高いイングランド北部に流れ，地域間の偏差が大きかったが，この補助金により13,700の新規事業が起業し，22,700の雇用が創出されたという（"National Evaluation of the Local Enterprise Growth Initiative Programme : Final Report", AMION Consulting, December 2010)。ただし，この政策も5年間しか続かず，政権交代後の2011年3月に終了してしまった。

政府の補助金が消滅し，保証の枠が狭まるなかで，一部のCDFIは代わりの財源をヨーロッパ連合（EU）に求めた。ヨーロッパ地域開発基金（European Regional Development Fund：ERDF）は，イギリス政府の要求に応じて1975年に設立された，貧困地域の活性化のための基金である（EU legislation, "European Regional Development Fund (2007-2013)" http://europa.eu/legislation_summaries/agriculture/general_framework/g24234_en.htm)。2007-2013年の期間，イギリス国内では地域経済の競争力向上や雇用の拡大を目的として10のプログラムがERDFから補助金を得て事業を展開している（GOV.UK "Supporting economic growth through managing the European Regional Development Fund" https://www.gov.uk/government/policies/supporting-economic-growth-through-managing-the-european-regional-development-fund)。一部のCDFIはこのプログラムに参加し，補助金を得た。そのため，2012年度はCDFIの収入の36％をEUの補助金が占める（事業融資型CDFIについてはEUの補助金が55％）など，EU資金への依存が一時的に高まった。ただし，EUの補助金を得るには多くの事務作業や地方自治体との連携協力が必要であり，EU資金を得られたのは体力のある一部のCDFIに限られた。

代わって2011年に登場したのが地域成長基金（Regional Growth Fund：RGF）である。地域成長基金は2011年から2016年まで，経済成長と持続可能な雇用を目的とした総額26億ポンドの基金で，国や地方自治体によって運営される。このうち第1段階として8億ポンドは既に1600余りの中小企業に対して提供された。CDFIのうちFredericks FoundationとEntrustは事業革新技能省から直接資金を受け取ったが，全国組織CDFAは会員のCDFIへのホールセールとして6000万ポンドを用意した。この6000万ポンドは，政府50％，ユニティ・トラスト銀行25％，コーペラティブ銀行25％の割合で資金を出し合ったマッチング・ファンドである。この資金は金利を低く抑えているとはいえ，補助金ではなく融資であり，しかも資金提供している銀行がCDFIの返済能力を審査する。そのためCDFIとしてもリスクの高い零歳企業への融資をためらう恐れも出てくる。

2011年8月，政府は新起業積立金制度（New Enterprise Allowance：NEA）を，2012年にはスタートアップ融資（Start-Up Loans：SUL）を始めた。新起業積立金制度とは，雇用年金省の管轄下で，長期失業者（6か月以上）が新規に起業するにあたって，1000ポンドを上限に融資する制度である（2013年10月，上限が2500ドルに引き上げられた）。2013年時点で6団体のCDFIがこの制度に参加した（CDFA, 2013）。

スタートアップ融資とは，零細事業を支援するための融資制度である。若年層（18-24歳）は銀行の融資を得にくいという理由で，当初のパイロット事業（2012年9月～2013年5月）では若年層だけを対象としていたが，若年層だけが融資を得にくいわけではないという声も強かったので，2013年1月には18-30歳までに対象の範囲を拡大し，1億1750ポンドの予算をこれに配分した。さらに2013年9月以降の本格実施では年齢制限が一切撤廃された。2013年7月5日までに，累計5,701件・3135万ポンドの融資が行われた（事業革新技能省およびスタートアップ融資公社からの聞き取り，2013年7月12日）。本章執筆時点の2014年7月24日までに，累計19,605件・9897万ポンドの融資（1件平均5,048ポンド）が行われた（スタートアップ融資公社ウェブサイト）ので，1年間で約1.4万件・6762万ポンドが融資されたことになる。

スタートアップ融資の対象者は，18歳以上で，起業の準備ができているかもしくは起業後1年以内であることである。この融資は1人あたり1回限り利用可能で，金利は6％，標準的な融資額は6,000ポンド，返済期限は1－5年間となっている。また，利用者はメンターから1対1で助言指導を受けられる。

この融資事業を統括するのは事業革新技能省の外郭団体であるスタートアッ

プ融資公社（Start-Up Loans Company）だが，現場で融資事業を行うのは公社と協定を結んだパートナー団体（Delivery Partners）であり，このなかにCDFIも含まれる。

パートナー団体は，公社から融資原資と運営費を受け取り，スタートアップ融資事業の運営費をすべて賄うとともに，貸倒の損失は公社がすべて負担する。言い換えれば，パートナー団体は自らリスクを背負うことなく，労せずに融資原資を調達して，融資件数を増やすことができる。政府の負担により高リスクの利用者層にマイクロクレジットを普及できるという点では大きな前進といえるが，他方でパートナー団体によるモラルハザードと貸倒率の高騰も懸念される。また，スタートアップ融資は創業時の初回限りの少額融資制度だが，では零細企業が2回目に融資を受けたい場合，どの金融機関が対応できるのか。スタートアップ融資を「卒業」した零細企業が，すぐに銀行から借りられるようになるわけではないことは，事業革新技能省の担当者も認識しているが（2013年7月12日聞き取り），民間のCDFIやクレジットユニオンなどとの連携もまだできておらず，今後の課題として残されている。

上記のように，零細企業育成に関する施策はフェニックス・ファンドからスタートアップ融資に至るまで，短期間に目まぐるしく変遷してきた。これらの施策の系譜をみると，3－5年単位の施策が現れては消えるの繰り返しで，長期戦略に基づく施策の一貫性がみえない。その時々の政権が従前の施策を廃止して新たな施策を始めるため，民間の零細企業育成組織は目まぐるしい施策の変遷に絶えず翻弄され続けてきた。

次節では，クレジットユニオンと零細企業育成組織，消費者融資型CDFIの3つの分野について，全体の動向と事例を述べる。

3　マイクロクレジットの活動

（1）クレジットユニオンの動向

クレジットユニオンは，各々のコモン・ボンド（共通の絆）に従い，地域住民や従業員といった共通の要素をもつ人によって構成・運営される金融の協同組合である。イギリスのクレジットユニオンは低所得者や社会的排除層に対して，融資商品や金融教育などのサービスを提供してきた。

イギリスのクレジットユニオンは，クレジットユニオン法によって金利の上限が1ヵ月3％（年利42.6％）と定められており（コミュニティ開発金融機関には金利上限がない），組合員を高利の消費者金融から保護することを目的としている。また，クレジットユニオンは定期預金の利率を一般の銀行より高めに設定して組合員の便宜を図るとともに，金融教育や金銭管理のアドバイスをして，きちんと返済できるように促している（Brown, 2008)。融資以外に定期預金や公共料金の支払，保険，青少年用の預金など，多様な金融サービスを提供するほか，金融教育にも力を入れている。

イギリスのクレジットユニオンの歴史は，ウィンブルドンのウェスト・インディアン地区の住民が初めてクレジットユニオンを創設した1964年4月にさかのぼるが，その後ロンドンなどでも相次いで創設され，1979年には51組合に増えた（Brown et al., 2003)。当時はクレジットユニオン独自の法人格がなかったため，既存の産業組合法を適用するしかなかったが，そのため設立に際して様々な制約があった。クレジットユニオンは銀行口座を持たない人々に対する金融包摂の役割があることが政府にも知られるようになり，労働党政権末期の1979年にクレジットユニオン法が制定され，新しい法環境が整備されるにいたった（長谷川，2008)。その後，政府からの様々な支援を受けて，クレジットユニオンは1980～1990年代にかけて大幅に増加し，2000年末には687組合，組合員数32万5058人，総資産2億1497ポンドに達した（Brown et al., 2003；重頭，2003)。イギリスのクレジットユニオンの全国組織であるイギリスクレジットユニオン協会（Association of British Credit Unions Limited：ABCUL）によれば，2012年9月末の時点では，イギリスのクレジットユニオン全体で以下のような実績があった（ABCUL, “Facts and Statistics” http://www.abcul.org/media-and-research/facts-statistics)。

・クレジットユニオンは約400組合，職員数約1500名
・総資産9億5700万ポンド（前年度比6.7％増），年間収入9100万ポンド
・預金額807万ポンド（前年度比5.2％増）

・融資額6億600万ポンド（前年度比22.4％増）

・会員数は103.8万人（前年度比3.2％増）

2002年から2012年までの10年間の推移では，会員数125％増，総資産199％増，預金額196％増，融資額146％増と，いずれも10年前の2倍以上または約3倍にまで増えた。峯岸（2012）は，1994年以降のデータをもとに，クレジットユニオンの会員数，総資産，預金額などが一貫して増加してきたことを確認している。しかし，クレジットユニオンはこれまで順調に拡大してきているものの，イギリスの人口（約6300万人）の中でクレジットユニオン組合員数の割合は2％にも満たず，クレジットユニオンの存在感はアイルランドやアメリカ，カナダなどに比べてきわめて小さい。

クレジットユニオンは低所得者などの金融排除層に対して相互扶助の理念に基づいて金融サービスを提供し，金融包摂の担い手として期待されてきた。実際，Hayton（2001）や Fuller & Mellor（2008）などの事例研究でもクレジットユニオンが果たす金融包摂の効果が確認された。しかし同時に，小規模，ボランティアによる運営，低い収益性など，クレジットユニオンは構造上の弱点が指摘されてきた。こうした弱点を克服するため，政府は金融ファンドの創設やクレジットユニオン法の改正など，クレジットユニオンの経営体質強化の施策を実施した。筆者が聞き取りを行った North London Credit Union によれば，近年はボランティアのみによる運営はほとんどみられなくなり，特にロンドン市内のクレジットユニオンはいずれも有給スタッフを雇用するようになった。また峯岸（2012）の指摘のようにクレジットユニオンは2000年代以降，合併による再編を繰り返し，組織基盤の強化を図っている。

（2）クレジットユニオンの事例　North London Credit Union

本節で事例に挙げる North London Credit Union（NLCU）はロンドン市北部郊外のエンフィールド区に事務所をもつ小規模なクレジットユニオンである。筆者は NLCU の事務所を訪問して，CEO への聞き取りを行った（2013年7月1日）。

NLCU は1994年に設立された。ロンドン北部に居住または勤務していることをコモン・ボンド（会員に共通の絆）としている（NLCU　http://www.northlondoncreditunion.com/）。会員数は約1000名，資産は約330万ポンドで（Find Your Credit Union http://www.findyourcreditunion.co.uk/creditunions/view/221），会員数はそれほど多くないが，資産額からすると大規模クレジットユニオンに含まれる[(3)]。

NLCUの特徴は，個人消費者を対象とした預貯金・融資と，事業者への融資の双方を行っていることである。NLCUは設立以来，事業融資も手がけてきた。

クレジットユニオンは従来，個人消費者に対する融資を中心としており，事業融資の場合でも個人事業者に対する融資の形をとっていた[(4)]。そのためNLCUは2009年にNorth London Enterprise Fundという非営利目的のファンドを設立し，投資家から出資を募って，ロンドン市内の零細企業への事業融資を始めた。この事業融資は，新規起業者には1万ポンド，既存事業者（設立後1年以上）には2.5万ポンドを上限として融資するものであった（返済期限5年間，金利12.68～18.2％）。NLCUは顧客獲得のためもあって，コミュニティ開発金融協会（CDFA）やSocial Enterprise UK, Capital Enterpriseなどの全国組織に加盟した。

だが，このEnterprise Fundは認定CDFIではなく，投資減税の恩恵を受けられないこともあって，ファンド設立時に出資した投資家をつなぎとめることもできず，新規の投資家を見出すこともできなかった。ファンド設立時の出資金は4年間の契約だったので，4年後は零細企業への融資事業は継続困難と思われた。

そこに現れたのが，政府主導で始まったスタートアップ融資（Start-UP Loans UK）である。Enterprise Fundの事業融資プログラムとは対象者も融資

(3)　峯岸（2012）によれば，クレジットユニオン1行平均の預金額は140万ポンド（2010年度）で，200万ポンド以上の資産を持つクレジットユニオンを大規模に分類している。会員数は1行平均1800名であるという。

(4)　1979年クレジットユニオン法が2011年11月改正・2012年1月施行され，地域団体や企業，社会的事業にも融資可能となった（峯岸，2012）。

条件も大きく異なっていた。最も大きな違いは，Enterprise Fund が個人保証（担保）を必須条件にしているのに対し，スタートアップ融資事業は担保も信用履歴も不要としていることであった。にもかかわらず，スタートアップ融資事業は政府から運営費が全額支給され，損失補償もされることから，NLCU は 2012 年 11 月，スタートアップ融資事業の運営団体として活動を始めた。2013 年 6 月までの半年で 200 件以上，スタートアップ融資を行ったという[(5)]。NLCU の Enterprise Fund は，民間投資家から政府に主要財源をシフトして，零細企業への融資を継続することができた。

NLCU の会員の多くは，マイノリティ（＝白人以外）や低所得者，生活保護世帯，英語を話せない人々であるという（ただし統計データは不明）。NLCU の会員はいずれも銀行を利用できないかというと，必ずしもそうではなく，金融排除層に限らずだれでも会員になれる。会員数は毎年約 40％の増加率で，年々規模が拡大しているという。こうした規模拡大はイギリス全体のクレジットユニオンの動向と軌を一にしている。

銀行との違いは何かを問うたところ，なるべく全ての人に融資できるように努める点だという回答であった。会員の約 60％がこれまでに NLCU から融資を受けたことがある。ただし，銀行とクレジットユニオンの審査基準の大半は（家計の黒字や信用履歴など）共通しているとのことで，銀行との間に具体的にどの程度の違いがあるのかは必ずしも明確ではない。

NLCU は金融教育も少々行っているが，職員が 6 名と限られており，また金融教育に対しては補助金もないので，利用者を債務管理会社などに紹介しているという。NLCU のウェブサイトには，家計管理についての簡単なアドバイスが載っているものの，金融教育に関する活動は特に見当たらなかった。

（3）零細企業育成組織の傾向

イギリスで最初に設立された零細企業育成組織は The Prince's Trust で，

(5) Enterprise Fund によるスタートアップ融資事業については，http://www.financing-startup-enterprise.co.uk/ を参照。

1983年に設立された。The Prince's Trustは若者の自立支援を目的とするボランタリー組織で，様々な自立支援事業の一環として起業支援と，それに伴う事業融資を手がけてきた。現在もThe Prince's Trustがイギリスで最大規模の零細企業育成組織である。したがって，イギリスの零細企業育成組織の歴史は約30年で，多くの零細企業育成組織はクレジットユニオンよりも歴史が浅い。[(6)]

イギリスは，アメリカと異なり，零細企業育成組織やマイクロクレジット機関が独自のセクターをなしておらず，コミュニティ開発金融機関（Community Development Finance Institutions：CDFI）の中に含まれている。2013年時点で全国組織であるコミュニティ開発金融協会（Community Development Finance Association：CDFA）の加盟団体は53だが，政府の認定を受け投資減税の資格を得たCDFIは約半分の26にとどまる。CDFIに固有の法人格はないが，その多くは民間非営利組織で，政府の金融機関監督官庁から監督を受けない貸付基金（Loan Fund）である。貸付基金は銀行やクレジットユニオンとは異なり，預金を集めることは認められていないため，自己資金に加えて補助金・助成金・寄付金・投融資などで財源を調達している。クレジットユニオンは主に消費者に対して貯蓄，決済，融資など基礎的な金融サービスを提供するのに対し，CDFIは企業や社会的企業，個人などに対して融資や経営支援を提供する。

CDFAは，イギリスのCDFIを4つのサブセクター（事業融資型，社会的企業融資型，消費者融資型，住宅融資型）に分類しており，零細企業融資を特に区別してはいない。イギリスのCDFIのなかでは，事業融資を行うCDFIが37団体と過半を占め，次いで社会的企業融資の16団体，消費者融資の10団体，住宅融資の8団体の順となる（1つの団体が複数の分野に融資することもある）。Thiel（2008）は，零細企業融資のCDFIは他のCDFIと明確に区別される特徴を持ち，ヨーロッパ諸国のマイクロファイナンス機関との共通性があるにもかかわらず，イギリスではマイクロファイナンス機関として認知されていないと指摘する。[(7)] Thiel（2008）は零細企業融資CDFIの特徴として，1件あたり

(6)　Fisher（1999）はイギリスの零細企業育成組織の状況を初めて概観したが，その後は同様の研究が現れていない。

表5－1　コミュニティ開発金融機関（CDFI）による零細企業への融資実績

年	2004	2005	2006	2007	2008	2009	2010	2011	2012	2013
融資件数	1,180	1,465	1,350	1,230	1,020	1,080	1,165	1,240	2,318	8,992
融資額（千ポンド）	6,000	11,000	11,000	11,000	10,000	11,000	12,000	13,000	17,000	38,000
1件平均融資額（千ポンド）	5.1	7.5	8.1	8.9	9.8	10.2	10.3	10.5	7.3	4.2

（出所）CDFA（2013）

の融資額が平均8,500ポンド程度と小さいことと，金融排除層にアプローチしてトレーニングなどの支援を施す費用がかさむことを挙げている。

CDFAのアンケート調査結果（CDFA, 2014）によると，CDFIによる零細企業への融資は2012年以降に急増した（**表5－1**）。零細企業融資は2004年から2011年まで1,000件台で横ばいだったが，2012年に2倍の2,318件，2013年には8,992件に急増した。他方で，中小企業への融資は特に大きな変動はみられない。

2012年以降の急増の要因は，新起業積立金制度（New Enterprise Allowance：NEA）とスタートアップ融資（Start-Up Loans：SUL）であった。新起業積立金制度は2011年8月に全国規模で開始され（GOV. UK, "New Enterprise Allowance unleashes a wave of entrepreneurs", https://www.gov.uk/government/news/new-enterprise-allowance-unleashes-a-wave-of-entrepreneurs），スタートアップ融資は翌2012年9月にパイロット事業として開始された（本格実施は2013年9月）ことから，両制度を活用した新規事業融資が急増したのである。CDFA（2014）によれば，2013年度の事業融資9,303件のうち82％（7,584件）はこの両制度を通して個人事業主や零細企業に貸し出されたものであった。利用者

(7)　Thiel（2008）の零細企業融資は，零細企業（従業員10名以下）や創業期の企業に対する1万ポンド以下の融資を行い，最貧困層，マイノリティや長期失業者，女性，障害者といった金融排除層を主な対象として起業を促すことを指している。ただ，イギリス国内でのマイクロファイナンスないしマイクロクレジットの融資額の上限については明確な合意が形成されていないと思われる。

表5-2　事業融資型CDFIの利用者属性

	2010年	2011年	2012年	2013年
女性	30％	25％	27％	24％
失業者	39％	23％	48％	57％
社会保障受給者	43％	20％	64％	56％
貧困地域	—	—	44％	34％
低所得者（£15,000未満）	—	—	—	45％
マイノリティ	20％	13％	22％	15％
高齢者（55歳超）	17％	8％	8％	10％
若者（25歳未満）	10％	7％	5％	10％
元受刑者	3％	3％	2％	5％
障害者	10％	2％	3％	2％

（出所）CDFA（2010；2012；2013；2014）

の属性をみると，2012年度以降に失業者と社会保障受給者の割合が大きく増加している（**表5-2**）ことから，零細企業融資はこの制度の影響を大きく受けたと考えられる。また，**表5-2**から，イギリスでは零細企業融資の対象者として，アメリカのような人種や性別，所得といった基準にとどまらず，雇用や年齢，障害など多様な基準を用いていることがうかがえる。

CDFA（2014）によれば，1件平均の融資額（2013年度）は，創業期の零細企業に対しては10,500ポンド，既存の零細企業には21,000ポンド，新起業積立金制度（NEA）は988ポンド，スタートアップ融資（SUL）は6,058ポンドであった。それぞればらつきがあるものの，中小企業への1件平均融資額45,300ポンドに比べるとかなり少額である。新起業積立金制度の融資額が極端に低いのは，制度上，融資額上限が1,000ドルと設定されていたためである。

融資の金利は，零細企業融資の場合平均12％で，零細企業融資CDFIの半数は10-14％の範囲内にある（2012年度；CDFA, 2013）。中小企業融資CDFIの金利は平均11％で，大きな違いはない。零細企業融資の延滞率は全体で36％，貸倒率は16％である（2012年度）。中小企業の延滞率11％，貸倒率12％に比べてやはり高く，またアメリカの零細企業育成組織（平均では延滞率9％，貸倒率8％）に比べても極めて高い。[(8)]

表5－3　事業融資型CDFIによる社会的成果

	2010年	2011年	2012年	2013年
融資件数	2,874	1,500	2,608	9,303
融資額（百万ポンド）	34	23	30	52
新規起業数	1,256	712	1,797	8,357
事業継続数	882	637	570	480
雇用創出数	2,784	2,168	3,152	11,700
雇用維持数	5,390	3,535	5,160	3,420

（注）中小企業，零細企業への融資をすべて含む。
（出所）CDFA（2010；2012；2013；2014）

事業融資型CDFIが2013年度に行った融資（中小企業・零細企業を含む）により得られた成果は，新規の起業数8,357件，事業の継続数480件，雇用の創出数11,700件，雇用の継続数3,420件であった（CDFA, 2014）[(9)]。起業数・雇用数が2011年に落ち込んだ後，翌年から急増した（**表5－3**）のは，新起業積立金制度とスタートアップ融資によるものと考えられる。

---

(8) 筆者の聞き取りによれば，実際には公式の統計よりも貸倒率ははるかに高く，事業融資型CDFIは中小企業融資・零細企業融資とも，少なくとも25-30％程度あるとのことだった（Fredericks Foundationでの聞き取り，2013年7月8日；Aston Reinvestment Trustでの聞き取り，2013年7月5日；Black Country Reinvestment Societyでの聞き取り，2013年7月10日）。貸倒率が高い要因は必ずしも十分に明らかにされてはいないが，貸倒案件に対する追及が弱いためではないかと筆者は推測している。アメリカでは，貸倒になった場合，債権者である零細企業育成組織が利用者を告訴するとともに，信用情報機関に通告する。そのため利用者は貸倒によって自らの信用履歴が大きく傷つくというペナルティがある。これは利用者に借金返済の強いインセンティブとして機能するが，事業に失敗して返済不能になった利用者をさらに窮地に追い込む恐れもある。これに対し，イギリスでは貸倒になっても，CDFIは利用者の告訴や信用情報機関への通告はないため，利用者にとっては借金返済のインセンティブが弱い。返済不能になった利用者には寛大だが，モラルハザードを誘発しやすく，CDFIの財務上の健全性を損なう。アメリカとイギリスのいずれの方法にも一長一短があり，バランスのとり方が課題といえよう。なお，Derban et al.（2005）は，16のCDFIを取り上げて返済率を調査し，返済率の低さは，融資審査における不十分な情報収集や経営支援の効果，組織規模の小ささに原因があると指摘した。

アメリカの零細企業育成組織と異なり，イギリスの零細企業融資CDFIは，利用者が将来銀行を利用できるように支援しているわけではない。アメリカの零細企業育成組織の多くは，利用者の信用履歴を改善し，将来銀行を利用できるように，利用者のクレジット・スコアを信用情報機関に提供している。それに対しイギリスのCDFIは，筆者が聞き取りを行った限りでは，利用者が銀行を利用できるように支援する例は見受けられなかった。その理由としては，信用情報機関の登録・利用には高額の費用がかかること，そして仮に利用者の信用履歴を改善したとしても銀行は10万ポンド以下の少額融資を行わないため，零細企業融資は困難であること，が挙げられた（Fredericks Foundationでの聞き取り，2013年7月8日）。

事業融資型CDFIの年間収入と，収入全体に占める事業収入の割合はどの程度であろうか。2013年度は，事業融資型CDFI 35団体の年間収入は累計1630万ポンド，うち事業収入（融資の利息・手数料など）は56％と半分以上を占めていた。事業融資型CDFIのうち48％の団体は，融資事業にかかる費用を，融資事業収入だけですべて賄える収支構造であった。さらに，事業融資型CDFIのうち39％の団体は，組織全体の費用を事業収入だけですべて賄える（すなわち補助金から自立した）収支構造であった。事業融資型CDFI全体では，組織全体の費用を事業収入で賄える割合は平均90％であった（CDFA, 2014）。

イギリスにおける事業融資型CDFIは，事業収入が収入の大半を占めており，事業収入だけで全費用を賄える団体も少なからずあるという点が，アメリカの零細企業育成組織と際立って異なる特徴である。アメリカでは，事業収入だけで費用を賄える零細企業育成組織はなく，程度の差はあっても，いずれも補助金や助成金に部分的に依存している。イギリスにおける事業収入の割合の高さの一因は，CDFIに対する中央政府の補助金が2012年以降消滅し，補助金の財源が限られてきたためである。CDFIの財源を巡っては，CDFIは金利を上げるなどして事業収入で経費を賄えるようにすべきだという主張（Dayson et

(9)　初期の研究では，Mosley & Steel（2004）がグラスゴー，シェフィールド，ベルファストにある3つの零細企業育成組織の事例研究を行い，これらの事業がどれだけ雇用を創出し社会保障費の節減に寄与したかを算出した。

al., 2008）と，政府が積極的に CDFI に財源を補助すべきだという主張（Brown & Nissan, 2007；Wilson, 2012）とに見方が対立している。全国組織 CDFA への聞き取りによると，事業収入で費用のどの程度までを賄えるようにするかは，各 CDFI の掲げる目的によって異なり，既存の中小企業への支援を目的とする CDFI はより低リスク高収益の融資を行うが，零細企業への支援を目的とする CDFI は補助金への依存を前提とした高リスクな融資を行う（2013年7月3日聞き取り）。もう1つの背景としては，イギリスでは融資事業の費用に貸倒損失を含めずに計算する CDFI が少なからずあるため，比較的高い貸倒率・延滞率にもかかわらず，事業収入で費用を賄える割合が高く算出されるものと考えられる。

（4）零細企業育成組織の事例――Fredericks Foundation

本節で事例に挙げる Fredericks Foundation（以下 Fredericks と略称）は，ロンドン市の南西部，Surrey 州 Lightwater 市に本部を置く零細企業育成組織の一つである。組織形態は登録チャリティの貸付基金（Loan Fund）で，コミュニティ開発金融機関（CDFI）として認定を受けている。筆者は Fredericks の本部事務所を訪問して，CEO の Charles Dodwell 氏への聞き取りを行った（2013年7月8日）。

創立者で理事長の Paul Barry-Walsh はかつて2つの企業を経営し多額の利益を得ていたが，その企業を売却し，2001年，彼の祖父 Fredericks の名にちなんだチャリティを設立した。Paul は学歴や収入に恵まれない人々が起業するのを助けたいと考え，起業を希望する個人に対して少額（500～1500ポンド）の助成を始めた。しかし，助成金を与えただけでは実際の起業に結びつかなかった。助成事業は3か月で打ち切り，少額融資に切り替えたのである。この零細事業融資は貧困地域の住民を対象とし，当初は，長期失業者（6か月以上の失業）に対して5,000ポンドを上限に起業資金を融資した。

Fredericks はイングランド南東部の中で，Surrey 州から次第に隣の Berkshire 州，Hampshire 州に事業範囲を広げたが，この時点で Paul はまだ全国展開を念頭に置いていなかった。

Fredericksが範囲を急速に拡大することになる契機は2008年に訪れた。それはイングランド南東部Gloucestershire州にあった別の零細企業育成組織との統合であった。Charles Dodwellが2003年に設立したGloucester Development Loan FundというCDFIは，5年間に90の零細企業に計60万ポンドを融資したが，資金難のため2008年にFredericksに統合され，FredericksのGloucester支部となった。その後，同様にイングランド南西部Devon州にあったCDFIのWessex Reinvestment Societyも資金難のため2009年にFredericksに統合され，Devon支部となった。

これらの支部設立を機に，Paulはハブモデルを確立して事業範囲を拡大する方針を立てた（Fredericks Foundation annual report 2010/11）。事業拡大の財政的な裏付けとなったのが地域成長基金（Regional Growth Fund：RGF）である。2010年にFredericksは地域成長基金に参加して補助金を受給し始めたが，地域成長基金に参加するには広域での事業展開が条件だった。広域での事業展開を可能にするため，先行して設立した2つの支部を見倣って，各州のコミュニティ財団（Community Foundations）と連携し，コミュニティ財団をFredericksの「ハブ」と位置付けることにした。ハブを設置することによりFredericksの事業領域はイングランド南部一帯に拡大しつつある。

2014年7月現在，ロンドン市，イングランド南東部のKent州，南西部のWiltshire，Devon，Cornwallの各州とBristol市，イングランド東部のCambridgeshire州，東ミッドランドのNorthamptonshire州の計7州でコミュニティ財団がハブとして活動している。イングランド南西部のSomerset州，南東部のBuckinghamshire，Oxfordshireの各州，東ミッドランドのLincolnshire州にも支部を設置している。今後はイングランド北東部やスコットランドにもハブを開設したいとの意向を持っている。

Fredericksと各ハブとの関係は，**図5-1**のようになっている。各地域のハブ組織はその地域の資産家に寄付を求め，その資金をその地域での融資原資とする。1つのハブ組織あたり20万ポンドの寄付を調達することになっているという。

各ハブ組織は，融資の実務については専門外なので，Fredericksに委託す

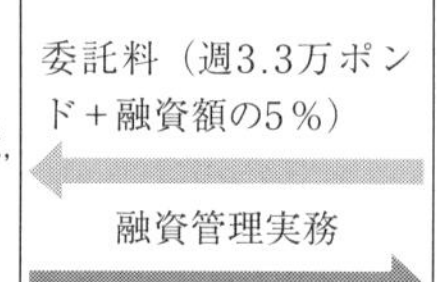

図５－１　Fredericks とハブの関係
（出所）聞き取りをもとに筆者作成。

る。１週間に3.3万ポンドを融資管理料として各ハブ組織が支払い，Fredericks は各ハブあたり10名の労働者を雇用して融資の返済管理にあたる。上記の融資管理料に加えて融資額の５％に相当する額を別途，本部の管理料（本部スタッフの人件費など）として Fredericks に支払う。個別の融資案件については各ハブ組織が可否の意思決定を行い，貸し倒れのリスクも各ハブ組織が負う。

融資利用者に対する経営支援については，Fredericks のスタッフが直接行うのではなく，経営コンサルタントがプロボノとして，あるいは企業経営者がメンターとして，利用者の相談に乗る。主にコンサルタントやメンターは，利用者が事業計画書を作成して融資申請を提出するのを手伝う。こうした経営支援についても各支部やハブ組織が手配している。

こうしたハブモデルの採用により，Fredericks は各地域の事情に精通しなくても，また資金調達の負担や経営支援の費用，貸し倒れのリスクも回避しながら，事業範囲を急速に拡大している。

３年以上の事業歴がある既存の事業者に対しては，２万ポンドを上限として融資を行う。また，新規創業の事業者に対しては１万ポンドを上限として融資を行う。2008年までは，長期失業者に対して5,000ポンドを上限として融資していたが，金融危機を契機として多くの零細企業が銀行からの融資を受けられなくなった。そのため Fredericks は零細企業に融資を提供するため，2008年に融資額の上限を大幅に引き上げた。融資対象者の条件には，所得や雇用，信用履歴など何も付されてはいない。また，融資額上限以外に，金利や返済期限などの条件は何も決められておらず，各ハブ組織の裁量に任されている。

2012年には，政府のスタートアップ融資事業（Start-UP Loans：SUL）に参加したことから，その後は新規事業融資についてはスタートアップ融資のほうで受け付けている。

Fredericksの利用者はどのような属性なのか。聞き取りによれば，地域によって大きな違いがあるという。ロンドンの中心部には移民や難民が金融サービスを受けられずにいるし，ブリストルではソマリア人のコミュニティがイスラム金融を求めている。他方でマイノリティがほとんどいない地域もある。イングランド南西部の農村では公共交通機関が貧弱で農民が不便を感じている。イングランド南東部では退役軍人がスキルを持っているにもかかわらず再就職が困難である。早期に退職して起業を望む人が多い地域もある。そのため，各支部・ハブの運営委員会が当該地域の課題を特定し，優先すべき利用者層を決める。各支部・ハブに所属する顧客管理者（client manager）が潜在的な利用者に働きかけ，利用を促している。

融資実績は，Fredericksのウェブサイトおよび2013年の年次報告書によると，1件あたりの平均融資額は約5000ポンド，返済率は70％強，返済期間は平均3年間であった。融資の30％弱が貸し倒れということは，全国平均の貸倒率16％より高く，貸倒による損失も少なくない。聞き取りによれば，貸倒損失は各支部・ハブが，自ら調達した寄付金から補てんするのでFredericksの財務には影響を及ぼさないのだという。

融資件数は，Fredericksのウェブサイトによると設立以来2013年10月末日までの累計1,081件にのぼる。聞き取りによれば2011年には63件，2012年には85件，2013年は前期だけで200件以上の融資を行ったという。年次報告書によれば2012年度（2012年4月～2013年3月）は83件・367,000ポンド（1件平均4,421ポンド）の融資を行った。年間の収入も増加しており，2013年度は193万ポンドで，前年度の収入40万ポンドを大幅に上回った。

融資件数が急増した理由としては，ハブの増加，スタートアップ融資への参加が考えられるが，もうひとつは零細企業を専門としたCDFIが限られてきたことである。2006年の時点では，Fredericksのあるイングランド南東部にコミュニティ開発金融機関（CDFI）は5団体あったが，うち3団体は閉鎖または事業を中止し，現在は零細企業融資を行う Fredericks と，主に中小企業融資を手がける Capitalise Business Support の 2 団体だけが存続している。CDFI への政府の補助金が減るなかで，最もリスクの高い零細企業融資の担い手も減ってきたのである。Fredericks に零細事業主からの融資申請が集まったのも決して不思議ではない。ただし，2012 年に始まったスタートアップ融資事業（SUL）は，政府の補助金と融資保証があるため，これまで零細企業融資を行っていなかった団体も先を争ってスタートアップ融資の事業を受託し，零細企業への融資を始めた（Start-Up Loans Company への聞き取り，2013 年 7 月 12 日）。スタートアップ融資事業の今後の成り行き次第では，零細企業融資の担い手が今後拡大を続ける可能性もあると考えられる。

Fredericks の事例から読み取れることは，一つは零細事業融資の高いリスク（貸倒率）を吸収するための仕組みが必要であること，もう一つは各地域における零細事業融資の需要に対応するには地域の単位組織への分権化と半自律的な意思決定が効率的・効果的であること，であろう。Fredericks は投資減税制度（CITR）の認定を受けてはいるが，投資減税制度を活用した銀行からの融資は得ていない。銀行から融資を受ければ，数年後に銀行に金利をつけて返済しなければならず，貸倒損失引当金を捻出する余裕はない。そのため銀行からの融資に代えて個人資産家からの寄付を募り，貸し倒れのリスクを吸収することに成功した。各地域・ハブ組織はその地域内に限定して零細企業に融資するので，「自分の住む地域の経済に貢献したい」と願う個人資産家の欲求ともうまく合致した。さらにハブを導入して分権化したことで，各地のコミュニティ財団の資源を活用し，Fredericks の零細企業融資のビジネスモデルを各地に複製し展開することが可能となった。課題としては，今後も個人資産家からまとまった金額の寄付を引き続き得られるかどうかであろう。寄付が得られなくなると，よりリスクの少ない融資事業にシフトする（＝ミッション・ドリフト）恐れもある。寄付を得るには，Fredericks の融資事業がしっかりした社会的成果を生み出し，社会からの信頼を厚くする必要がある。

4　イギリスのマイクロクレジットの特徴と課題

本章はイギリスの金融排除の状況と金融包摂政策，マイクロクレジットの活動について検討してきた。政府が金融包摂を主要政策課題から外した現在，マイクロクレジットは大きな岐路に立たされているといえる。

銀行の基礎口座の開設により，かつて口座を持たなかった人々も，口座での取引が可能となった。他方で，口座以外の金融サービス（融資，保険など）は顕著な変化がなかった。政府は，消費者金融については基礎口座の開設支援のほか，金融包摂基金や金融包摂タスクフォースを創設して，金融排除層に対する手頃な価格の消費者融資を促進しようとした。消費者金融の分野を金融包摂策の一つに位置づけ，クレジットユニオンやCDFIへの支援などの対策を講じたことは，アメリカにはみられない優れた点である。ただし，いかにして金融排除層を包摂していくかという長期的な見通しがないまま時限立法の補助金を支給しても根本的な解決は難しい。補助金が切れた後に財政的自立を迫られるクレジットユニオンやCDFIが，収入を確保するために金利を上げたり，コストのかかる金融教育や金融カウンセリングをおろそかにしたりして，その結果，貸金業者や銀行との違いが不明確になる恐れもある。

零細企業育成組織については，アメリカのコミュニティ開発金融政策を参考にして投資減税や補助金などの支援制度をいち早く導入し，コミュニティ開発金融機関（CDFI）セクターの形成を促したことが大きな特徴といえる。ただし，アメリカのように零細企業育成組織がもともと多数存在していたわけではなく，補助金（特にフェニックス・ファンド）が短期間で終了し，投資減税の普及もごく一部のCDFIにとどまった。そのため，設立して日の浅いCDFIは財務基盤を強化する以前に否応なく財政的「自立」を迫られ，CDFIセクターないし零細企業育成セクターとして拡大強化を図るだけの余裕は与えられなかった。

財政的「自立」を迫られた各CDFIのうち，Fredericksのように資産家からの寄付を得て零細企業への融資を継続する団体もあるが，他方ではAston

Reinvestment Trust（ART）のように，よりリスクの少ない中小企業融資に重点を移す団体や，London Rebuilding Society（LRS）のように零細企業融資から住宅改善融資へと方向転換を図る団体など，2000年代後半には零細企業融資を避ける動きも相次いだ。2012年に始まったスタートアップ融資は政府主導で運営されているが，従来CDFIやクレジットユニオンが取り組んできた民間の零細企業融資とどのようにつなげていくのか，いかに貸し倒れのリスクを減らして持続可能な運営を実現するかなど，今後解決すべき課題は多い。

アメリカの零細企業育成組織の多くは，単に当座の資金を提供するだけでなく，利用者に積極的に金融教育を施し，また利用者のクレジット・スコアを向上させることで，将来的には銀行を利用できるように支援するという「出口戦略」をとっている。金融排除層に当面の金融サービスを提供することを「金融包摂」とみなすのか，金融排除層が銀行など主流の金融機関を利用できるようにすることを「金融包摂」とみなすのかによって戦略は大きく異なる。筆者が聞き取りを行った限りでは，イギリスにおいて後者の意味での「金融包摂」に取り組む零細企業育成組織は見当らず，アメリカとの戦略の違いが浮き彫りになった。国の金融制度や銀行の姿勢などによっても実現可能な戦略が変わってくるであろう。ただし，長期的な視点に立って，どのような金融包摂策を進めるのか，そのために政府，銀行，非営利組織などがどのような役割を果たすのかを見据えて金融包摂の戦略を立てる必要があると思われる。

参考文献

岡村秀夫（2007）「金融排除への取り組み――英国の経験に学ぶ」『関西学院大学経営学論集』54巻4号。

野田博也（2013）「イギリス政府による金融包摂策のアジェンダ設定――社会的排除対策室の取り組みに着目して」『人間発達学研究』（愛知県立大学）4号。

重頭ユカリ（2003）「イギリスのクレジットユニオン――大きな転換期を迎えて」『農林金融』56巻3号。

長谷川勉（2008）「イギリスクレジットユニオンの軌跡と現状」『信用金庫』62巻1号。

峯岸信哉（2012）「イギリスにおける金融排除問題への取り組みに関する考察：クレジットユニオン業界を中心として」『ゆうちょ資産研究：研究助成論文集』19号。

Accent, (2012) "The best of British banking : A report by Accent on basic bank accounts for Consumer Focus", Consumer Focus, London.

Affleck, Authur, (2011) *Community Development Finance : A Form of Social Investment.* University of Northumbria at Newcastle.

Brown, Jessica, (2008) "Social Investment for Community Development : Completing the half-built house", New Economics Foundation.

——— & Sargon Nissan, (2007) "Reconsidering UK Community Development Finance", New Economics Foundation.

Brown, Mick, Pat Conaty & Ed Mayo, (2003) "Life saving : Community Development Credit Unions", New Economics Foundation.

Carbó, Santiago, Edward P. M. Gardener & Philip Molyneux, (2005) *Financial Exclusion.* Palgrave MacMillan, Basingstoke, UK.

———, (2007) "Financial exclusion in Europe", *Public Money and Management, 27*(1).

Chambers, Clare L., (2010) *Financial exclusion and banking regulation in the United Kingdom : A template analysis,* University of the West of England : Lambert Academic Publishing.

Collard, Sharon, (2007) "Toward Financial Inclusion in the UK : Progress and Challenges", *Public money and management, 27*(1).

Community Development Finance Association (CDFA), (2010) "Inside Out 2010 : The State of Community Development Finance", CDFA.

——— (2012), "Inside Community Finance : Annual Survey of CDFIs in the UK", CDFA.

———, (2013) "Inside Community Finance : The CDFI Industry in the UK 2012", CDFA.

———, (2014) "2013 Inside Community Finance : The CDFI Industry in the UK", CDFA.

Dayson, Karl, Pål Vik, Bob Paterson & Anthony Salt, (2008) "Making European microfinance more sustainable : lessons from Britain", European Microfinance Network 5th Annual Conference Nice.

Derban, William K., Jane M. Binner & Andy Mullineux, (2005) "Loan Repayment Performance in Community Development Institutions in the UK", *Small Business Econnomics,* 25, 319-332.

Devlin, James F., (2009) "An analysis of influences on total financial exclusion", *The Service Industries Journal, 29*(8).

Financial Services Agency (FSA), (2000) "In or out ? Financial exclusion : a literature and research review", Financial Services Agency.

Fisher, Thomas (1999) "Microfinancial Services in Britain", in : Ben Rogaly, Thomas Fisher & Ed Mayo (eds.) *Poverty, Social Exclusion and Microfinance in Britain.*

Oxfam GB and New Economics Foundation, London.
Fuller, Duncan & Mary Mellor, (2008) "Banking for the poor : Addressing the needs of financially excluded communities in Newcastle upon Tyne", *Urban Studies*, 45(7).
GHK Consulting, (2010) *Evaluation of Community Development Finance Institutions (CDFIs)*. GHK Consulting, Birmingham.
Gloukoviezoff, Georges, (2007) "The link between financial exclusion and over-indebtedness", Working Paper.
Hayton, Keith, (2001) "The role of Scottish credit unions in tackling financial exclusion", *Policy & politics*, *29*(3).
Kempson, Elaine & Claire Whyley, (1999) "Kept out or opted out ? Understanding and combating financial exclusion", The Policy Press, Bristol.
Kempson, Elaine, Adele Atkinson & Odile Pilley, (2004) "Policy level response to financial exclusion in developed economies : lessons for developing countries", University of Bristol : The Personal Finance Research Centre.
Leyshon, Andrew & Nigel Thrift, (1995) "Geographies of financial exclusion : financial abandonment in Britain and the United States", *Transactions of the Institute of British Geographers*, *20*(3).
Leyshon, Andrew, Shaun French & Paola Signoretta, (2008) "Financial exclusion and the geography of bank and building society branch closure in Britain", *Transactions of the Institute of British Geographers*, *33*(4).
Marshall, J. N., (2004) "Financial institutions in disadvantaged areas : a comparative analysis of policies encouraging financial inclusion in Britain and the United States", *Environment and Planning A*, 36(2).
Mosley, Paul & Lucy Steel, (2004) "Microfinance, the Labour Market and Social Inclusion : A Tale of Three Cities", *Social Policy & Administration*, 38(7).
Patel, Ash, Nigel J. Balmer & Pascoe Pleasence, (2012) "Debt and disadvantage : the experience of unmanageable debt and financial difficulty in England and Wales", *International Journal of Consumer Studies*, 36(5).
Rowlingson, Karen & Stephen McKay, (2014) "Financial Inclusion Annual Monitoring Report 2014", University of Birmingham and Friends Provident Foundation, Birmingham.
Social Exclusion Unit (SEU), (2001) "National Strategy for Neighborhood Renewal : Policy Action Team Audit", Cabinet Office.
Social Investment Task Force, (2000) "Enterprising Communities : Wealth Beyond Welfare", Social Investment Task Force.
————, (2005) "Enterprising Communities : Wealth Beyond Welfare : A 2005 update on the Social Investment Task Force" (CDFA Conference 6-8 July 2005), Social Investment Task Force.

Thiel, Veronika (2008) "Credit with a social mission: why aligning the UK with the European microfinance movement matters", New Economics Foundation.

——— & Sargon Nissan, (2008) "UK CDFIs: from surviving to thriving: realizing the potential of community development finance", New Economics Foundation.

Wilson, Therese A., (2012) "Supporting Social Enterprises to Support Vulnerable Consumers: The Example of Community Development Finance Institutions and Financial Exclusion", *Journal of Consumer Policy*, 35.

補論3
イギリスにおける消費者向けマイクロクレジット

小関隆志

（1）消費者融資型 CDFI の動向

第5章では零細企業育成組織の動向と事例を述べたが，イギリスでは消費者融資の CDFI がクレジットユニオンとは別に，一定の存在感を持って活動していることから，補論として消費者融資型 CDFI の動向と事例をみておきたい。

イギリスでコミュニティ開発金融機関（CDFI）が導入されるに至った重要な背景のひとつは金融排除問題であり，銀行などから適切な金融サービスを受けられずにいる消費者の存在であった。適切な金融サービスを受けられないために高金利の消費者金融から融資を受け，過剰な債務から抜け出せなくなるという多重債務者問題が指摘されてきた（たとえば FSA（2000），Carbó et al., 2005）。多重債務の被害から消費者を守り，より良質な消費者融資を提供することも，CDFI に期待される役割といえる。

CDFA（2014）によれば，2013 年度（2012 年 4 月～2013 年 3 月）の消費者融資型 CDFI10 団体の実績は，40,562 件・1940 万ポンドの融資であった。融資額は年々増加しており，2004 年度の 1,850 件・95 万ポンドに比べて，9 年間で件数にして約 22 倍，金額にして 20 倍に増えた。利用者の属性は，公営住宅の居住者が 70％，貧困地域（下位 35％以内）の住民が 64％，失業者が 63％，女性が 62％，世帯所得 15,000 ポンド未満が 58％，30 歳未満の若年層が 30％，銀行口座を持たない者が 22％となっている。社会保障受給者が銀行の基礎口座を持つようになったこともあり，銀行口座を持たない者の割合は少ないが，消費者融資型 CDFI の利用者の多くは低所得・失業・貧困地域居住など共通した要素を抱えていることが分かる。

融資使途のうち，29％は 1 回限りの目的，26％は請求書の支払いで，半数以上は日常の生活費に使われている。高利の消費者金融からの借り換えは 14

％と，多重債務者救済の側面は一部分にとどまる。融資額は，１件平均 478 ポンドと極めて少額である。年間金利は平均 69.9％で，補助金がなく金利収入で費用を賄うために金利を高く設定せざるを得ないという（CDFA, 2014）。それでも，営利の消費者金融の平均金利 272％と比べると格段に低い。イギリスは貸金業者に対する金利規制がないため，高金利でも合法である。

事業融資型 CDFI とは異なり，消費者融資型 CDFI には政府の補助金がないという問題は，コミュニティ開発金融協会（CDFA）ではあまり大きな関心を呼ばなかった。イギリスの CDFI の大多数を占める事業融資（零細企業・中小企業・社会的企業への融資）に関心が集中しており，また政府からの支援策の大半は事業融資型 CDFI を対象としたものであった。フェニックス・ファンドや投資減税（CITR）など CDFI に対する支援も，あるいは地域成長基金（Regional Growth Fund：RGF）やスタートアップ融資，EU のファンドなど CDFI が参入できる施策も，消費者融資型 CDFI は対象外であった。

消費者融資型 CDFI にとって唯一利用可能な補助金は，雇用年金省による「成長基金」（Growth Fund）であり，これはクレジットユニオンの専門化と事業拡大を目的として設置され（Thiel & Nissan, 2008），クレジットユニオンと消費者融資型 CDFI に支給された。後述の Street UK もこの補助金を得ることができたものの，補助金額は年々削減された。2012 年 3 月の廃止後は，利用可能な補助金は存在しないという。この補助金を得た団体は年間金利平均 20–30％で消費者に融資できたが，補助金の廃止に伴い，消費者融資型 CDFI の金利は平均 70％にまで上昇した。

（２）消費者融資型 CDFI の事例　Street UK

本節では，消費者融資型 CDFI の事例として，Street UK を取り上げる。Street UK は異色の経緯をもつ CDFI といえる。筆者は 2013 年 7 月 11 日にバーミンガムの Street UK の事務所を訪問して，CEO の Martin Hockly に聞き取りを行った。

ポーランド出身の Rosalind Copisarow は JP モルガン銀行などで投資実務に携わっていたが，バングラデシュのグラミン銀行の存在を知ってマイクロファイナンスに関心を持った。当時のアメリカ大統領ビル・クリントンの支援も得て，1994年故郷ポーランドに初のマイクロファイナンス機関 Fundusz Mikro を設立し，自ら CEO に就いた。Fundusz Mikro による融資事業は順調に発展し，1998年には利用者が4,000名，支店数が20店にまで増加した。この成功をもとに Copisarow はイギリスに渡り，2000年9月，Hockly とともにバーミンガムに Street（UK）を設立し，先進国においてもマイクロファイナンスのビジネスモデルを適用して，零細企業の事業資金ニーズに応えようとした（Copisarow, 2000）。Copisarow は Street（UK）の CEO に，Hockly は COO 兼副 CEO に就任した。Copisarow は，政府・銀行・チャリティ組織などが連携して制度を改善することによって，マイクロファイナンスを発展させることが十分に可能であり，その社会的な成果は大きいと主張した。

Street（UK）は当初，約5万社の零細企業を潜在市場とみて，銀行から融資を受けられない個人事業主や零細企業を対象としたグループ融資を全国規模で展開すべく，ロンドンやグラスゴー，ニューキャスルにも支店を開設した。当初は3年間で3,400件・370万ポンドの融資を見込んでいた。しかし，融資事業開始（2001年4月）からの1.5年間の融資実績は，わずか48件・8.2万ポンドにとどまった。予想をはるかに下回る融資実績のため，グループ融資から個別融資に切り替えたものの，その後も融資実績は思うように伸びず，2001年から2004年までの3年間で，259件・約60万ポンドにとどまった（Affleck, 2011；GHK Consulting, 2010）。この時期の年間金利は，12.4％（20,000ポンドの場合）～26.8％（2,000ポンドの場合）の幅であった（Copisarow, 2004）。

Street（UK）は自ら3年間の事業を総括するとともに，シンクタンクの New Economics Foundation（NEF）にも事業の評価を依頼した（Copisarow & Barbour, 2004；Forster, 2004；Esmée Fairbairn Foundation, 2005）。これらの総括・評価では，零細企業融資は CDFI 単独では持続困難であり，政府や銀行などの支援・協力が必要であること，また融資だけでなく金融教育や経営支援が求められること，などの提言を行った。この総括を機に，Copisarow は CEO を辞し，Street（UK）は組織を Street UK と Street NE（North East）

の2つに分割した。Hockly は Copisarow に代わって CEO に就任した。Street UK はバーミンガムで消費者融資に特化し，Street NE はニューキャッスルで零細企業融資に特化し，またロンドンの支店は閉鎖した。Street NE は 2009 年，同じ地にあった中小企業経営コンサルティング組織の Entrust に統合され，現在は Entrust の融資部門として事業を続けている（Affleck, 2011）。

Street UK は 2004 年の組織分割以降，バーミンガムにて独立の CDFI として消費者融資を中心に以下の4事業を展開している。2014 年7月時点で本部のほか，バーミンガム市内に営業店を2店舗，バーミンガム近郊都市に3店舗，計5店舗を有する。営業店は，筆者が聞き取りを行った 2013 年7月時点では3店舗だったが，同年9月と翌年1月に各1店舗開設し，事業が順調に拡大していることを物語っている。

・消費者融資：住宅の改善，自動車購入，就職準備など多様な使途に対応
・住宅融資：自治体や Housing Association と提携し低所得者などに対し住宅の修繕・移転・省エネ化などへの融資を提供
・金融機関の事務管理代行：ソフトウェアの研修，消費者信用情報の分析など。他の CDFI の事務管理を受託
・ソフトウェア開発：融資管理ソフト streetSERVE の開発・販売

消費者融資について詳しくみると，利用条件は，身分証と住所と定期的収入があることであり，これらの情報をもとに融資の可否と条件を審査する。審査が通れば，融資申請から2－3営業日以内に利用者の口座に振り込まれる[(1)]。初回の利用者の場合，返済期間は6－12か月以内とされている。

初回の利用者への融資額は 200～1,000 ポンドの範囲であり，年間金利は 95％，このほか手数料が4％（ただし上限 60 ポンド）あり，金利と手数料を合わせて 99％である[(2)]。この金利はクレジットユニオンの上限 42.6％に比べて2倍以上であるが，Street UK のウェブサイトによれば，営利の消費者金融会社は年利 230～250％であり，それに比べると半分以下である。Street UK の

---

(1) 聞き取りによれば，実際には融資申請があった当日のうちに融資管理者が可否を判断し，利用者の銀行口座に振り込みを実行する。当日のうちに融資実行しないと，他の消費者金融との競合に負けてしまうためである。

2004年までの金利よりもはるかに高い。

利用者の属性について，Street UKから提供された利用者4,094名分（2012年6月1日時点）のデータを分析したところ，失業者が60％，女性が80％，月収1,500ポンド未満の低所得者が80％（1,000ポンド未満は40％），10〜30歳代の若年層が71％と多数を占めていた。

融資実績は，1年間の融資件数は約6,000件で，1件平均の融資額は540ポンドであった（2012年度）。貸倒率は通常8―12％で，消費者融資CDFIの貸倒率平均11％（2013年度）とだいたい同じである。失業者・低所得者が多数を占め，金利が高いにもかかわらず，貸倒率は低く抑えられている。

主な使途は，誕生日・クリスマス・休日の行事，結婚・出産・葬式などの慶弔，テレビ・冷蔵庫・パソコンなど電化製品の購入，引っ越しや自動車の修理など，一般の日常生活に関する消費である。

高い金利を課しており貸倒率が低いにもかかわらず，消費者融資事業は利益を生み出すには至っていない。2012年度決算資料によれば，Street UK組織全体としては収支が12％の黒字となったが，消費者融資事業だけでみると21％の赤字で，他事業の収益から赤字分を補てんしている。Street UKは補助金・助成金などの収入が全くないため，事業収入だけで費用を賄わなくてはならない。聞き取りを行ったStreet UKのCEOは，高い金利を課すことに葛藤を覚えるという。すなわちCDFIとしてのミッションと，採算のために高い金利を課すことの葛藤である。しかし，補助金・助成金の収入を期待できない状況では，金利収入に依存せざるを得ない。そのため，可能な限り低い金利での融資に努めているとのことである。

消費者教育やカウンセリングに関しては，営業店の窓口において融資希望者に使途を確認し，必要に応じて助言も行うが，しかし講座やカウンセリングを行ってはいない。低学歴の消費者の多くは，学校でも家庭でも金融知識を学ぶ機会がなかったため，年間の金利の多寡には関心を持たないという。金利より

(2)　なお，初回利用者は高リスクのため金利も高く設定してあるが，完済後に2回目の融資を受ける場合は年間金利が85％に，3回目の融資では75％に，4回目以降の融資では65％に引き下げられるとのことである。

もむしろ「今すぐ借りられるのか」に関心が集まる。そのためStreet UKが他の貸金業者に比べて低金利に抑えていても，消費者にはその意味が十分理解されていない。金融教育の必要性は高いものの，Street UKが自ら金融教育を行えるほどの財政的な余裕はない。

かつてStreet UKは，利用者が将来，銀行を使えるように信用履歴を蓄積する，という「出口戦略」を持っていた。しかし，利用者の信用履歴を改善したところで，銀行は低所得の消費者を顧客として受け入れようとはしなかった。そのため「出口戦略」をあきらめ，低所得の利用者に融資を続ける方針に切り替えたという。

Street UKの事例から読み取れることは，補助金の削減・廃止が消費者融資型CDFIの融資事業および消費者に与えた影響である。補助金の削減・廃止はCDFIに対して財政的な自立を余儀なくさせ，その結果，金利の高騰を招いた。しかも，銀行の協力が得られないために，失業者や低所得者などが将来的に銀行の顧客になるための道筋を描くことも困難である。金融教育やカウンセリングによって消費者の行動変容を促すという金融包摂の方法も採られていない。多重債務者救済も行っておらず，政府へのアドボカシー活動にも消極的である。金融市場での激しい生き残り競争の中で，非営利のCDFIといえども単独の活動にとどまる限り，否応なく営利の貸金業者との同質化競争に飲み込まれ，営利貸金業者に限りなく近づいていってしまう（＝ミッション・ドリフト）恐れがある。消費者融資型CDFI固有の存在意義がいま根本的に問われているといえよう。

参考文献

Affleck, Authur, (2011) *Community Development Finance : A Form of Social Investment.* University of Northumbria at Newcastle.

Carbó, Santiago, Edward P. M. Gardener & Philip Molyneux, (2005) *Financial Exclusion.* Palgrave MacMillan, Basingstoke, UK.

Community Development Finance Association (CDFA), (2014) "2013 Inside Community Finance : The CDFI Industry in the UK", CDFA.

Copisarow, Rosalind, (2000) "The Application of Microcredit Technology to the UK : Key Commercial and Policy Issues", *Journal of Microfinance*, 2(1).

——— & Aaron Barbour, (2004) *Self-employed people in the Informal Economy-Cheats or Contributors ? : Evidence, Implications, and Policy Recommendations*, Street (UK), Birmingham.

———, (2004) *Street UK : Lessons Learned From its first three years' operations*, Street (UK) Foundation, Birmingham.

Esmée Fairbairn Foundation (2005) "Street (UK) Learning From Community Finance", Esmée Fairbairn Foundation.

Financial Services Agency (FSA), (2000) "In or out ? Financial exclusion : a literature and research review", Financial Services Agency.

Forster, Sarah (2004) "Lessons from Experience : An Evaluation of Street (UK) : A Report by the New Economics Foundation", New Economics Foundation.

GHK Consulting (2010) *Evaluation of Commnity Development Finance Institutions (CDFIs)*. GHK Consulting, Birmingham.

Thiel, Veronika & Sargon Nissan, (2008) "UK CDFIs : from surviving to thriving : realizing the potential of community development finance", New Economics Foundation.

第6章

フランスにおけるマイクロクレジット

——事業向けマイクロクレジットと個人向けマイクロクレジットの実態——

重頭ユカリ

ヨーロッパにおけるマイクロファイナンス[(1)]を振興するために，関係機関がメンバーとして参加するヨーロピアン・マイクロファイナンス・ネットワークは，ウェブサイトでヨーロッパ各国のマイクロファイナンスの概況を紹介している。そのなかで，フランスについては，「ヨーロッパでマイクロファイナンスの活動が現時点で最も発展した国の1つである」と記されている。

本章では，フランスにおいて，マイクロクレジットがどのような仕組みで貸し付けられているのか，これまでにどのぐらいの実績があるのか，借り手はどのような状況にあるのかなどについて説明する。そして最後に，フランスの経験から日本はどのような示唆を得られるかについて考察する。

1　EU におけるマイクロクレジット

EU においてマイクロクレジットの重要性が公式に示されたのは，欧州議会が 2000 年に「企業と企業家精神，特に中小企業のための多年度計画」を採択した際である（McDowell, 2006, p. 6）。マイクロクレジットは，零細企業（マイクロ企業）や小企業[(2)]の成長促進との関係でとらえられることが多い。2003 年には欧州委員会企業総局が「小企業と事業創造のためのマイクロクレジット：市

---

(1)　マイクロファイナンスは，融資だけでなく貯金や決済，保険なども含むより幅広い概念であり，マイクロクレジットはこうした金融サービスのうちの融資をさす用語と考えられている。

(2)　EU では，零細企業（マイクロ企業）は従業員数 10 人未満，年間売上 200 万ユーロまたは総資産額 200 万ユーロ以下，小企業は従業員数 50 人未満，年間売上 1,000 万ユーロまたは総資産額 1,000 万ユーロ以下と定義されている。

場のギャップを乗り越える」（原題：Microcredit for small businesses and business creation : bridging a market gap）と題する報告書を刊行し，2004年にはマイクロクレジットの実務家や政策決定者を招いて，ヨーロッパのマイクロクレジットに関する会議を開催した。

2006年には欧州委員会が「欧州委員会報告書　欧州共同体の計画の実行：中小企業の成長への資金供給―ヨーロッパの価値の付加」（原題：Implementing the Community Lisbon Programme: Financing SME Growth-Adding European Value）という政策文書を公表した。同文書では，小企業の成長を促進するためにはマイクロクレジットの発展が重要であるとしているが，その発展の障害となる一つの要因として，ヨーロッパ諸国の国内法制に注目した。その後，2007年に欧州委員会は政策文書「欧州委員会報告書　成長と雇用の支援におけるマイクロクレジットの発展のためのヨーロッパのイニシアティブ」（原題：The European Initiative for the development of micro-credit in support of growth and employment）を公表し，マイクロクレジットの発展を阻害する法制などを取り除くことや，マイクロクレジットを供与する機関に資金供給を行うことを提言している。

欧州委員会は，EUにおけるマイクロクレジットの金額を25,000ユーロ以下としている。その用途について，前掲文書「成長と雇用の支援におけるマイクロクレジットの発展のためのヨーロッパのイニシアティブ」では，マイクロクレジットは，主に従業員10人未満の零細企業と，自営業を営みたいにもかかわらず伝統的な銀行サービスを受けられない不利な立場にある人々（失業者や移民など）向けであるとされており，EUではマイクロクレジットを通常こうした文脈のなかでとらえている。

2　フランスにおけるマイクロクレジット

次に，フランスにおいてマイクロクレジットが発展してきた歴史的な経緯と，フランスにおけるマイクロクレジットの定義をみてみたい。

(1) 失業問題と起業の促進

フランスでは1975年には3%台だった失業率が，1985年に9%を超えた。当時，特に失業保険の受給期間を終了した長期失業者が多いことが問題となり，1988年には定められた最低所得に達しない25歳以上の個人に，最低限の所得手当の支給などを行うと同時に，受給者の環境，資格などの能力を考慮して職業参入を支援する社会参入最低所得（Revenu minimum d'insertion：RMI）という制度が始まった。

失業率の高まりとともに，企業に雇用されるのではなく，失業者が自ら起業し雇用を生み出すことを考えざるをえない状況となった。公的機関も起業を希望する人向けの情報提供，研修・指導などに関するサービスを提供しており，さらに，起業や既存企業の事業継承・売買を容易にするための減税措置や優遇措置がとられるなど起業しやすい環境づくりの整備も進められた。ただし，起業しようにも長期的失業者など条件が厳しい人には起業のための資金借入が難しいという問題があったため，1980年代の終わり頃から，後述するアディのようなマイクロクレジットの専門機関が活動を始めたのである。

2008年には経済近代化法（Loi de Modernisation de l' Économie，2009年1月1日から施行）が成立し，auto entrepreneur（「個人事業主」）という資本金なしで設立できる制度ができた。これは，簡易な税制や会計が適用されるステータスであり，設立手続きがインターネットでできたり，税制上の優遇措置があるなどのメリットがある。2009年には32万の個人事業主が生まれ，新規に設立された企業（58万400件）の55%を占めた。2009年の企業の設立件数は，前年の33万1,400件から75%の大幅増となったが，それを後押ししたのが個人事業主だったといえよう。

2009年6月には，前述の社会参入最低所得（RMI）がひとり親手当（allocation de parent isolé：API）や雇用手当（prime pour l'emploi：PPE）とともに積極的連帯手当（revenu de solidarité active：RSA）に統合された。RMIは無職や休職中の人に支給されていたが，RSAは働いていても所得が低い人も支給の対象となり，就業してRMIをもらえなくなるのを恐れて職につかないという事態を避け，働くことを促進しようとするものである。

フランスでは2000年代に入って失業率が低下する傾向にあったが，足下では再び上昇しており，2013年の第2四半期には10.5％となった。特に24歳以下の若者の失業が深刻で，同時期のこの層の失業率は24.6％であった。

（2）社会統合基金（FCS）の創設

上述のとおり，失業率が多少改善した時期はあったものの，フランスでは失業は長期にわたる社会問題となっている。2004年6月にフランス政府は，社会的な不均衡を是正するための社会統合計画を公表した。この計画では，社会問題のうち，雇用，住まい，機会平等の3分野が重点対象とされており，その実現のために「2005年1月18日社会統合計画のための法律」が制定され，5年間で127億ユーロの予算がつけられた。

この法律の第80条に基づいて創設された社会統合基金（Fonds de Cohésion Sociale：FCS）には，国が5年間で7,300万ユーロを拠出する予算がついた。この基金は，個人あるいは法人への貸付保証，失業者，社会参入最低所得（RMI）受給者が起業する場合の貸付保証のためのものであり，運営は，低所得者向け住宅やインフラ整備向け貸付を行う公的金融機関である預金供託公庫（CDC）が行っている。国は，2005年から2009年までの間は，社会統合計画に基づいてFCSに資金を拠出したが，2010年からは経済・産業・雇用省の予算として資金が拠出されている。FCSによるマイクロクレジットの保証の仕組みについては，後で詳しく紹介する。

（3）フランスにおけるマイクロクレジットの定義

2005年のFCSの創設によりフランスのマイクロクレジットの枠組みが整備されたが，マイクロクレジットとは何かについては，フランスでも比較的最近になって定義が行われた。

2009年12月には，クリスティーヌ・ラガルド大臣（当時）から国内のマイクロクレジットの実情を把握するよう指示を受けた経済・産業・雇用省の財務監督局が，「マイクロクレジット」（原題：LE MICROCRÉDIT）と題する300ページに及ぶ報告書を刊行した。

この報告書では,「マイクロクレジットという用語の確たる定義はまだ存在していない」と述べられており，報告書をまとめたチームは，活動の指標の分類や評価のためのツールをつくるためにもマイクロクレジットの定義を作ることが必要だとの提案を行った。

その後，統計情報全国評議会（Conseil national de l'information statistique：CNIS）から委託を受けた，マイクロクレジットと公的統計に関するワーキンググループが検討を行い,「マイクロクレジット」（Valentin, P. et al, 2011, LE MICROCRÉDIT）と題する報告書において，マイクロクレジットの定義として下記の内容を採用することを勧告した。

マイクロクレジットは，大きく，事業向けと個人向けに分けられる。事業向けマイクロクレジット（microcrédit professionnel）は，金融機関あるいはアソシエーションからの25,000ユーロ以下の借入で，伴走が付随し，借り手は設立後5年以内，かつ従業員10名以下で，その売上または総資産が200万ユーロ以下の事業体である。より詳細には，事業向けマイクロクレジットは一般（classique，表6-1）と，自己資本用（fond propres，表6-2）とに区別され，以下のように定義されている。自己資本用マイクロクレジットは，財務強化を図るための資金を供給するものであり，具体的には後述の信用貸付金をさしている。

一方，個人向けマイクロクレジット（microcrédit personnel）は，基本的には個人が期間3年以下，3,000ユーロ以下の金額を金融機関またはアソシエーションから借り入れるもので伴走が付随する。個人向けマイクロクレジットは金銭的な困難を抱えている人の社会統合のための融資である。

ただし報告書は，金額が上限を超えていたとしても，FCSから資金が拠出されたフランス・アクティブの保証つきの事業向け貸出や，FCSの保証がつく個人向け貸出はマイクロクレジットに含めてよいのではないかとしている。

定義のなかで示されている「伴走」（accompagnement）という用語は，借入者への助言や支援をさしている。この用語は，フランスでは一般的に用いられているため，以下でも借入者への助言や支援を「伴走」と呼ぶこととする。

CNISの委託を受けたワーキンググループは，報告書においてフランス銀行

表6－1　事業向け一般マイクロクレジットの定義

貸付の特徴	貸付（償還期限あり）
	金融機関または専門アソシエーションによる供与
	金利払いのための費用が必要
（借り手）企業の主な特徴	事業開始から５年以内または従業員10人以下
	売上または総資産（過去のバランスシート上）が200万ユーロ以下
マイクロクレジットの主な特徴	設立，事業の立て直し，発展
	一般的に貸付額は25,000ユーロ以下（または金融機関がFCSによるフランス・アクティブの保証を受けていればそれを上回ることも）
	債務者は，金融機関またはプロジェクトの共同融資者である組織の伴走を受ける ・通貨金融法典L511-6で承認されたアソシエーションによる貸付　（アディ，Creasol，CSDL） ・フランス・アクティブの保証を受けた貸付 ・イニシアティブ・フランスの信用貸付に関連した貸付 ・国とCDCとの枠組み内で契約した運用者によるNACREに関連した貸付
	FCS，またはその他の組織の保証を受ける，または保証なし

（出所）　Valentin, P et al (2011) *LE MICROCRÉDIT*, p. 33

表6－2　事業向け自己資本用マイクロクレジットの定義

貸付の特徴	貸付（償還期限あり）
	金融機関または専門アソシエーションによる供与
	金利払いのための費用が必要，またはなし
（借り手）企業の主な特徴	事業開始から５年以内または従業員10人以下
	売上または総資産（過去のバランスシート上）が200万ユーロ以下
マイクロクレジットの主な特徴	債務者は，自己資本向けマイクロクレジットの供与を行うアソシエーションの伴走を受ける
	一般的に貸付額は25,000ユーロ以下
	自己資本（劣後）の供給という特徴をもつ

（出所）　Valentin, P et al (2011) *LE MICROCRÉDIT*, p. 36

がマイクロクレジットのデータ収集を行うことを勧告した。フランス銀行には，既に2006年９月に国内におけるマイクロファイナンスの動向を注視するためにマイクロファイナンス観察所（Observatoire de la microfinance）という部署が設置され，2008年版からマイクロファイナンス年次報告書を刊行している。

表6－3　FCSが拠出した保証基金の保証がついた事業向けマイクロクレジットの件数と金額　（件，万ユーロ）

	2005	2006	2007	2008	2009	2010	2011	2012
保証件数	5,861	7,115	10,390	14,585	20,229	15,365	15,959	16,720
保証金額	1,925	2,654	3,639	5,191	7,036	8,685	9,692	10,372

（出所）CDC 'Fonds de cohésion sociale Rapport d'activité exercise 2012', p. 9

年次報告書の内容は，個人向けマイクロクレジット，事業向けマイクロクレジット，マイクロ保険，連帯ファイナンスと参加型ファイナンスである。フランス銀行はCNISの勧告を受けて，2011年12月末から半年ごとにマイクロクレジットに関する統計デ--タの収集を行っている。

以下では，フランスで事業向けマイクロクレジットと個人向けマイクロクレジットが具体的にどのように貸し付けられているかを紹介することとする。

3　事業向けマイクロクレジットの概況と保証

（1）概　況

フランス銀行刊のマイクロファイナンス年次報告書2012年版によると，2012年末時点で事業向けの一般マイクロクレジットの件数は45,275件，残高は4億1,760万ユーロ，自己資本向けは102,040件，4億5,720万ユーロで，両者を合計すると14万7,315件，8億7,480万ユーロであった。

このうちFCSが拠出する保証基金の保証がついたものは，16,720件，1億372万ユーロであった（表6－3）。全体の件数に比べてFCSの保証がつくものの件数が少ないが，FCSの保証は失業者など困難な状況にある人を対象としたものであるためだと考えられる。FCSの保証がつく事業向けマイクロクレジットの多くは，アディが融資したものである。

（2）事業向けマイクロクレジットのための保証——フランス・アクティブ

ここで，マイクロクレジットの保証業務を行っているフランス・アクティブ（France Active）を紹介する。

フランス・アクティブは，困難な状況にある人向けの雇用創出，就業状況の改善を支援することを目的に，フランス財団（Fondation de France），預金供託公庫，クレディ・コーペラティフ，MACIF 財団（保険会社の財団）などにより，1988 年に設立された。フランス・アクティブの全国本部はパリにあり，地方には 40 の支部がある。

業務内容は時期により変遷しているが，現在の主な業務は，個人企業や零細企業を設立する個人への保証と貸付（信用貸付），アソシエーションや連帯企業[(3)]への保証と貸付である。貸付や保証業務については，別企業を設立して行っている（図 6 - 1 ）。2013 年のアニュアルレポートによると，すべての組織合計で，550 人の職員と 2,200 人のボランティアがいる。

保証業務については，図 6 - 1 のフランス・アクティブ保証（France Active Garantie）が担当している。フランス・アクティブ保証は国との提携により，様々な保証基金を運営している。そのうちの一つである経済による統合のための保証基金（Fonds de garantie pour l'insertion par l'Economie：FGIE）は，経済活動によって社会的に不利な立場にある人を労働市場に統合することを支援する組織向けの保証基金であり，FCS の拠出を受けている。FGIE の保証は，設備投資向けの場合，貸付期間は 2 年から 12 年，保証の上限は貸付額の 50％または 60,000 ユーロで，手数料として保証を受けた貸付額の 2.5％が必要である。FCS のアニュアルレポートによれは，2013 年の FGIE の 92.4％はアディ向けのものであった。

FGIE の対象となる貸付の上限額（60,000 ユーロ）は，事業向けマイクロクレジットと定義される金額（25,000 ユーロ）を超えており，FGIE はマイクロクレジット向け限定というわけではない。ただし，FGIE の保証がついたアディの平均貸付額は 2,574 ユーロであり（2013 年），上限額と比較してかなり小

---

(3) 「連帯企業」の条件は法律により規定されており，企業が県に届け出て認可をうけることになっている。上場企業は不可，役員の給与には上限が設けられ，従業員の 30％は困難な状況にある人（若者，失業者，障がい者など）であること，または，従業員が直接的または間接的に役員を選出する企業であることが条件である。この条件を満たせば，企業規模は関係がない。

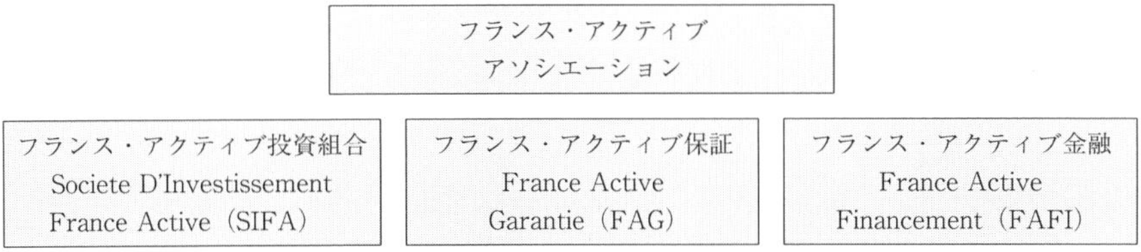

図6－1　フランス・アクティブの組織図

（出所）France Active プレゼン資料より筆者作成。

さいことが分かる。

FCS が関連するもの以外にも，フランス・アクティブ保証は様々な保証基金を運営している。FAG 保証基金は，企業を設立しようとする人が銀行から借入をする場合の保証を行う。期間は最長5年間で，保証は，企業設立時は貸付の65％（この場合期間は3年），それ以外の場合は50％で保証額は45,000ユーロまでである。手数料として，保証を受けた貸付額の2％が必要となる。

フランス・アクティブのアニュアルレポート（2013年）では，保証の梃子の原理の効果について以下のように説明している。国が1ユーロ拠出すると，フランス・アクティブは地方公共団体や民間からの拠出を得て，同額の1ユーロを保証基金に積む。フランス・アクティブの保証基金は，貸倒の比率を勘案すると5倍の額（10ユーロ）の貸付に対して保証をつけることができる。保証基金は，銀行が融資した額の半分を保証することになっているので，10ユーロ分の保証が可能ということは，銀行は20ユーロの貸付を行うことができることを意味する。国がもともと出す金額は1ユーロと少なくても，梃子の原理がはたらくことにより，借り手はその20倍の金額を銀行から借りることができるようになる。

一般的に，銀行からの借入を検討しており保証を受けたい人は，フランス・アクティブの地方支部の窓口に来ることが多い。そこで，フランス・アクティブの担当者が事業内容をチェックし，保証をつけられそうな案件であれば申請書類を作成することになる。様々な保証のうち，どのタイプが適当かは，フランス・アクティブの担当者が判断する。

保証を行うかどうかはフランス・アクティブの貸付委員会で決定する。この貸付委員会は，預金供託公庫の職員，失業者・障がい者の支援などを行うアソシエーション職員，地方公共団体職員，提携先の銀行職員などによって構成されている。フランス・アクティブの職員はプロジェクトの説明のみを行い，貸付委員会のメンバーにはなっていない。保証を受けられることが決定すると，借入希望者は融資を受けたい銀行に相談に行く。

融資を受ける銀行は，フランス・アクティブが紹介する場合と，借入者が決定する場合の両方がある。融資を行うかどうかの決定は，銀行が判断することになる。保証がつくからといって自動的に融資が決定されるとは限らないが，保証がつくことが分かっていれば融資を受けやすくなる。

アディからマイクロクレジットの借入を行い，それにFGIEなどの保証がついているケースについては，借入者は直接アディに借入の相談をしにいっているとみられる。

4　マイクロクレジットの専門機関アディ

ここで，具体的にマイクロクレジットがどのような人向けにどのように貸し付けられているかをみることとする。アディは，フランスだけでなくヨーロッパにおけるマイクロクレジットの先駆者と言われており，事業向けマイクロクレジットにおいて非常に大きなシェアを占めている。

（1）設立の経緯と活動の概況

アディ（Adie）という名称は，Association pour le droit à l'initiative économique を略したもので，直訳すると「経済的なイニシアティブへの権利のためのアソシエーション」という意味である。アディは，1989年にマリア・ノヴァク氏によって，グラミン銀行の経験を参考にして，経済的に排除された人々にマイクロクレジットを供与することを目的に設立されたアソシエーションである。

アディの設立当時，フランスでは失業が大きな社会問題となり，起業のための様々な制度がつくられていた。しかし，長期にわたって失業している人々は，

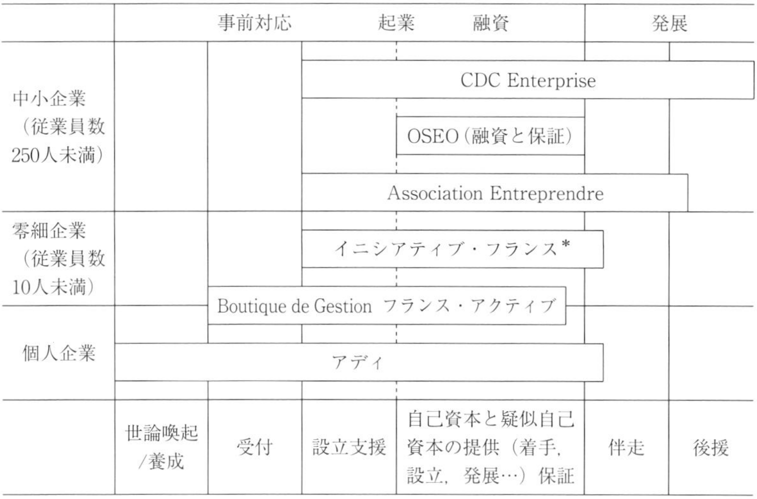

	事前対応			起業　融資	発展	
中小企業（従業員数250人未満）			CDC Enterprise			
				OSEO（融資と保証）		
			Association Entreprendre			
零細企業（従業員数10人未満）			イニシアティブ・フランス*			
		Boutique de Gestion　フランス・アクティブ				
個人企業	アディ					
	世論喚起/養成	受付	設立支援	自己資本と疑似自己資本の提供（着手，設立，発展…）保証	伴走	後援

図6－2　アディの活動対象範囲

（注）イニシアティブ・フランスは，元資料作成時の名称はフランス・イニシアティブだった。

（出所）Adie（2008）*L'Aventure du microcrédit en France*, p. 67

自ら事業を立ち上げようとしても，一般の銀行から資金の借入を行うことは難しかった。そこで，起業を希望しているにもかかわらず，一般の銀行から借入ができない人向けの資金供給を行うことを目的に，アディが設立されたのである。主な活動の対象は，RMI（2009年からはRSAに統合）を受けているような失業者や低所得者である。

フランスでは，イニシアティブ・フランス（Initiative France）や前述のフランス・アクティブといった全国的な組織もアディと同様の活動を行っている。**図6－2**に示すとおり，両組織も従業員数10人未満の零細企業や個人企業を貸付の対象としているが，アディが対象とする先はそのなかでも特に規模が小さいものであり，平均従業員数は1.20人である。Granger and Lämmerman（2009, p. 7）によれば，イニシアティブ・フランスは，アディに比べると，失業との闘いよりは起業活動により力点をおいており，その借り手はほぼ銀行から借入可能な人であるとされている。

アディの組織構成をみると（2013年末），国内に15の地方支部があり，常設の支所を118ヶ所に開いているほか，公的機関に出向いて対応するような窓口を350ヶ所設置している。456人の職員に加え，1,338人のボランティアがいる。アディの主な活動は，起業しようとしているが，一般の銀行からの貸付を受けられない人に対して，資金を供給するとともに，経営への助言やサポートを行う，つまり伴走を行うことである。

（2）マイクロクレジットと信用貸付金

事業向けの貸付としては，マイクロクレジットと信用貸付金（prêts d'honneur）がある。

マイクロクレジットは，上限が10,000ユーロ，期間は最長48ヶ月，借り手に連帯保証人を求め，貸付額の半分を保証してもらうという資金である（2014年8月1日現在）。借入者は，借入額の5％を手数料として支払う。2013年のアディのアニュアルレポートによると，2013年には6,000ユーロを上回る貸付を強化したため，1件あたりの平均貸付額が前年の約2,800ユーロから約3,500ユーロに増加した。とはいえ，1ユーロを140円として換算すると，平均貸付額は50万円弱であり，日本で事業向け貸付としてイメージする金額よりは，かなり少ないと感じられるであろう。

保証については，保証そのものが重要というよりは，周囲に支援してくれる人がいるかどうかを確認するという意味もあって求めている。

2014年8月1日時点での貸付金利は，6,000ユーロまでは7.67％，6,001～10,000ユーロまでは6.67％であった。金利水準が高いようにも感じられるが，上述のとおり借入の額自体が大きくなく借入期間も短いため，借り手にとってそれほど大きな負担にはならないのだという。また，一定程度の利ざやを得ることは，アディが持続的に業務を行うためには不可欠である。

信用貸付金は，冒頭に紹介した事業向け自己資本用マイクロクレジットに相当するもので，無担保・無保証かつ無利子で3,000ユーロまでの貸付を行う。借り手はこの資金を自己資本に算入できるため，他の銀行からの融資を受けやすくなる。いわば梃子のように機能する資金であり，マイクロクレジットを補完する役割をもっている。無担保・無保証かつ無利子であることから，対象はマイクロクレジットと比較すると，相対的に信用度の高い先に限定される。アディでは，2011年から信用貸付を強化する方針をとっており，2012年に信用貸付金が急増した。

（3）貸付の手順と起業・経営支援サポートなどの伴走

アディでは，借入を希望する人にはアディに電話するか，ウェブサイトにアクセスすることを求めている。電話やウェブサイトを通じてコンタクトしてきた人に対して，アディのカウンセラーはその人の置かれている状況や立ち上げたいと思っている事業について質問をする。カウンセラーは，事業の内容や計画が十分でない場合は，無料で受けられる研修を勧めたり，きちんとした事業計画づくりをサポートする地元のパートナーを紹介したりする。事業計画ができている場合は，事業の詳細や必要になる資金について分析するため，アディの窓口でアドバイザーと面談をすることを提案する。

事業計画が固まると，借入希望者はアドバイザーと面談の上，書類を作成し，貸付委員会に提出する。貸付委員会は，地域ごとに設置されており，週1回開催される。そのメンバーは，アディの地方支部の代表，アドバイザー，地元のアソシエーションのボランティア，提携している銀行の役職員などである。

審査に関して，アディでは，①借入者本人（熱意や能力など），②プロジェクトの内容（潜在的な顧客，予測される売上高など），③現在の予算と，企業設立後の収入の見込みに基づく返済能力の3点から行うが，アディでは特に人物そのものに重きを置くところが一般の銀行と異なるとしている。

以上のように，アディでは，貸付の前には事業計画の策定など設立のための支援を行い，貸付後は法務，税務アドバイスなどのフォローを行っている。また，若者や特定の問題を抱える人々（たとえばフランス語を十分に話せないなど）などに対する特別なビジネスサポートプログラムも提供している。これらが伴走と呼ばれるものであり，有給職員の一部と1,338人のボランティアが携わっている。

ボランティアには，現役あるいは退職した企業経営者，コンサルタント，銀行員，会計士などが多く，これらの人々が有給職員とチームを組んで専門知識を生かしつつ，新規事業の経営計画の立て方や資金管理などについてアドバイスを行う。2013年のアディのアニュアルレポートによれば，2013年1年間のボランティアの貢献を金額換算すると，約2,100万ユーロに相当する。

ヒアリングによれば，アディでは，伴走を行うボランティアの教育にも力を入れており，研修も頻繁に行っている。ボランティアのなかには様々なノウハウを持った人がいるので，そうした研修の講師をボランティアが務めることもあるという。

2013年中に伴走にかかった費用は2,934万ユーロであった。先のボランティアの貢献分をあわせると年間5,000万ユーロ程度が伴走のコストということになるが，アディではボランティアを活用することによって費用の約4割を節約していることになる。

伴走にかかる費用には，EU，国，地方公共団体，民間企業などからの補助金や寄付金があてられている。アディによると，こうした補助金や寄付は，特定のサポート業務に対してなされるケースも多いという。たとえば，ヘアケア用品を扱う企業の場合，美容師になることを希望する若者へのサポートのために寄付を行うなどである。企業の場合，こうした寄付に対して，税金の控除を受けられるというメリットもある。

また，資金ではなく，法律事務所が起業者に対して電話で法律相談に乗るサービスを無料で提供するというケースもある。アディから借入をした人は，借入期間中，法律相談などの経営支援をアディから受けることができる。

1つの企業を創設するためのコストは平均1,689ユーロと示されているが，これは伴走のコストと考えられる。また，2013年のアニュアルレポートには記載がなかったため，2012年のアニュアルレポートを参照すると，伴走期間は借入者一人につき平均して22カ月である。

（4）貸付のための原資

設立当初，アディではグラミン銀行のように，借り手が数人で1つのグループを作り，一緒に返済計画を作成したり，お互いの借入の保証を行ったりすることを考えていた。しかし，この方法は，もともと知り合いだったわけではない人たちにはなじまず，アディではうまくいかなかった（Bourguinat, 2005, p. 17）。

そうした状況下で，ヨーロッパの貧困克服プログラムや，慈善団体などが資金を提供してくれることになり，貸付ができるようになった

1994年からは，クレディ・ミュチュエルとの提携が始まり，貸付原資を銀行から受けることとなった。アディは借入者が借入を申し込むための書類を準備し，前述の貸付委員会において審査を行い，貸付が決定されると銀行が市場金利で貸付を行った。通常のローンと同様の管理は銀行が行うが，新規に設立した企業への伴走はアディが行った。こうした提携によりアディの貸付件数は徐々に増加し，提携する銀行も増加した。しかし，このやり方では，アディの審査で貸付の決定をしても，銀行側が手続きをして実際に貸付を実行するまでに時間がかかるという問題があった。

こうした問題点を解消するための解決策となったのが，転貸方式である。フランスでは，アソシエーションが銀行から資金を借り入れ，それを転貸することは認められていなかった。しかし，一般の銀行も協力してのロビー活動の結果，2003年の銀行法の改正により，失業者とRMI受給者への貸付のため，アソシエーションが銀行から借り入れた資金を転貸することができるようになった。新しい枠組みにおいては，銀行がアディに対してクレジットライン（アディがいつでも自由に借入できる枠）を設定し，その枠内でアディから直接貸付を行うことができるようになった。これにより，アディは借入希望者の最初のコンタクトから，平均30日でマイクロクレジットを供与できるようになった（Granger and Lämmerman, 2009, p. 9）。

2013年に実施したヒアリングによれば，アディは各銀行と一定額のクレジットラインを設定し，その範囲内で貸付を行っている。アディでは，どの銀行から借りた資金を転貸しているかという管理を借入者ごとに行い，その銀行に報告している。しかし借入者は，自分の借り入れた資金がどの銀行が出した資金かを把握しない仕組みになっているという。

2009年1月から施行された経済近代化法では，従業員3人未満の企業に対する貸付や個人向けマイクロクレジットにも，銀行から借り入れた資金を転貸

できるようになった。これにより，2009年からアディは個人向けマイクロクレジットの貸付も行うようになった。上述の法律の規定はアディだけに適用されるわけではなく，同様の貸付を行うアソシエーションにも適用されるとのことだが，実際にそうした活動を行うアソシエーションはまだ多くないようである。

アディによれば，現在は転貸方式のみであり，転貸するために銀行から借り入れる資金の金利は半年ごとに見直すことになっている。その水準は3％程度だった時期もあるが，2009年上期には1.95％に低下した。

2013年のマイクロクレジット（事業向けと個人向けの合計）と信用貸付金の資金の出し手は**表6-4**に示すとおりである。マイクロクレジットの資金の35％を協同組合銀行（バンク・ポピュレール，クレディ・ミュチュエル，クレディ・コーペラティフ，クレディ・アグリコル）が占めている。協同組合銀行がマイクロクレジットに積極的に資金供給している背景については，次章で詳しく説明しているので参照されたい。

信用貸付金は無担保・無保証，金利ゼロの資金であるだけに，資金の出し手も，地方自治体，公的金融機関である預金供託公庫，かつては公的な性格を有していたケス・デパルニュ（現在の法形態は協同組合銀行）のシェアが高い。

アディのマイクロクレジットは，主としてFGIEによる保証を受けている。FGIEは不利な立場にある人を労働市場に統合することを支援する組織に保証を提供するもので，前述のとおり，FCSが資金を拠出し，フランス・アクティブが運営を行っている。そのほかには，中小企業に対するリスクキャピタルの貸付や保証を行う欧州投資基金[4]による保証や，地域の保証基金の保証も受けている。

（5）実　績

事業向けマイクロクレジットの件数は，2013年には12,339件となった。

---

(4) 欧州投資基金には，欧州投資銀行が63.7％，欧州委員会が24.3％，金融機関が12.0％を出資している（2014年9月末時点）。

表6－4　アディのマイクロクレジット，信用貸付金の資金の出し手（2013年）

（単位　%）

マイクロクレジットの資金の出し手		信用貸付金の資金の出し手	
バンク・ポピュレール	19	地方自治体	27
BNPパリバ	19	預金供託公庫（CDC）	19
連帯給与貯蓄	14	ケス・デパルニュ	12
ソシエテ・ジェネラル	8	銀行以外の企業	9
自己資本	6	その他の銀行	7
クレディ・ミュチュエル	6	BNPパリバ財団	7
クレディ・コーペラティフ	6	アディの自己資本	5
フランス開発庁	5	クレディ・イモビリエ・ドゥ・フランス	4
クレディ・アグリコル	4	バンク・ポピュレール	3
HSBC	3	クレディ・アグリコル	3
その他の銀行	3	国	2
Fonds de credit	2	連帯給与貯蓄	1
グルパマバンク	1	保証基金	1
ラ・バンク・ポスタル	1	合計	100
市町村信用金庫	1	うち協同組合銀行	18
欧州投資基金	1		
SIFA	1		
合計	100		
うち協同組合銀行	35		

（注）　網掛けは，協同組合銀行。
（出所）　Adie, 'Rapport Annuel 2013', pp. 26-27

1989年の設立以来，マイクロクレジットの件数は2009年までは年々増加していたが（図6－3），2010年には前年よりも件数が減少した。2010年のアディのアニュアルレポートは，その要因として，2009年後半の経済危機により高まったリスクの管理を優先したことを挙げている。その後は，安定的な件数の増加が続いている。設立以来の事業向けマイクロクレジットの累計件数は約12.4万件になる。

アディでは2009年から，資金使途が就業に関するものに限定して，FCSの

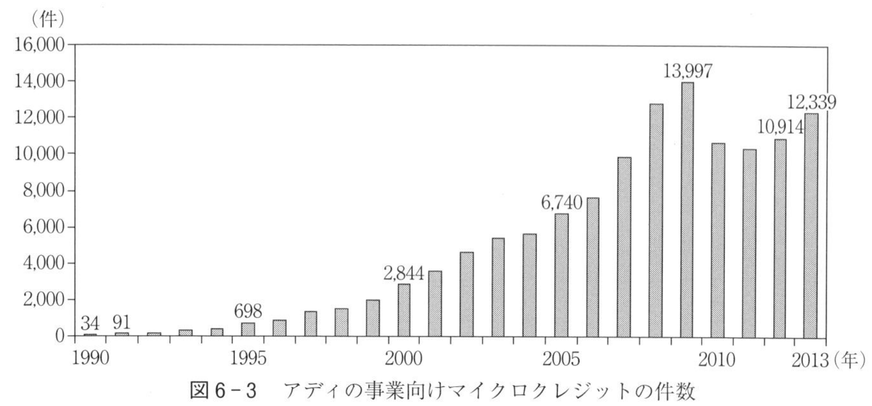

図 6－3　アディの事業向けマイクロクレジットの件数

（出所）Adie, 'Rapport Annuel' 各年版

保証が付く個人向けマイクロクレジットの貸付も開始した。後述するようにFCSの保証が付く個人向けマイクロクレジットの資金使途には就業向け以外もあるが，アディでは就業向けしか融資しない。ヒアリング調査によれば，ほとんどの資金使途は仕事に行くために必要な車やバイクの購入や修理を目的とするものだとのことである。個人向けマイクロクレジットの件数は，2013年には2,307件まで増加した。2013年末の事業向けマイクロクレジットと個人向けマイクロクレジットの残高は7,370万ユーロであった。

一方，信用貸付金の件数は2010年には1,002件であったが，2011年には2,939件，2012年4,564件，2013年3,641件となっている。これは，アディが2011年から信用貸付金の貸付を強化したことの影響によるとみられる。2013年末の信用貸付金の残高は1,730万ユーロであった。

2013年のアニュアルレポートによれば，2013年に貸し付けられた事業向けマイクロクレジットにより，10,204人の雇用が創出され，5,313人の雇用が維持された。また，個人向けマイクロクレジットにより1,549人が雇用に就いた。他方，2013年末の時点で返済が遅れている貸付の割合は6.92％，貸倒となり損失が発生した貸付の割合は2.44％である。

アディから借入を行い設立された企業の存続率は，2年後には70％，3年後には58％で，フランスで設立された企業の存続率の平均値よりも高い。次項で紹介するように，アディの貸付先は困難を抱えた人がほとんどであることを考慮すると，この存続率は非常に高く感じられる。

（6）設立した企業の業務内容と借り手のプロフィール

アディの2013年のアニュアルレポートにより，アディからの事業向けマイクロクレジット借入によって新規に設立された企業の業務内容をみてみたい。

最も多いのは，散髪や介護などの「対人サービス」で26％を占める。次いで多いのが「定着した商店」（22％），「移動商店」（21％）である（図6－4）。「定着した商店」は通常の商店である。アディのアニュアルレポートをみると，黒人女性向けの化粧品を扱う店，アクセサリー店，タジン鍋などの食器を扱う店などが紹介されている。「移動商店」は，改造した車両で軽食を販売したり，朝市に露店を出したりするようなものをさしている。

アディでのヒアリングによると（2010年），これまでにアディから貸付を受けて最も成功したのは，2001年に約2,500ユーロを借り入れ，家を訪問してパソコン修理を行う企業として設立されたGo-Microである。Go-Microはフランチャイズビジネスとしてネットワークを広げ270人の従業員を抱える企業に成長していたが，2010年に同業のAIRRIAによって買収された。Go-Microの創立者は，2005年に首相官邸に呼ばれ，なぜ失業者が3年間で国内第一のパ

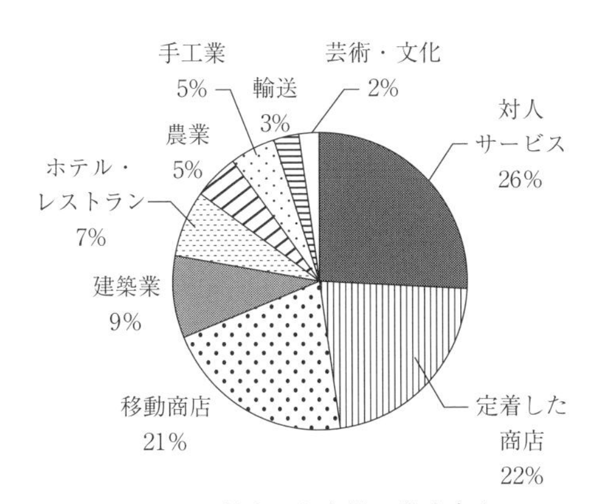

図6－4　設立した企業の業務内容

（出所）Adie, 'Rapport Annuel 2013', p. 9

ソコン修理業者になれたのかを首相に聞かれたこともあるという。

ただしこれはレアケースで，通常は設立者本人だけか，従業員が１人ぐらいの企業がほとんどである。

次に事業向けだけでなく，個人向けマイクロクレジットの借入者も含めた借り手のプロフィールをみると，借入者の68％は，起業前は積極的連帯手当（RSA）などの何らかの社会保障を受けていた人が占め，社会保障を受けていなかった人は32％であった。

学歴については，「職業高校卒（職業教育免状（BEP）／職業適格証（CAP）保有)」の人が35％と最も多いが，次いで多いのは「読み書き足し算ができる」程度の人で，23％を占める。また「非識字」の人も６％を占めている。

居住地について，６％が定住地を持たずに移動する人とされており，いわゆるロマと呼ばれる人々も借り手として多いとのことである。アディによると，こうした人々は正規の教育は受けていないことが多いものの，非常に生活力があってたくましいのだという。ロマの人々の場合，一緒に生活している集団内での結束が強いので，同じ集団の人のなかから保証人をつけると，集団生活をしていくために返済を滞らせることがほとんどないという。アディでは，このように借り手の習慣や文化に配慮しながら対応を行っている。

借り手の年齢は，30～39歳が31％，40～49歳が26％，25～29歳が16％，50歳以上が18％，25歳未満が９％を占めている。アディでは，今後は，国内人口の高齢化が進展する一方で受給できる年金の額が減少することから，高齢者の起業が増え，その対応が重要になるであろうと予測している。

１つの雇用を生み出すための費用は，貸付のための金額を除くと，平均1,689ユーロと算出されている。先にみたとおり，借り手の２/３超は起業前には社会保障を受けていた。これらの人々に長期にわたって社会保障を給付するのではなく，失業者などの人々が起業することを支援するほうが，費用はずっと少なくてすむうえに，借り手にとっては自分の力で働いているということが社会のなかで生きていく自信につながるという効果があるという。

5　個人向けマイクロクレジット

(1) 個人向けマイクロクレジットの始まり

以上みてきたとおり，フランスでは，アディやフランス・アクティブが1980年代後半から活動を始めており，事業向けマイクロクレジットについては20年以上の経験がある。他方，伴走が付随し，経済的に困難な状況にある人向けの個人向けマイクロクレジットは，カトリック教会のアソシエーションであるスクール・カトリック（Secours Catholique，カトリックの救済の意）が2004年に自ら保証基金を設立し，金融機関からの貸付に保証を供与したのが始まりだとされている。

スクール・カトリックは1946年に設立されたカトリック教会のアソシエーションで，職員数は984人，ボランティアの数は65,200人である。個人や団体からの寄付金を活動費として，国内外で生活困窮者の支援を行っている。2013年には，フランス国内の2,430か所のセンターを通じて147.7万人の人々を支援した。具体的には，衣服や食料を与えるなどの慈善活動のほか，子どもや若者の教育支援，長期休暇時の子どものホームステイ受入，ホームレスの人々の居住確保や職探しの支援，複雑な公的申請の手助けなどを行っている。

こうした様々な支援活動を行う中で，一般の金融機関を利用することができず，放っておくと多重債務に陥りかねない人を助けるための取組みを実験的に始めた。その際，スクール・カトリック自身は貸付を行わず，銀行からの貸付を受けやすくするために保証基金を作り，貸付額の50％を保証することとし，同時にスクール・カトリックは貸付を受けた人に対しての伴走をきっちりと行うこととした。

こうした仕組みを参考にして，国は2005年にFCSを創設し，個人向けマイクロクレジットに50％の保証をつけるという枠組みを整備した。なお，スクール・カトリックは現在でも独自の保証基金を運営しており，FCSの保証条件を満たさないような貸付に対する保証を行っているとのことである。このように個人向けマイクロクレジットにはFCSの保証がつかないものもあるが，以下ではFCSの保証が付く個人向けマイクロクレジットについて紹介する。

（2）個人向けマイクロクレジットの仕組み

FCSの保証がつく個人向けマイクロクレジットは，貸付金額の上限が3,000ユーロ，期間は6カ月～36ヶ月である。2012年7月からは一定のケースについては例外的に上限5,000ユーロ，期間48カ月までの引き上げが可能になった。金利は固定金利で，その水準は法律に定められた上限金利までの範囲内で，貸付を行う金融機関が独自に定めることができる。

資金使途は，通勤用のバイクや中古車の購入，職業訓練を受けるための費用，健康状況の改善などが該当し，消費財の購入については就業に関係しないものには貸付をしない。個人向けマイクロクレジットは，銀行口座の赤字を埋めることや，他の債務の弁済には利用することができないという制限がある。また，貸付にあたっては，借入者に助言などを行う団体の伴走があることが義務づけられている。

個人向けマイクロクレジットの仕組みを示したのが図6－5である。伴走は，金融機関と提携している非営利アソシエーションが行うことが多いが，一部の社会福祉センターも行っている。次章で説明するように，クレディ・アグリコルやケス・デパルニュでは，銀行内の専門部署や別途設立したアソシエーションが生活困窮者に幅広く対応しており，その活動の一部としてマイクロクレジットの伴走も行っている。また，先に紹介したとおり，アディでは，就業用に限定して，個人向けマイクロクレジットの貸付と伴走の両方を行っている。

個人向けマイクロクレジットの貸付を行う金融機関は，預金供託公庫と協約を結ぶことによって，預金供託公庫が運営するFCSから貸付金額の50％の保証を受けることができる。金融機関は，マイクロクレジットの件数や金額などについて定期的に預金供託公庫に報告を行い，何らかの違反行為があれば預金供託公庫が認証を取り消すことも可能である。預金供託公庫が刊行したFCSのアニュアルレポートによれば，2012年末の時点では，銀行，マイクロクレジット機関，消費者ローン会社など，26の金融機関が預金供託公庫と協約を締結していた。

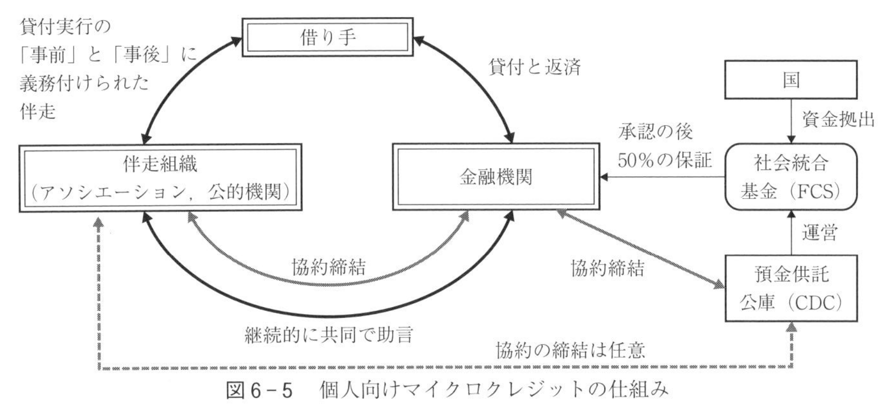

図6－5　個人向けマイクロクレジットの仕組み

（注）協約に関する部分を元資料に加筆。
（出所）Valentin, P et al（2011）*LE MICROCRÉDIT*, p. 39

伴走組織と金融機関の間でも協約を結ぶ必要があるが，伴走組織と預金供託公庫が協約を結ぶことは義務ではない。しかし両者が協約を結んでいる場合，伴走組織は預金供託公庫に申請することによって助成を受けることができる。たとえば，あるアソシエーションが金融機関と提携して新たにマイクロクレジットの伴走を開始した場合，職員の研修などの初期費用として7,500ユーロ，加えて伴走1件につき50ユーロを50件まで受けることができる（2012年の場合）。2年目には伴走1件につき50ユーロ（上限100件）と1年目の件数が30件以上の場合は5,000ユーロ，3～5年目は，前年の件数が30件以上の場合は1件につき50ユーロを150件まで受けることができる。

（3）個人向けマイクロクレジットの伴走

個人向けマイクロクレジットの借入希望者は金融機関に直接行くのではなく，伴走組織に生活の相談をするなかで，あるいは社会福祉関係機関などから伴走組織を紹介され相談をするなかで借入に至ることがほとんどだとされる。

伴走組織では，相談者の雇用や住居，健康，家計の状況について話を聞き，相談者が抱える問題に対して，どのような解決策が最も適しているかを検討する。何らかの助成を申請できそうであればその手続きを手伝い，スクール・カトリックのように自前で様々な支援手段を提供している場合は，そうした支援を行うことも検討する。自前でなくとも，他に支援を行っている組織があれば，そちらにつなぐこともある。借入を行うことが適切だとみられる場合には，借入によって生活状態が改善されるのか，やりくりをすれば返済が可能なのかを判断する。借入が妥当な案件については，伴走組織が借入申込書の作成を手助けし，申込書を金融機関に送る。これが図6－5に示した，「事前」の伴走である。金融機関の側では，少額の貸付について自らが詳細に審査を行えば非常にコストがかかるが，その部分を生活困窮者への対応経験がある伴走組織が担ってくれるため，コストもかからないし，貸付可否の判断も行いやすい。

貸付の後も，伴走組織は借入者の状況を把握し，返済が滞らないように助言や支援を行う。これが「事後」の伴走である。仮に返済が滞っても，伴走組織がケアしてくれることにより，債務不履行が生じにくいという安心感があるため，金融機関は貸付を行いやすくなる。

伴走組織として，預金供託公庫はスクール・カトリックやフランス赤十字など全国的なネットワークを持つ８つの組織のほか，地域をベースに活動する500近くの組織と協約を結んでいる。これらの組織は非営利のアソシエーションとして，地域で家族問題や移民，障がい者，若者，ホームレスなどの支援に取り組んでいることが多い。フランスでは，伴走組織であるアソシエーションはボランティアを活用していることが多いため，伴走のコストを低く抑えることができる。

ここで，具体的に伴走組織がどのように伴走を行っているかを，スクール・カトリックを例にみてみたい。前述のスクール・カトリックは生活困窮者向けに様々な支援を行っており，マイクロクレジットの伴走も，そうした支援活動の一環として行っている。マイクロクレジットの伴走については，ボランティアの人が行っている。スクール・カトリックには65,200人のボランティアがいるが，ボランティアには定年退職者が多く，銀行を退職した人も比較的多いという。筆者がヒアリングをしたボランティアの人も銀行退職者であった。銀行退職者の場合は貸付に関する知識が一般の人よりは豊富だが，そうした知識はマイクロクレジットの伴走を行うために必要な要件というわけではない。伴走において重要なのは，相手の話をよく聞いて謙虚な姿勢で対応できることであり，常識的なセンスを持って家計収支の管理ができれば十分なのだという。ボランティアの人に対しては，話の聞き方や，リーダーシップに関する一般的な研修は行うが，マイクロクレジットの伴走に焦点を当てた研修はなく，伴走の仕方はOJTで身につけている。

スクール・カトリックでは，相談に来た人が衣食住に困っているような場合には直接それらを提供できるような支援を検討するが，マイクロクレジットは，そうした人よりも多少余裕があり，資金を借り入れることができさえすれば生活を立て直す見込みがあるという人に勧めている。その場合，必要な資金を全額借入でまかなうことが難しそうであれば，一部は助成金を支給するなど，様々な支援策を組み合わせることもあるとのことである。

借入を行う人は，既に他の問題があって，スクール・カトリックに出入りをし，相談をするなかでマイクロクレジットの借入を行うようになるケースと，マイクロクレジットの借入をしたいのでスクール・カトリックに来るというケースがある。後者のケースでは，面談をするなかで，アルコール中毒などのほかの問題を見出すこともあり，その場合はそうした問題への対応も行っている。

スクール・カトリックは，預金供託公庫がマイクロクレジットの成約に対して伴走組織に手数料を払うことに批判的である。そのようなことを行うと，手数料を目当てにマイクロクレジットの貸付を行おうとするケースが出てくる可能性があるというのがその理由である。

（4）個人向けマイクロクレジットの貸し手

次に，実際に個人向けマイクロクレジットの貸付を行う金融機関の例として，クレディ・コーペラティフとクレディ・ミュチュエルを紹介する。

クレディ・コーペラティフは，個人向けマイクロクレジットの供与に関して預金供託公庫と協約を締結したのが最も早かった銀行である。同行は協同組合銀行だが，組合員の多くは，アソシエーションや各種協同組合などの団体であり，スクール・カトリックのような伴走組織もほとんどがその組合員か顧客である。

クレディ・コーペラティフは，1983 年にフランスで初めて分配金の一部を発展途上国での雇用創出のために寄付する「飢餓と発展投信」という商品を販売した。現在も，預金利子や投資商品の分配金の一部を，社会問題に取り組む組織への寄付にあてる商品を幅広く提供しており，規模は小さいながら社会への貢献を前面に打ち出して業務を行っている銀行である。

クレディ・コーペラティフがいちはやく個人向けマイクロクレジットの供与を開始したのは，同行が社会への貢献に積極的であることに加えて，伴走組織との強い関係があったからだとみられる。たとえば，同行の有力な組合員であるスクール・カトリックは 2005 年に国が枠組みを作る前に，自ら保証基金を設立して，民間銀行が生活困窮者に資金を貸し付けることを促進していたという経緯があり，個人向けマイクロクレジットの振興に積極的であった。組合員／顧客のすべてがそうしたスタンスであったわけではないだろうが，組合員／顧客のなかでもスクール・カトリックのように有力なアソシエーションが積極的だったことは，同行の個人向けマイクロクレジットの供与を後押しする要因の１つでもあったようである。

フランスの他の協同組合銀行は，地域や地方単位の組合があり，全国機関も含めてグループを形成しているが，クレディ・コーペラティフは全国で１つの協同組合である。そのため，地方単位で伴走組織との協約を結ぶのではなく，全国で伴走組織と協約を結んでいる。協約を締結する際には，アソシエーションの財政状況や，普段の活動をチェックして伴走ができるかどうかを調べるが，それらのアソシエーションの多くはクレディ・コーペラティフの組合員か顧客であるため，判断を行いやすい。

クレディ・コーペラティフにおけるマイクロクレジットの審査は，本店に専門のチームを作って行っている。2013 年 3 月時点での担当者数は 4 名であるが，これらの担当者はマイクロクレジットの借入を申し込んできた人のことを直接知っているわけではないため，伴走組織であるアソシエーションの事前審査が非常に重要になる。しかし，協約を締結する際に，伴走組織であるアソシエーションの活動状況をチェックしていても，中には事前の審査や事後の伴走が甘いアソシエーションも存在するとのことである。そのため，クレディ・コーペラティフではマイクロクレジットの延滞率を伴走組織ごとにチェックし，比率の高い伴走組織から送られて来る案件については慎重に判断する等の対応をとることもある。

同行によれば，しっかりした伴走を行うかどうかは，伴走組織の規模とはあまり関係がない。規模が小さくても生活困窮者に対して様々な支援を行っており，マイクロクレジットの伴走を支援の一部として行う組織から送られる案件は信頼性が高い。

もう1つの貸し手の例として挙げる協同組合銀行クレディ・ミュチュエルは，スクール・カトリックが2004年に自らの保証基金を設立し，個人向けマイクロクレジットの試行を始めた際，スクール・カトリックと提携して貸付を行った銀行である。

もともとクレディ・ミュチュエルには，社会的な活動を行うアソシエーションなどが顧客としても多く，それらの組織とのつきあいのなかから個人向けマイクロクレジット業務での提携に至ることが多いのだという。クレディ・ミュチュエルには，18の地方連盟があるが，個人向けマイクロクレジットの伴走を行うアソシエーションなどとの提携は，各地方連盟で決定することとなっている。

伴走組織としては，スクール・カトリックのほか，失業者支援組織，住宅供給を通じて若者を支援する組織，移民の家族などの支援を行う組織，高齢者のケアを行い多くのボランティアを抱える組織，農村の家族支援を行う組織，ホームレスの支援を行う組織，貧困者への食事の提供，識字率向上，就業サポートなどを行う組織が含まれている。

クレディ・ミュチュエルにおいて，個人向けマイクロクレジットの貸付は，通常の業務の一環として行われている。この業務から大きな収益をあげることは想定していないが，慈善活動として行っているわけでもない。提携している伴走組織で，既に事前審査に通った案件だけが送られてくるため，借入希望者が経済的に困難な状況にある人であっても，クレディ・ミュチュエルの職員は通常の案件と同様の審査を行うことができる。現実に，貸付の96％はきちんと返済されており（2010年時点），一般のローンと比較して問題があるわけで

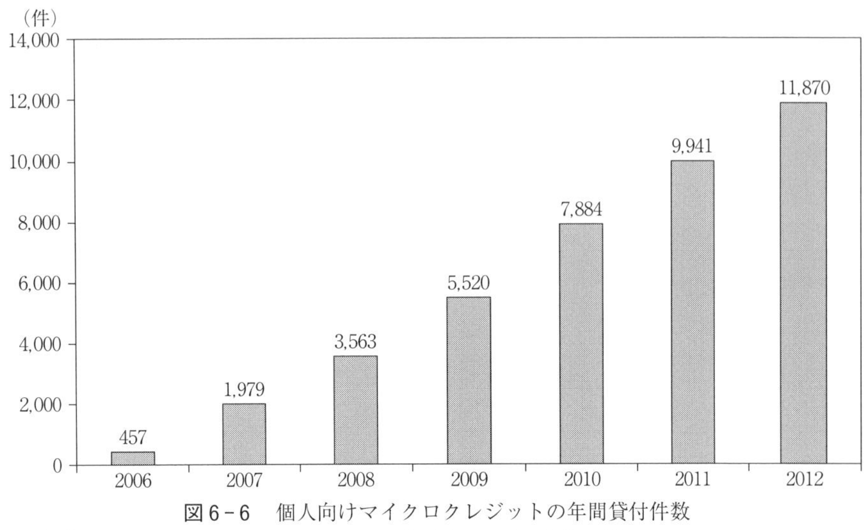

図6－6　個人向けマイクロクレジットの年間貸付件数

（出所）CDC 'Fonds de cohésion sociale Rapport d'activité exercise 2012', p. 34

はないという。

クレディ・ミュチュエルは，マイクロクレジットの借入者に対して，現在陥っている経済的苦境を乗り越えた後によい顧客になってくれることも期待している。特に，困難な時期を支えれば，その借り手のロイヤルティは非常に高いものとなるだろうと考えている。

（5）個人向けマイクロクレジットの貸付件数

FCSの保証がつく個人向けマイクロクレジットの年間の貸付件数は増加しており，2012年には11,870件と前年から19.4％増加した（図6－6）。1件あたりの平均残高は，2012年の場合2,233ユーロであった。2012年の貸付の資金使途については，「雇用と移動手段」が73.2％，「住宅」が12.8％，「教育・研修」が3.9％，「健康」が0.9％，「その他」が9.2％を占めた。

個人向けマイクロクレジットの創設から2012年までの累計件数は41,214件，貸付総額は9,200万ユーロである。

累計件数の内訳を貸付金融機関別にみると，最も多いのがケス・デパルニュ

表6－5　金融機関別個人向けマイクロクレジット累計件数

	金融機関名	件数	シェア（%）
1	ケス・デパルニュ	13,951	33.9
2	クレディ・コーペラティフ・グループ	6,217	15.1
3	アディ	5,762	14.0
4	クレディ・ミュチュエル	4,651	11.3
5	市町村信用金庫	3,215	7.8
6	ラ・バンク・ポスタル	2,446	5.9
7	クレディ・アグリコル	1,784	4.3
8	Créa-Sol	1,492	3.6
9	Cofinoga	1,007	2.4
10	BNP パーソナル・ファイナンス	355	0.9
11	Cofidis	213	0.5
12	BNP パリバ・グループ	98	0.2
13	ソシエテ・ジェネラル	19	0.0
14	SACICAP	4	0.0
	合計	41,214	100.0
	うち協同組合銀行	26,603	64.5

（注）2005年～2012年の累計件数の内訳。網掛けは協同組合銀行。
（出所）CDC 'Fonds de cohésion sociale Rapport d'activité exercise 2012', p. 35

の13,951件で33.9％を占め，他の金融機関を大きく上回っている（表6－5）。ケス・デパルニュの個人向けマイクロクレジットへの取組みについては，次章で詳しく説明しているので参照されたい。次いで多いのがクレディ・コーペラティフ・グループの6,217件で，15.1％を占めた。同行は預金量がケス・デパルニュの約25分の1の規模であることからすると，個人向けマイクロクレジットの分野では相対的に大きなシェアを占めていると考えられる。アディは，前述のとおり事業向けマイクロクレジットの専門金融機関であるが，2009年より就業用に限定して個人向けマイクロクレジットの供与も開始した。累計件数は5,762件でシェアは14.0％であった。クレディ・ミュチュエルは4,651件で，シェアは11.3％であった。

市町村信用金庫は，自治体職員や比較的低所得の地域住民向けに銀行サービスを提供する金融機関であり，自治体によって所有されている。各地の市町村信用金庫のマイクロクレジットの件数を合計すると3,215件（7.8％）であった。6番目のラ・バンク・ポスタルは郵便局の貯蓄事業が分離されたもので，現在は株式会社化されているが，株式の保有者は政府と公的金融機関の預金供託公庫である。

ケス・デパルニュ，クレディ・コーペラティフ，クレディ・ミュチュエルと7番目のクレディ・アグリコルを合計すると，協同組合銀行は64.5％と個人向けマイクロクレジットの分野で非常に高いシェアを占めている。

ただし，BNPパリバやソシエテ・ジェネラルなどの商業銀行も件数は少ないながら，個人向けマイクロクレジットの供与を行っている。また，Cofinoga，Cofidisは消費者金融会社である。フランスでは，個人向けマイクロクレジットの供与を行うかどうかは，各金融機関の判断に委ねられており，公的な性格を持つ金融機関や協同組合銀行が中心的な役割を果たしているものの，それ以外の金融機関が参入していないというわけではない。

個人向けマイクロクレジットが返済不能となる割合は，金融機関によっても異なるが，FCSの保証によってカバーされた個人向けマイクロクレジットの割合は2012年には5.38％となった。返済不能となった負債総額は312万ユーロであり，そのうち50％にあたる156万ユーロはFCSの保証によってカバーされた。返済不能となる比率は年々高まっているが，筆者がヒアリングを行った各金融機関では一般の貸付と比べて特に問題となる水準ではないと考えている。また，預金供託公庫でも，保証によってカバーする貸付の比率について，特に問題とは考えていないようである。

ただし，金融機関サイドでは，個人向けマイクロクレジットを特にリスクの高い貸付であるとは考えていないものの，FCSの保証がなければマイクロクレジットの貸付は行いにくいであろうという考え方を共通して持っている。

（6）個人向けマイクロクレジットの借り手の状況

ヒアリング調査によれば，個人向けマイクロクレジットの借り手像としては，一般の銀行からの借入は難しいが何らかのサポートがあれば通常の社会生活を営める人で，家族や本人が病気になったり，職を失ったりして，経済的に困難な状況に陥った人などである。若年層や非正規雇用者といった，いわゆるワーキングプアも多いようである。

もう少し具体的に借り手の状況を把握するために，ケス・デパルニュが2010年に個人向けマイクロクレジットの借り手に対して実施した調査の結果をみてみたい。ケス・デパルニュでは，2006年1月1日から2010年4月30日までにケス・デパルニュから個人向けマイクロクレジットの借入を行った807名に対して，電話による調査を実施し，その結果をとりまとめた。

借入の主な目的としては，64％が就職や雇用の維持を挙げており，具体的には職場に通うための自動車などの購入が多かった。18％が居住環境の改善，残りの18％はそれ以外を目的とする借入であった。

回答者の54％は女性で，回答者全体の平均年齢は40歳付近であった。25歳以下は11％，55歳以上は13％を占めた。1/3の人は農村部に居住していた。45％の人は独身であり，26％は離婚したか相手と死別した人であった。

回答者のうち，借入時に就業していた人は48％を占めたが，調査の時点ではそのうちの76％がその職を維持していた。失業していた人の半数は，借入後に職に就いた。また，マイクロクレジットが経済的な状況の改善に役立ったかについては，57％が「はい」，41％が「いいえ」，2％が「分からない」と回答した。マイクロクレジットの借入を行う前後の勤労意欲については，58％の人が「借入後の方がよい」，34％が「よくも悪くもない」，5％が「悪い」，3％が「分からない」と回答した。

これらの結果からは，マイクロクレジットの借入を行った人のうちの多くが雇用を維持したり就職したりし，半数以上の人は経済状況が改善したり，勤労意欲が向上したりしたと感じている様子がうかがわれる。

6　フランスのマイクロクレジットの経験からみる日本への示唆

以上みてきたとおり，フランスではマイクロクレジットによって，雇用を維持したり起業したりして経済状況を改善させることができている人が存在している。貸付件数は合計しても3万件に満たないが，前掲の経済・産業・雇用省財務監督局刊の報告書「マイクロクレジット」では，マイクロクレジットの規模は小さいが，その社会的経済的有用性は際立っていると評価し，潜在的な市場は年間10万件程度あると推測した。

日本では，生活保護受給世帯数が増加を続けていることを背景に，2012年に社会保障審議会の専門部会として，「生活困窮者の生活支援の在り方に関する特別部会」が設置され，生活困窮者対策と生活保護制度の見直しについての一体的な検討が行われた。2013年1月に刊行された「社会保障審議会　生活困窮者の生活支援の在り方に関する特別部会報告書」には，新たな生活支援には生活困窮者が抱える複合的な問題に対応できる相談支援体制を整備することや，家計相談とセットになった貸付の導入などが盛り込まれた。報告書の内容を踏まえ，生活保護法の一部改正法案と生活困窮者自立支援法案が国会に提出され，2013年12月に公布された。

2015年4月から施行された生活困窮者自立支援法は，生活保護に至る前の段階の自立支援策の強化を図るため，生活困窮者に対し，自立相談支援事業の実施，住居確保給付金の支給その他の支援を行うための所要の措置を講ずることとしている。自立相談支援事業及び住居確保給付金の支給は，福祉事務所設置自治体が必ず実施しなければならない必須事業として位置付けられているが，就労準備支援事業，一時生活支援事業，家計相談支援事業，学習支援事業は地域の実情に応じて実施する任意事業である。事業は，自治体直営のほか，社会福祉協議会や社会福祉法人，NPOへの委託が可能とされている。

家計相談支援事業の内容は，家計に関する相談，家計管理に関する指導，貸付のあっせんなどであるが，そのモデルとするところは第**3**章で紹介されているグリーンコープであり，フランスの個人向けマイクロクレジットと近いイメージである。したがって，フランスのマイクロクレジットの経験からわれわれが学べることは多いと考えられる。以下では，いくつか重要だと考えられるポイントを指摘しておきたい。

表6－6　2002年に設立された企業の伴走の状況と企業の存続率

（単位：%）

	全企業	個人企業	失業者が設立した個人企業	長期失業者が設立した個人企業	社会参入最低所得手当（RMI）受給者が設立した個人企業
伴走なし	27.5	28.1	25.0	28.6	26.9
身近な人または専門職の人が伴走	48.7	48.0	45.2	40.5	38.0
弁護士，コンサルタント，会計士が伴走	15.3	11.2	12.8	12.5	11.9
伴走専門機関が伴走	15.8	18.6	30.2	30.4	25.7
3年後の存続率					
伴走なし	66.4	60.4	56.2	55.7	57.1
伴走機関の伴走あり	68.7	64.9	62.7	60.8	62.1

（注1）　伴走の状況については，重複回答があるため合計100%にならない。
（注2）　個人企業（entreprise individuelle）とは自営業者が一人で企業を設立するもの。
（出所）　Ministère de L'Économie, de L'Industrie et de L'Emploi, 2009, *LE MICROCRÉDIT, Annex5 p. 16* に掲載の図表より筆者作成。

（1）伴走の重要性と想定される課題

フランスの事業向けマイクロクレジットと個人向けマイクロクレジットの特徴は，貸付に伴走が付随していることである。困難な状況にある人に対する貸付であるにもかかわらず，貸倒の比率がそれほど高くないのは，伴走があるためだと考えられる。

フランスの経済・産業・雇用省財務監督局刊の報告書「マイクロクレジット」には，伴走組織の伴走がある場合と，ない場合の企業の存続率が掲載されている（**表6－6**）。それによると，伴走がある場合はない場合よりも3年後の個人企業存続率が5ポイント程度高かった。伴走によって企業の存続率が高まれば，貸倒になる貸付の比率も低くなると考えられる。

個人向けマイクロクレジットについても同様であり，借り手を支援することによって，資金の返済がスムーズに行われるようにしている。フランスでは，スクール・カトリックのように，困難を抱える人に対する支援のノウハウをもった組織が多数存在しており，そうした組織のうち500近くが個人向けマイクロクレジットの伴走も行っている。しかし，そのような状況にあるフランスにおいても個人向けマイクロクレジットの伴走に関しては，地域的な不均衡や，貸付後の伴走が不十分といった課題があるとみられる。

たとえば，フランス銀行の2012年マイクロファイナンス年次報告書は，個人向けマイクロクレジットの件数に地域差があることを指摘している。貸付の累積件数でみて，最も件数が多いペイ・ド・ラ・ロワール地域圏（3,989件）と島嶼部を除き最も件数が少ないオーヴェルニュ地域圏（594件）とでは，人口差（オーヴェルニュ地域圏の人口は，ペイ・ド・ラ・ロワール地域圏の4割程度）を勘案しても個人向けマイクロクレジットの貸付件数の差が大きい。

預金供託公庫が個人向けマイクロクレジットについて紹介しているウェブサイト France microcrédit では，借入を希望する人向けに地域別に相談先となる伴走組織を示しているが，2014年8月時点で，ペイ・ド・ラ・ロワール地域圏については59ヵ所が挙げられているのに対し，オーヴェルニュ地域圏は17ヵ所にとどまっている。つまり，伴走組織の地域的な不均衡が，貸付件数にも反映されているのではないかとも考えられるのである。

また貸付が実際に行われても，貸付後の伴走が不十分というケースがあることも指摘できる。ケス・デパルニュが個人向けマイクロクレジットの借り手に実施した前述のアンケート調査では，回答者のうち返済に大きな困難があったという人は4％，少し困難があったという人は13％とそれほど多くなかった。しかし，それらの人々のうち困難を克服するための支援を得たと回答した割合は20％にすぎず，伴走組織による事後の伴走が十分ではない可能性が示唆されている。

これについて，筆者が行ったヒアリング調査において，伴走組織や金融機関側は，多くの借り手は他の一般の借入者と同様に扱われることを希望し，特に問題が生じない限り借入後も伴走組織とコンタクトすることを望まないことが原因とみていた。そのため，金融機関も伴走組織も，返済が滞ってからしか借入者とコンタクトしないことが多く，結果的に事後の伴走が不十分となっている可能性がある。

以上のことからは，フランスにおいても，相談先となる伴走組織の数には地域的な不均衡があり，伴走組織へのアクセスのしやすさが個人向けマイクロクレジット件数の地域差につながっているとも考えられること，また，実際に貸付が行われたとしても，必ずしも貸付後の伴走が十分ではなく，借り手が返済に困難を感じるケースが生じていることが指摘できる。

日本の生活困窮者自立支援制度において，家計相談支援事業は任意事業であるために日本全国で実施されるわけではないであろうが，実際に実施される地域においても支援員の配置状況によって事業の成果に差が生じることが想定される。日本では，支援員を育成したり，生活困窮者の支援に携わっているNPOなど民間のノウハウを活用するとみられるが，支援を行う人を質的，量的に確保することが大きな課題となるであろう。また，貸付のあっせんが行われた場合には，借り手が困難な状況に陥る前にスムーズに支援を行うことができるよう，特に貸付後の伴走に注力していくことが必要になろう。

（2）保証基金の役割

フランスでは，保証の仕組みは異なるものの，事業向けマイクロクレジットと個人向けマイクロクレジットは2005年に創設されたFCSの保証によってカバーされている。現時点では，実際に貸倒となり保証によってカバーされる金額はそれほど多いわけではないが，特に個人向けマイクロクレジットについては，金融機関は概してFCSの保証がなければ参入そのものが難しかったとみており，保証基金の役割は大きいと考えられる。

日本の家計相談支援事業における貸付のあっせんは，現時点ではどのような貸付を想定しているのか，必ずしも明確にはなっていない。もしグリーンコープのような組織の設立を促進したり，既存の金融機関の参入を促そうとするのであれば，保証基金の創設なども考慮すべきであろうが，そうした検討がこれまでになされた様子はうかがわれない。

（3）金融機関の自発性と伴走組織との関係性

フランスの事業向けマイクロクレジットは，民間のアソシエーションであるアディが始めたものであり，個人向けマイクロクレジットもスクール・カトリックが実験的に始めた仕組みにならって，国が保証基金を創設した。つまり民間の取組みが先にあり，それにならって国が枠組みを整備したことにより，マイクロクレジットが発展してきたとみることができる。

フランス銀行へのヒアリングによれば，同行はセミナーを開催したり講演を行うなどして，マイクロクレジットの認知度を高めるための活動を行うことはあるが，金融機関に対してマイクロクレジットに積極的に取り組むことを促す行為は行っていない。制度が確立してきた現在でも，マイクロクレジットに取り組むかどうかは，各金融機関の自発性に委ねられている。

金融機関が個人向けマイクロクレジットに参入するかどうかは，保証基金によりリスクがカバーされることも重要であろうが，自前で伴走を行わない限り，それらを担当する伴走組織との信頼関係を構築できるかも重要なポイントとなる。

クレディ・コーペラティフやクレディ・ミュチュエルの例では，マイクロクレジット以前から伴走組織とは組合員や顧客としてのつきあいがあり，伴走組織と金融機関相互の信頼関係が相当に強いようである。フランスの協同組合銀行が個人向けマイクロクレジットで大きなシェアを占めているのは，伴走組織が協同組合銀行の顧客／組合員であり相互の信頼関係がもともと存在していたことも大きいと考えられる。上述のとおり，金融機関と伴走組織が社会的な問題に取組もうとする自発性を持っていることや，両者の間に信頼関係が存在することが，フランスで個人向けマイクロクレジットの着実な発展を導いてきたのではないかと考えられる。

日本の家計相談支援事業において貸付のあっせんが広く行われるようになるには，一般の金融機関が家計相談支援員や支援を担当するNPOなどと連携して貸付を行うようになることも必要であると考えられる。そのような取組みが進展するには，金融機関と支援員や支援を担当する組織との信頼関係を構築できるかどうかも１つのポイントになると考えられる。

（4）雇用創出も視野に

日本の生活困窮者自立支援制度では，家計相談支援事業と就労準備支援事業によって，生活困窮者が家計を安定させたり雇用に就いたりすることを支援することとなっているが，自ら雇用を生み出すための起業に資金を貸し付けるフランスの事業向けマイクロクレジットのような枠組みは想定されていない。日本では，起業そのものがそれほど一般的ではないため，困難な状況にある人が起業するという発想には至りにくいとも考えられる。しかし，フランスもかつては同様の状況だったと言われており，日本でも，起業を希望する人が設立前に気軽に相談したり，資金を借り入れたり，起業後に支援を受けられるアディのような機関を創設することをいずれは視野に入れる必要があるだろう。

※本章は，重頭（2010）（2011）（2013）をもとに，データのアップデートや大幅な加筆修正を行ったものである。

参考文献

斉藤由理子・重頭ユカリ（2010）『欧州の協同組合銀行』日本経済評論社。

――――（2010）「ヨーロッパのソーシャル・ファイナンス」総研レポート 22 調-No. 8。

――――（2011）「フランスの起業向けマイクロクレジット――マイクロクレジット機関 Adie を中心に」『農林金融』64 巻 4 号。

重頭ユカリ（2013）「生活困窮者支援の一環としての家計再生ローン――相談支援とセットになった日本版マイクロクレジット導入の課題」宮本太郎編『生活保障の戦略 教育・雇用・社会保障をつなぐ』岩波書店。

社会保障審議会（2013）『社会保障審議会生活困窮者の生活支援の在り方に関する特別部会報告書』。

日本総合研究所（2013）『平成 24 年度セーフティネット支援対策等事業費補助金社会福祉推進事業　我が国におけるマイクロファイナンス制度構築の可能性及び実践の在り方に関する調査・研究事業報告書』。

村上義昭（2004）「フランスの創業支援――雇用政策の要としての創業支援策」『国民生活金融公庫調査月報』517 号。

――――（2005）「フランスの中小企業金融」『国民生活金融公庫調査季報』74 号。

ADIE, (2008) *L'AVENTURE DU MICROCRÉDIT EN FRANCE.*

Banque de France, (2010) (2011) (2012) *RAPPORT ANNUEL DE L'OBSERVA-*

TOIRE DE LA MICROFINANCE.

Bourguinat, E., (2005) *Opening up the financial sector*, Haut Conseil de la cooperation internationale.

Caisse D'epargne Federation Nationale, (2010) *Personal microcredit impact study.*

Commission of the European Communities, (2006) *Implementing the Community Lisbon Programme : Financing SME Growth - Adding European Value.*

———, (2007) *The European initiative for the development of micro-credit in support of growth and employment.*

———, (2003) *Microcredit for small businesses and business creation : bridging a market gap.*

EUROFI, (2008) *The development of microcredit in the European Union - A tool for growth and social cohesion-.*

Granger, B. & S. Lämmerman, (2009) "MFI efficiency and State intervention -what correlation ? (Empirical analysis of the two main strategic French microcredit models - used in this paper as analytical grids for the ongoing debate about microfinance in the South)", working paper.

Inspection generaledes finances, Ministère de L'Économie, de L'Industrie et de L'Emploi, (2009) *LE MICROCRÉDIT.*

McDowell, M., (2006) *Microcredit in Europe : The Experience of the Saving Banks*

Valentin, P, T. Mosquera-Yon, & C. Masson, (2011) *LE MICROCRÉDIT.*

第7章
フランスの協同組合銀行における生活困窮者支援の取組み
――クレディ・アグリコルのポワン・パスレルを中心に――

重頭ユカリ

前章では，フランスにおいて協同組合銀行が積極的にマイクロクレジットに関与していることを紹介したが，なかにはマイクロクレジットの貸付だけでなく，自ら伴走を行ったり，さらにはより幅広く生活困窮者を支援したりするための窓口を開設しているところがある。なぜ民間の銀行がそのようなことを行うようになったのか，そして，銀行にとってそのような取組みを行うメリットは何なのであろうか。

マイクロクレジットの貸付においては伴走が重要であることについても前章で触れたが，伴走はどのような資質をもった人がどのようなことを行っているのか。

本章では，協同組合銀行クレディ・アグリコルが設置した相談窓口を中心に紹介しながら，これらの点について詳しく述べたい。

1　フランスにおける協同組合銀行の位置づけと金融排除の問題

（1）フランスにおける協同組合銀行の位置づけ

まず，協同組合銀行の生活困窮者支援への取組み状況をみる前に，協同組合銀行そのものの概況について触れておくこととする。

非常に簡略化すると，ヨーロッパの協同組合銀行の多くは，19世紀の終わりごろにドイツのフリードリヒ・ライファイゼンやヘルマン・シュルツェなどの思想の影響を受け，農業者，手工業者，中小企業主たちが相互に助け合い，高利貸しに替わる自らの金融機関を設立したのが始まりである。そのように設立された協同組合が各地に広がるなかで，小規模な組合の事業を補完したり，意見を代表したりするために，地方や全国のレベルで連合会が設立された。

現在，ヨーロッパの主要国の多くには，最低1つの協同組合銀行が存在しており，平均すると各国で約2割のシェアをもっている。なかでも，フランスは協同組合銀行の存在感が大きく，5つの協同組合銀行が存在し，合計で5割を超えるシェアを有する。

歴史的には，クレディ・アグリコルは農業者，バンク・ポピュレールは中小企業主を基盤とし，クレディ・ミュチュエルはキリスト教系の共助組合を発祥としているが，現在では特に組合員となるための職業制限などはない。クレディ・コーペラティフは当初は労働者協同組合，消費協同組合のための金融機関であったが，現在ではあらゆる種類の協同組合，共済組合，アソシエーション，中小企業などの団体のほか，個人も組合員になることができる。また，ケス・デパルニュは，もともとは公法に基づく銀行であったが，1999年に民営化され協同組合銀行に転換したという経緯をもつ。各銀行の組合員数は，**表7-1**に示すとおりであるが，銀行の商品やサービスは組合員にならなくても利用可能であり，非組合員の利用量に関しても特に制限はない。

近年では，協同組合銀行の再編が進んでいる。クレディ・コーペラティフは2003年にバンク・ポピュレール・グループの一員となったが，その後2006年からバンク・ポピュレールとケス・デパルニュが子会社の共有化を開始し，2009年にはBPCEグループとして統合した。つまり，3つの協同組合銀行は現在では1つのグループとして共通の中央機関を有しているのだが，グループ内ではそれぞれの組合員を基盤とし，各自のブランドを維持しながら業務を行っている。マイクロクレジットや生活困窮者支援への取組みについても，3者はそれぞれ独自のスタンスをとっているようであり，同一グループに属しているといえども業務の独自性は強い。

ヨーロッパの協同組合銀行には，地域レベルの組合が地方レベルで連合会を形成し，さらに全国の連合会があるという3段階の組織構成をとるケースもあれば，地方レベルの連合会と全国連合会が合併して実質的に2段階になったというケース，もとから地方と全国の2段階だったというケースなどがあり，組織構成は様々である。

フランスでは，クレディ・コーペラティフは全国で1つの協同組合，バン

表7－1　フランスの協同組合銀行（2013年末）

銀行名		組合員数	地方レベルの組織数
クレディ・アグリコル		740万	39
クレディ・ミュチュエル		750万	18
BPCEグループ	ケス・デパルニュ	480万	17
	バンク・ポピュレール	390万	17
	クレディ・コーペラティフ	7.8万	-

（出所）各行の2013年のアニュアルレポート。

ク・ポピュレールは地方と全国の２段階，その他３行は地域，地方，全国の３段階である。ただし，３段階の場合でも，地域レベルの組合は出資金の管理や役員の選出機能のみを担っており，実質的な銀行業務を行う単位は地方レベルである。表７－１では各行の地方レベルの組織数を示している。これらの地方レベルの組織はそれぞれ，その地のニーズに沿った独自の商品やサービスを提供したり地域社会に貢献するための活動を行ったりしている。

（2）フランスにおける金融排除の問題

フランスでは，個人の預金口座開設の権利が銀行法によって定められていること，各種の社会保障給付が銀行口座経由で行われること，また，先に挙げた協同組合銀行や，郵便局（現在はラ・バンク・ポスタル）が比較的低所得の人にも対応していたため，預金口座を持たない家計は１％未満とされる（Jauneau and Olmles, 2010, p. 19）。したがって，フランスにおける金融排除は，生活困窮者が預金口座を持てないということよりは，一般の金融機関から妥当な金利での借入を行いにくいというかたちをとることが多い。

具体的な状況としては，失業や低所得など困難な状況にある人が借入を行って起業したいと希望したとしても，一般の金融機関からはなかなか資金を貸してもらえないといったことが挙げられ，そうした問題を解決するために発展したのがマイクロクレジットだったことは前章でみたとおりである。

なお，CAPIC（2012）によれば，金融排除とは，人々が，そのニーズに見合い，かつ自身が属している共同体で通常の社会生活を送ることを可能にする主流（mainstream）市場の金融商品やサービスにアクセスしたり，利用したりすることが困難な状態をさす（CAPIC, 2012, p. 6）。

（3）協同組合銀行がマイクロクレジットへの関与に積極的である背景

協同組合銀行は，もともと高利貸し以外からの資金借入が難しかった農業者や手工業者，中小企業主が資金を出し合い，自分たちの銀行を作ったというのが，その始まりであった。つまり，かつては自身がマイクロクレジット機関のようなものであったといえる。しかし，失業者が自ら起業する際の貸付という新たな社会ニーズには，ボランティアを活用しながら起業支援などの伴走を行うアディのような専門機関がいち早く対応した。

とはいえ，貸付のための資金が不足していたアディに対して，提携による貸付を初めて行ったのは協同組合銀行のクレディ・ミュチュエルであった。これは，アディの活動をテレビのドキュメンタリー番組でみたクレディ・ミュチュエルの地方連盟の会長が，「アディの活動は100年前の自分たちの活動を同じだ」と共感し，アディとクレディ・ミュチュエルとの提携を提案したことがきっかけだったという。その後，アディと提携する銀行数は増えているが，現在でもマイクロクレジットに転貸する資金の1/3超を協同組合銀行が拠出していることは前章でみたとおりである。

協同組合銀行は地域に密着しているがゆえに，失業者をはじめとする生活困窮者の問題が解決されなければ，自らが基盤とする地域が成り立たなくなるため，相互扶助の精神によってそれを解決しようという意識が強いと考えられる。後述するように，クレディ・アグリコルが経済面で困難に陥った人を支援し始めたのも，相互扶助の精神を発揮しようとしたからであった。

また，協同組合らしさを強調することによって商業銀行と差別化しようという意図も，こうした取組みを後押しした面があったのではないかと考えられる。一般に，ヨーロッパの協同組合銀行には，職業などによる組合員資格の制限も非組合員の利用量に関する規制もないため，一時，協同組合銀行は業務拡大のために組合員よりも顧客を増やすことに注力していた。そのため，顧客数に比べて組合員数が非常に少なくなり，商業銀行との違いがなくなってきているとみられることもあった。そうした状況を改善するため，顧客が組合員になり積極的に意思決定に参加することを促進する，つまり協同組合らしさを高める動きが強まってきた。もともと地域密着型である協同組合銀行では，従来から地域貢献活動が活発であったが，協同組合らしさを追求するなかで，そうした活動により力点を置くようになっていると考えられる。

近年では，商業銀行を含め一般の企業においても様々な地域貢献活動が行われているが，協同組合銀行の場合はそうした活動に組合員が関与することが多いというのが特徴である。特に，前章でも言及したが，協同組合銀行の組合員や顧客のなかには地域で生活困窮者の支援活動を行うアソシエーションなどが多く含まれ，それらと連携した活動も行いやすいという環境がある。

以上述べてきたことを考慮すると，地域において失業者の起業を支援するアディなどのマイクロクレジット機関と提携したり，地域の伴走組織と連携して個人向けマイクロクレジットの貸付に携ったりすることは，協同組合銀行にとっては自然な流れであったと考えられる。

2　クレディ・アグリコルの設置するポワン・パスレル

クレディ・アグリコルでは経済的に困難な状況に陥った人を支援するための取組みを行っているが，以下ではどのように支援を行っているのかを詳しくみていく。

（1）ポワン・パスレルの始まり

ポワン・パスレル（Point Passerelle，直訳すると「架け橋の場」）と呼ばれる，生活困窮者支援のための組織が初めて設立されたのは，クレディ・アグリコルの地方レベルの組織に該当するノール・エスト地方金庫においてであった。ノール・エスト地方金庫は，ベルギーと国境を接するフランス北東部を基盤としている。

同地方金庫では，失業，離婚，病気，配偶者との死別などによって生活面・

経済面での問題を抱える人を放置したままでは地域の発展はないとの考えから，それらの人々の相談に乗るためのアソシエーションを1997年に設立した。このアソシエーションの名前がポワン・パスレルであった。

その後，他の地方金庫においてもノール・エスト地方金庫にならって同様の取組みを行うケースがでてきたため，全国連合会（Fédération Nationale du Crédit Agricole：FNCA）が生活困窮者の相談対応を行う仕組みをモデル化し，相談対応の窓口を共通してポワン・パスレルと呼ぶこととした。FNCAは，地方金庫が希望すれば，ポワン・パスレルの立ち上げの際に手続きの仕方をアドバイスするなどのサポートを行っている。

生活困窮者を支援するという基本的なコンセプトは共通しているものの，ポワン・パスレルの運営方法は地方金庫により様々である。ポワン・パスレルが地方金庫の1つの部署である場合もあれば，独立したアソシエーションとして運営されている場合もある。地方金庫の一部署という場合は，相談対応を行うアドバイザーも地方金庫の現役職員であることが多い。また，窓口を支店とは別の場所に開設しているケースもあれば，電話でアポイントメントをとってアドバイザーが家庭を訪問するケースもある。相談支援を行う対象についても，クレディ・アグリコルの顧客に限定しているケースと限定していないケースがあり，運営方法は様々である。

各ポワン・パスレルの相談対応件数には差があるようだが，2013年3月に，ポワン・パスレルの活動に非常に積極的に取り組んでいる2つの地方金庫とFNCAを訪問する機会を得たので，そこでの具体的な相談対応の状況について紹介したい。

（2）クレディ・アグリコル中央ロワール地方金庫のポワン・パスレル

クレディ・アグリコル中央ロワール地方金庫（以下「中央ロワール地方金庫」という）は，ロワレ，シェール，ニエーヴルの3県を管内とする。管内は，穀物やヤギのチーズなどの乳製品，ワインを産出する田園地帯であり，2012年末の同地方金庫の貯金，貸出のマーケットシェアはそれぞれ36％，41％であった。

クレディ・アグリコルの場合，各地方金庫管内の地区ごとに地区金庫と呼ばれる組合がある。組合員は実際には地区金庫の組合員として出資を行っており，地区金庫ごとに組合員から理事を選出する。しかし実際に銀行業務を行っているのは地方金庫であるため，地区金庫が担う機能は，理事の選出，出資金の管理，地方金庫の貸付審査会議への理事の参加，及び理事を中心とした地域活動への参加である。

中央ロワール地方金庫には，そのような機能をもつ地区金庫が管内に91あり，合計すると1,100人の理事がいる。組合員数は23.5万人，顧客数は61万人，支店数は169店舗である。

中央ロワール地方金庫は2003年10月に，ノール・エスト地方金庫の取組みを参考に，地方金庫としては全国で3番目にポワン・パスレルを設立した。同地方金庫では，①顧客への近接性，②責任ある職務の遂行，③団結・連帯の3つの価値を重視し，これらを組合員や顧客の利益と地域発展という軸に沿って実現しようとしている。人生においては，離婚，失業，病気，死別などの困難に直面することがあるが，こうした困難に直面した組合員や顧客を様々な方向から支援したいと考えたことが，ポワン・パスレルの設置につながった。

現在では，管内にある3県の各県に1か所ずつポワン・パスレルを設置している。ポワン・パスレルは同地方金庫の1つの部署という位置づけであるが，窓口は銀行の支店とは別の場所に置かれている。ポワン・パスレルで相談対応に乗る対象は，地方金庫の顧客に限定している。

ポワン・パスレルに相談に来る人は，支店職員から紹介されてくるのが一般的である。長期的に口座が貸越状態になっていたり，公共料金の引き落としができなかったりして経済的な問題を抱えている可能性のある顧客をみいだすと，支店の職員は，「何か問題があればポワン・パスレルが相談に乗ることができますよ」と声をかける。顧客が興味を示すと，ポワン・パスレルのアドバイザーに連絡し，アドバイザーが電話をかけ顧客との面談を設定する。面談では，アドバイザーが顧客の抱える問題について詳しく話を聞いたうえで，対応方法を検討する。

たとえば，電気やガスなどの公共料金を滞納している場合は，一度に支払うことは難しいので，アドバイザーが電力会社やガス会社にかけあって少しずつ返済できるように交渉する。また，家賃を滞納しているケースでは，大家に分割返済をかけあうとともに，公的機関や民間支援団体から何らかの支援が受けられないかをチェックし，受けられるようであればその申請の手助けをする。債務の整理や遺産相続については，銀行の各部署と連携することもある。

アドバイザーが相談者と面談して具体的な対応方針を決めた後，必要に応じて，ボランティアの伴走者が一定期間支援することもある。家計管理に問題がある人の場合，伴走者が定期的に面談し，家計簿をみながら「この支出は見直した方がよいのでは」といったアドバイスをする。こうした伴走は，地方金庫の元職員や地区金庫の理事がボランティアで行っている。

ポワン・パスレルのアドバイザーは，同地方金庫の現役職員が専任で担当している。アドバイザーは特に資格を取得したり特別な業務経験を持ったりしているわけではなく，相談対応の仕方はOJTで身につけている。ポワン・パスレルの関係者からは，アドバイザーの資質として，人生経験が豊富で人づきあいが好き，かつ，人の話を聞くことができることが重要だとの意見が聞かれた。

アドバイザーは，経済面で問題を抱えている顧客の相談に乗ることを主な目的としているが，そういう人は，経済面だけでなく生活面でも問題を抱えていることが多い。話を聞くなかで，行政や外部の民間アソシエーションの支援を受けられそうであれば，ポワン・パスレルから外部組織を紹介することもある。そのため，外部組織との連携に必要な協調性を持っていることもアドバイザーの資質としては重要であるし，金融機関がこうした相談対応を行うことについて関係機関の認知度が十分でなかった時期には，積極的に外部組織にはたらきかけることも必要だったという。

同地方金庫で面談したアドバイザーは3人とも女性であったが，全員が自ら希望してその業務に就いたという。うち1名は，長年地方金庫の支店で顧客対応をしていたが，ポワン・パスレルのアドバイザー職に空きが出ると知ってすぐに応募した。もともとポワン・パスレルの仕事に興味があったので，今は非常にやりがいを感じているとのことであった。

2012年から，中央ロワール地方金庫のポワン・パスレルでは，新たな支援のツールとしてFCSの保証が付く個人向けマイクロクレジットの貸付を開始した。開始にあたっては，利用者にしっかりとした伴走を行うため，そして，地方金庫を挙げてマイクロクレジットに取り組む姿勢を示すため，伴走を外部組織に任せるのではなく，ポワン・パスレルのアドバイザーと地区金庫の理事が行うことを決めた。

マイクロクレジットの貸付に際しては，ポワン・パスレルのアドバイザーが，借入を必要とする人の返済能力をチェックし，返済可能と判断すれば，申込書類の作成を手助けする。書類は，地区金庫の貸付委員会に提出され，審査される。アドバイザーが返済可能だと判断した場合であっても，地区金庫の貸付委員は地元の情報に詳しいため，時には「この状況では返済は難しいのではないか」といった意見がでて審査が通らないケースもあるとのことである。

FCSの保証付き個人向けマイクロクレジットには伴走が義務づけられているので，各借入者に対しては地区金庫の理事が貸付後の伴走をボランティアで行う。ただし，何か問題が生じた場合には，地区金庫の理事からポワン・パスレルのアドバイザーに連絡し，アドバイザーが問題解決に乗り出すこともある。

マイクロクレジットの借入者には，ポワン・パスレルで様々な相談に乗るなかで資金の借入が必要だということになった人が多い。資金使途としては，職場に通うための車やバイクの修理，購入が多いが，それ以外にも子どもを亡くした親がお葬式の費用を借りたケースがあった。いずれにしても，やりくりをすれば少しずつ返済の余力はあるが，所得が極めて低いため通常の銀行貸付では対応しにくい人々である。

マイクロクレジットの伴走を行っている地区金庫の女性理事によれば，自分はかつて地元の町長を務めていた経験があるものの，伴走には特別な福祉などの知識は必要ではなく，家計の管理ができれば十分であり，人の話をじっくり聞くことができることが一番重要とのことであった。

この女性理事が担当のある借り手とは，1か月に一度程度面談を行い，家計の状況について話をしている。何か問題があればいつでも電話してよいと話しているので，「家電が壊れた。どうしよう」という電話がかかってくることもあるという。こうしたエピソードからは，相談者と信頼関係を築くことが伴走において非常に重要であることが感じられた。

中央ロワール地方金庫のポワン・パスレルでは，2012年単年では359人に，2003年の設立以来では，3,157人からの相談に対応した。相談者の48％は，10年以上中央ロワール地方金庫を利用している顧客であった。約半数は40歳以下の若い層であり，月収800ユーロ以下という人が6割を占めた。マイクロクレジットについては，貸付件数を聞くことはできなかったが，貸倒の割合は一般の貸付に比べても非常に低い水準だとのことであった。

（3）クレディ・アグリコル北フランス地方金庫のポワン・パスレル

クレディ・アグリコル北フランス地方金庫（以下「北フランス地方金庫」という）は，ベルギーと国境を接するフランス北端のノール県とパ・ド・カレー県を管内とする。

2012年末現在，管内には70の地区金庫があり，理事の数は合計760人，組合員数は26万人，顧客数は110万人，支店数は270店舗である。北フランス地方金庫では，100年以上にわたって培われてきた相互扶助の精神をより発揮するため，2009年に最初のポワン・パスレルを設置した。現在は，支店とは別の場所に，4か所のポワン・パスレルを設けている。

同地方金庫のポワン・パスレルは，独立したアソシエーションとして運営され，不特定多数のために慈善活動を行うアソシエーションとしてメセナ法による寄付金への税制優遇の対象となっている。ポワン・パスレルがメセナ法による税制優遇の対象となったのは初めてであり，その性格から，地方金庫の顧客以外も相談対応の対象としている。

ポワン・パスレルの運営費の半分を拠出する地方金庫は，寄付金に対する税制優遇のメリットを受けている。それ以外の運営費には，同地方金庫が関係する，既に活動を停止したアソシエーションの資産の遺贈分も使われている。さらに，組合員がクレディ・アグリコルのクレジットカードを利用するたびに，北フランス地方金庫が1セントをポワン・パスレルに寄附する仕組みをつくり，運営費の一部にあてている。

基本的な相談のプロセスは，前述の中央ロワール地方金庫のポワン・パスレルと同様で，相談者は支店の職員から紹介されて来ることが多い。そのため，相談に来た人のうち，銀行を利用していない人の割合は4％に過ぎないが，この割合は徐々に上昇してきている。

北フランス地方金庫では，銀行の支店職員からポワン・パスレルに顧客を紹介する際に記入して送付する用紙や，ポワン・パスレルで相談対応することに対する顧客からの同意書，また，ポワン・パスレルのアドバイザーが相談者の家計や家庭の状況を書き込む用紙をみせてもらった。相談者の口座の状況をポワン・パスレルがみることについても顧客から同意を得るとのことであった。ポワン・パスレルのアドバイザーは，支店から送られてきた用紙をみて，ポワン・パスレルで対応する対象に該当するかどうかを判断し，該当するようであれば顧客に電話して相談日時のアポイントメントをとる。

北フランス地方金庫が設置する4か所のポワン・パスレルには，9人のアドバイザーが有給でそれぞれ週14時間勤務している。全員が同地方金庫の退職者であり，うち8人が男性である。

見学したポワン・パスレルの窓口は都市部の下町的な地域に設置されているが，ここは地方金庫のかつての支店を改装したものである。窓口は火曜日から金曜日まで開けており，3人のアドバイザーが交替で対応している。内部には広々とした個室が2室あり，落ち着いて相談ができるようになっている。

アドバイザーによれば，相談者には，自宅から出てこの窓口に足を運ぶことが，現状打破のため能動的に動き出す第一歩になっているように感じられるとのことであった。生活困窮者のなかには，手続きの方法が分からなかったり忘れたりしたために，本来であればもらえるはずの社会保障給付を受けていない，郵便物のなかに督促状が紛れてしまって払い忘れているなど，少し手助けすれば状況を改善できる人もいる。また，周りに話を聞いてくれる人が誰もいないという相談者も多いため，アドバイザーがじっくり話を聞けば，金銭面以外にも解決できることは多いという。

アドバイザーの男性は，個人的な感想だと断りながらも，自分が若い頃には，銀行の支店職員が経済上の問題を抱えていそうな顧客に声をかけ，簡単な相談に乗る余裕があったが，今は支店の職員も忙しくなっているので，なかなかそのようなことはできなくなっている。そのため，そうした対応にはポワン・パスレルのような専門的な部署があたることが必要になっている。また，相談する側も，銀行職員には生活が困窮していることを率直に話しにくいが，ポワン・パスレルという専門アソシエーションの職員という肩書の人には相談しやすいようだと感じており，銀行の職員時代より顧客との距離が縮まったと感じている。そして顧客から率直に現状を話してもらえるようになると，貧困の問題が非常に身近にあることに気づいたのだという。

相談をするなかで，問題を解決する１つの手段としてマイクロクレジットが妥当だということになれば，ポワン・パスレルで書類を準備して貸付の申込を行う。北フランス地方金庫では，中央ロワール地方金庫と異なり，審査は地方金庫の貸付委員会が行い，その結果を申込者の居住地域の地区金庫に伝えるというかたちをとる。伴走は，当該地区金庫の理事が行う。

伴走を地区金庫の理事が行うことについては，理事は地元のことをよく知っており，利用者とも近い関係を築くことができるのでよいと考えられている。ただし，借入者と理事が同じアパートに住んでいるなどで，お互いにやりにくいということになれば，別の地区金庫の理事に伴走を依頼することも考える。

マイクロクレジットの返済中に何らかの問題が生じることがあれば，伴走者はポワン・パスレルに連絡する。ポワン・パスレルでも，伴走がうまく行われているかを随時確認している。ヒアリングした時点では，150件の貸付のうち，６件で支払いが遅れることがあるという状況であった。

北フランス地方金庫では，マイクロクレジットの貸倒の比率は低いと感じており，その原因としては借り手が苦境を切り抜けたいという意識を強くもっていることを挙げた。ただし，そうした借り手をサポートするポワン・パスレルがあるからこそ，マイクロクレジットの貸付にも取り組めるのであり，銀行の支店単独では，生活困窮者に1,000ユーロ程度の少額貸付を行いにくいのも事実である。

また，地方金庫には，マイクロクレジットの貸付を行った人が一時的な苦境を脱した後によい顧客となってくれることへの期待もある。実際に，マイクロクレジットの貸付が通常の取引につながったケースも少数ながらあるとのこと

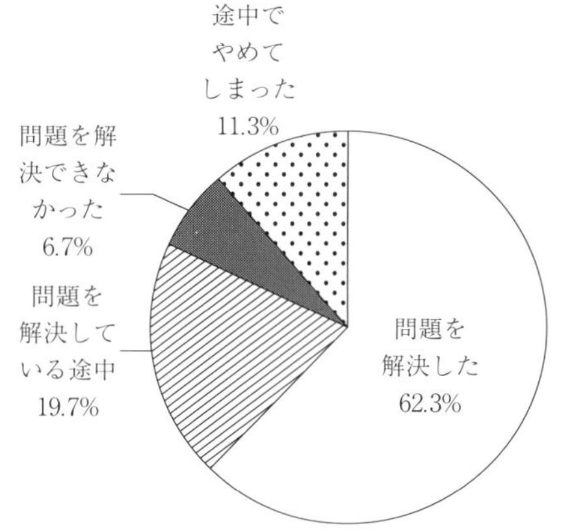

図7－1　北フランス地方金庫のポワン・パスレルでの対応の結果

（出所）北フランス地方金庫でのヒアリングによる。

である。その例として，期限付きの契約雇用だった人が正社員になる際，通勤用の車を購入するためにマイクロクレジットの借入を行ったが，その人が後に結婚し家を購入することになり，住宅資金の貸入を行ったというケースが挙げられた。まだマイクロクレジットの貸付を開始してそれほど時間がたっていないため，そうした事例が増えるかどうかは分からないが，地方金庫では顧客の人生のよい時も悪い時もサポートしていきたいと考えている。

北フランス地方金庫がポワン・パスレルを開設してから12年末までの面談人数は1,097人であり，12年単年では約600人であった。相談に来た人の年齢は，15歳から85歳までと幅広い。ポワン・パスレルで対応した結果，相談者の62.3％はその時に抱えていた問題を解決し，19.7％は解決しつつある。解決できなかった人は6.7％で，11.3％は相談の途中でやめてしまった（図7－1）。経済的な困難の要因としては，所得が不十分，失業，離婚，病気，配偶者や親の死などが多い。

（4）クレディ・アグリコルにおけるポワン・パスレル設置の効果

FNCAの調べによると，2012年末の時点では28の地方金庫が66のポワン・パスレルを設置している。相談対応を行うアドバイザーの数は合計120人である。2012年の1年間に9,002人の相談に対応し，設置以来の累計では相談対応した人の数は45,700人にのぼる。ポワン・パスレルを設置している28地方金庫のなかで，個人向けマイクロクレジットの貸付を行っているのは14地方金庫であった。2012年末のマイクロクレジットの件数は449件で，貸付額は101.8万ユーロであった。

2010年から2012年の間に相談対応した人について，ポワン・パスレルに相談した結果どうなったかを示したのが，**図7-2**である。52％の人が相談の結果立ち直り，26％の人は部分的に状況がよくなったということから，8割弱の人が程度に差はあれ問題を解決することができたことが分かる。ポワン・パスレルが設置されていることによって，経済的な困難に直面しながら救済された人が数多くいると言えるであろう。

他方，ポワン・パスレルを設置したことによって，クレディ・アグリコル側にはどのような効果があったのだろうか。

ヒアリングを実施した2つの地方金庫では，ポワン・パスレルについての宣

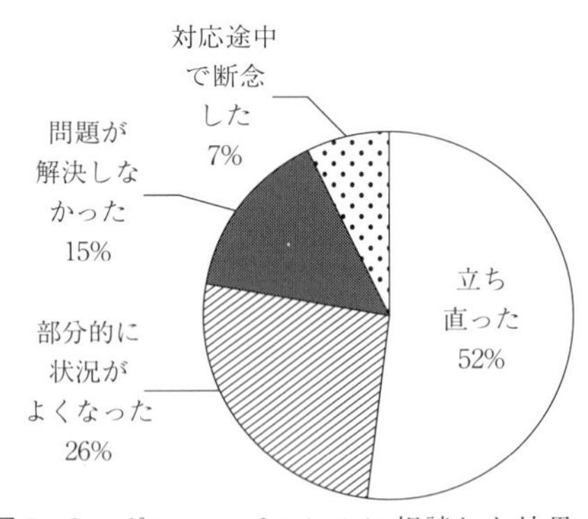

図7-2　ポワン・パスレルに相談した結果（クレディ・アグリコル全体）

（注）2010年〜12年の3年間に対応した人が対象。
（出所）FNCA, ‘Rapport d’activité des Points Passerelle en 2012’.

伝を行ったり，地域に貢献する活動として大々的にPRしたりはしていない。それは，人々の困難に対応するための活動であるということに配慮しているからである。したがって，ポワン・パスレルを設置することが，地方金庫のイメージアップに直結しているかどうかは定かではない。

一方で，筆者がヒアリングを行った2つの地方金庫では，ポワン・パスレルのアドバイザーを務めている現役職員や退職者のモチベーションが非常に高く，やりがいを感じながら業務を遂行している様子が感じられた。

また，こうした活動は組合員の決定に基づいて行われているが，単に組合員が賛同しているだけでなく，組合員から選出された地区金庫の理事が伴走を行うなど主体的に関与しており，地域の相互扶助を基盤とする協同組合の特色が発揮されている。

ポワン・パスレルの運営費用は地方金庫が負担しているが，経済面で問題を抱える顧客が法的整理に至る場合にかかるコストを未然に防止することによって，運営費用の一部は相殺されているという考え方もあるようである。

こうした状況を踏まえ，FNCAとしては，ポワン・パスレルの設置により顧客を経済的に救済することは，地方金庫自身のためにもなると考えている。もともとクレディ・アグリコルでは，ある地方金庫で生まれたよい商品やサービスを，FNCAがモデル化して他の地方金庫にも広げるという仕組みがとられているが，ポワン・パスレルについても，全国に広げていくために，地方金庫が新規に設置する際の手助けを行っている。

3　その他の銀行の取組み状況

（1）ケス・デパルニュ（貯蓄銀行）のパルクール・コンフィアンス

ケス・デパルニュは，もともとは協同組合形式をとってはいなかったが，19世紀の設立当初から貧しい人々に貯蓄の大切さを教える啓蒙活動を行うほか，寄付金や補助金などを積み立て，低コスト住宅，公衆浴場，市民菜園の建設費に充てるなど，相互扶助的な活動を行っていた。また，政府出資を受けてはいないものの，リブレAという非課税貯蓄商品を郵便貯金銀行と並んで扱うことが認められるなど公的金融機関として位置づけられていた。こうした公共的な性質が認知され，1999年に協同組合銀行化された際には，収益の一部を地域において社会的な効果のある経済プロジェクト（projets d'economie locale et sociale：PELS）に貸し付けたり，助成したりすることが法律に定められた。

表7－1でみたとおり，ケス・デパルニュは，各地方に設立された17の貯蓄銀行から構成されている。各地の貯蓄銀行で実施するPELSでは，一般の金融機関から貸付を受けられないようなプロジェクトに対する助成や融資を行っていた。

PELSも金融排除への対応策ではあったが，一部の貯蓄銀行では，さらに金融排除の防止を目的とし，生活困窮者への相談対応を行うパルクール・コンフィアンス（Parcours Confiance，直訳すると「信頼の経路」）というアソシエーションを2006年に設立した。

2008年にリブレAの取扱いが他の銀行にも拡大されることが決まった際に，PELSの法的規定もなくなったが，ケス・デパルニュはその後も自発的に収益の1％程度を，①マイクロクレジット，②金融リテラシーの向上，③国際協力の3つを柱とする社会的プロジェクトに費やすこととしている。そのため，各地で設立が進んだパルクール・コンフィアンスも，幅広く相談対応を行うというよりはマイクロクレジットへの対応に焦点をあてるようになったようである。

2013年3月のヒアリング調査によれば，パルクール・コンフィアンスの窓口は約50か所，アドバイザー数は約70人である。パルクール・コンフィアンスは，貯蓄銀行から独立したアソシエーションだが，アドバイザーはすべて貯蓄銀行の職員である。

パルクール・コンフィアンスでは，アドバイザーが相談に来た人の話を聞き，個人向けマイクロクレジットの借入が適当だと判断した場合には，審査書類の作成を手伝う。貸付後は，パルクール・コンフィアンスのアドバイザーが借入者の返済状況などの管理を行う。しかし，家計管理のサポートが必要な場合は，ケス・デパルニュが金融教育のために設立したアソシエーション Finances & Pédagogie に，また，職探しや住居探しの支援は公的機関や外部の専門的なアソシエーションにつないでいる。

前章で述べたとおりケス・デパルニュは，個人向けマイクロクレジットのシェアが最も高いのだが，それは貸付の伴走をパルクール・コンフィアンス自身が担当しているからだと考えられる。そうした状況はクレディ・アグリコルのポワン・パスレルでも同様であるが，ポワン・パスレルでは比較的最近個人向けマイクロクレジットの貸付を開始したケースもあるのに比べて，パルクール・コンフィアンスは設立当初からマイクロクレジットへの対応に焦点をあてており，貸付件数が多くなっているものとみられる。

ケス・デパルニュの全国連盟へのヒアリングによれば，貯蓄銀行の支店職員から紹介されてパルクール・コンフィアンスに相談に来る人の割合は約3割で，残りの7割の人は外部から紹介されてくるという。後者は，公的機関や専門的なアソシエーションに相談に行った人が，借入が必要だと判断された場合に，パルクール・コンフィアンスを紹介されているとみられる。

パルクール・コンフィアンスは，ポワン・パスレルのように生活面も含めた困難に幅広く対応するというよりは，マイクロクレジットの貸付前の伴走により集中しているとみられる。

また，パルクール・コンフィアンスでは，起業したいと考えている失業者等に対するアドバイスも行っている。起業を支援する各種の組織，また，フランス・アクティブ，イニシアティブ・フランス等と提携していることが示されており，パルクール・コンフィアンスは，起業したいがどうすればよいか分からない人の案内人としての役割を果たしていると考えられる。各地のパルクール・コンフィアンスは，合計すると700もの外部組織と提携関係を結んでいる。

（2）クレディ・ミュチュエルの取組み

クレディ・ミュチュエルには，2013年末現在18の地方連盟がある。地方連盟によっては，事故や病気，失業といった生活上のアクシデントで，私生活や仕事上の環境が突然大きく変化してしまった人を支援するために，外部の社会的なアソシエーションなどとともに活動する組織を設けている場合がある。

たとえば，メーヌ・アンジュー・バス=ノルマンディー地方連盟は，2007年にクレディ・ミュチュエル・ソリデールを設立し，地域の他のアソシエーションと連携をとりながら，人々の生活面での相談に乗ったり，個人向けマイクロクレジットの伴走を行ったりしている。同地方連盟のウェブサイトには，クレディ・ミュチュエル・ソリデールは，設立以来困難な状況にある240人の人を支援したと記されている。

そのほかにも，地方連盟によっては，就業や起業に焦点をあてて，支援や融資を行うアソシエーションを設立しているケースがある。

4　協同組合銀行の取組みの特徴と評価

ここまで，フランスの協同組合銀行の生活困窮者支援の取組みについて紹介してきたが，本章を終えるにあたり，冒頭で明らかにしたいとしていた点について改めてまとめてみたい。

各行の取組みを簡単にまとめると，クレディ・アグリコルの地方金庫では，困難に直面した顧客を放置するのではなく，顧客が困難を脱する手助けを行うためにポワン・パスレルを設置した。その取組みが各地にひろがり，2012年末には66ヵ所にまで増加した。クレディ・アグリコルの場合は，生活困窮者を支援するという目的が先にあり，その支援策の1つとして個人向けマイクロクレジットの貸付も行っている。また，ポワン・パスレルが増加したのは，ある地方金庫で提供している商品やサービスがよいということになると，全国連合会FNCAがモデル化して他の地方金庫に広げることを支援する仕組みがあることも影響していると考えられる。

他方，かつて実施していた地域向けの融資・助成プロジェクト（PELS）を継ぐかたちでパルクール・コンフィアンスを設置したケス・デパルニュでは，生活困窮者の全般的な問題に対応するというよりは，マイクロクレジットの伴走に重点を置いているようである。しかも，伴走は地域の公的機関や民間組織につなぐケースも多いとみられ，クレディ・アグリコルのポワン・パスレルとは取組み方が異なっているように感じられる。

その他，クレディ・ミュチュエルでは，統一された名称での窓口の設置はないものの，地方連盟の中には生活困窮者を支援するためのアソシエーションを設置しているケースがある。

前述のとおり，協同組合銀行はもともと相互扶助の精神から生まれたものであり，生活困窮者を支援する取組みの背後にもそうした精神がある。さらに，協同組合銀行は一定の地域を基盤として存立しているため，自らが存立する地域に生活困窮者が増え地域全体が衰退していくと，協同組合銀行自身も衰退してしまうという危機感があると考えられる。一時的に困難な状況に陥っている人を支援することは協同組合銀行自身のためになるし，苦境を脱した顧客が将来的にはよい顧客になってくれることを期待する側面もある。

実際，ポワン・パスレルを設置しているクレディ・アグリコルの地方金庫には，経済面で問題のある顧客が法的整理に至る場合にかかるコストを未然に防止することによって，ポワン・パスレルの運営にかかる費用の一部は相殺されているという考え方もある。また，FNCA でも，ポワン・パスレルの活動は利用者のためになるだけでなく，設置している地方金庫が自らの身を守るために役立っていると考えている。

一方で，協同組合銀行の場合は地域の状況を考慮して組合員が意思決定を行うため，同じグループ内であっても取組みは一律とは限らない。地域ごとに優先課題は異なるため，必ずしもすべての地域で同じ取組みを行うとも限らないし，同じようなことを行っている場合でも，各地域で独自色を加えることが多い。

生活困窮者の相談対応のなかで必要に応じて行う，あるいは個人向けマイクロクレジットの貸付の際に義務付けられている伴走に関して，具体的にどのような人がどのようなことを行っているのかについては，クレディ・アグリコルのケースを取り上げた。

クレディ・アグリコルのポワン・パスレルでは，最初に相談者に対応し，対応の方針を決定するアドバイザーは，現役の銀行職員や退職した元職員であった。それらの職員は特に福祉に関する資格などを持っているわけではなく，対応の仕方は OJT で身に付けていた。

個人向けマイクロクレジットの貸付を行う場合や，相談者が希望する場合は，伴走者がつくが，伴走者となるのは地区金庫の理事や銀行の元職員である。クレディ・アグリコルをはじめとする協同組合銀行で理事を務めている人々は，地域のリーダー的な存在であることが多いようであり，筆者が面談したクレディ・アグリコルの地区金庫の理事も元町長という経歴をもっていた。しかしこの理事が語るには，伴走には福祉の知識が特に必要というわけではなく，一番重要なのは相談者の話をよく聞くことだということであった。

具体的に行っているのは，相談者と家計簿や請求書をみながら家計支出について考えたり，各種支援への申請書類作成を手伝ったりするということであるが，一緒に問題を解決しようという姿勢を持つことが重要であると感じられた。特に，困難に直面している人は，周りに話を聞いてくれる人がいないことが多いため，じっくりと話を聞けば状況を改善する糸口がみつかることも多いという話が印象的であった。

アディやスクール・カトリックにおいても，ボランティアで伴走を行っている人には銀行の退職者も多いという話が聞かれた。伴走に金融知識は必須ではなく，より重要な資質としては他人の話を聞く姿勢を持っていることだとされたが，元職員や地域で活発に活動している地区金庫の理事をボランティアとして活用できる協同組合銀行は人材が豊富であるとも考えられる。

こうしたフランスの協同組合銀行の生活困窮者支援がどのように評価されているのかについては，Gloukoviezoff (2011)「フランスの金融協同組合は金融包摂に依然として役割を果たしているか」と題した論文が参考になろう。ここでいう金融包摂とは，一般的に，低所得など経済的に困難な状況にある人も含めてすべての人々が，妥当なコストで金融サービスにアクセスすることを可能にすることを意味している。Gloukoviezoff の論文では，フランスの協同組合銀行は，金融自由化によってその業務が商業銀行と同質化し，協同組合の特性が弱まった面もあったことが指摘されている。

しかし，生活困窮者対応専用の組織やマイクロクレジットの供与など，過去10年間の金融包摂に関する革新的な実践は，主に協同組合銀行によってもたらされ推進されてきたことを評価している。そして創設時に果たしていたのとは異なるかもしれないが，フランスの協同組合銀行は，現在においても金融包摂に依然として重要な役割を果たしていると結論づけている。

※本章は，重頭（2013b）に加筆修正し，再構成したものである。

参考文献

斉藤由理子・重頭ユカリ『欧州の協同組合銀行』日本経済評論社，2010 年。

重頭ユカリ「生活困窮者支援の一環としての家計再生ローン――相談支援とセットになった日本版マイクロクレジット導入の課題」宮本太郎編『生活保障の戦略　教育・雇用・社会保障をつなぐ』岩波書店，2013 年 a。

――――「フランスの協同組合銀行の生活困窮者への相談対応――クレディ・アグリコルのポワン・パスレルを中心に」『農林金融』66 巻 12 号，2013 年 b。

――――「ヨーロッパのソーシャル・ファイナンス」総研レポート 22 調-No. 8，2010 年。

――――「フランスの貯蓄銀行（ケス・デパルニュ）の地域貢献」『農林金融』59 巻 4 号，2006 年。

Banque de France, (2012) *RAPPORT ANNUEL DE L'OBSERVATOIRE DE LA MICROFINANCE.*

Caisse D'epargne Federation Nationale, (2010) *Personal microcredit impact study.*

CAPIC, (2012) *Affordable Personal Inclusive Credit : French Case Study.*

European Commission, Directorate-General for Employment, Social Affairs and Equal Opportunities, (2008) *FINANCIAL SERVICES PROVISION AND PREVENTION OF FINANCIAL EXCLUSION.*

Gloukoviezoff G., (2011) "Do French Financial Co-operatives Still Have a Role in Financial Inclusion ?" *Journal of Co-operative Studies*, 44 : 1, April.

Jauneau P. & C. Olmles, (2010) *LES CONDITIONS D'ACCÈS AUX SERVICES BANCAIRES DES MÉNAGES VIVANT SOUS LE SEUIL DE PAUVRETÉ.*

Valentin P, T. Mosquera-Yon, & C. Masson, (2011) *LE MICROCRÉDIT.*

索　引

（＊は人名）

あ　行

か　行

さ　行

た 行

な　行

は　行

ま　行

や　行

ら・わ行

アルファベット

〈執筆者紹介〉（＊は編著者）

＊佐藤順子（さとう・じゅんこ）　はしがき，序章，第２章，補論１担当

立命館大学哲学科心理学専攻卒業。

現　在　佛教大学福祉教育開発センター講師。

主　著　「フイラデルフィア市における Family Child Care Service ――マイクロクレジット機関による支援の実際」佛教大学『福祉教育開発センター紀要』第10号，2013年。

「生活福祉資金貸付制度の改正が意味するもの――2009年10月改正を中心に」佛教大学『社会福祉学部論集』第８号，2012年。

「近畿地方Ａ県における多重債務と貧困――聞き取り調査結果を中心に」貧困研究会編『貧困研究』Vol. 5，明石書店，2010年。

小関隆志（こせき・たかし）　第４章，第５章，補論２，補論３担当

一橋大学大学院社会学研究科博士後期課程修了（社会学博士）。

現　在　明治大学経営学部准教授。

主　著　「労働 NPO の特質」遠藤公嗣編著『個人加盟ユニオンと労働 NPO』ミネルヴァ書房，2012年。

『金融によるコミュニティ・エンパワーメント』ミネルヴァ書房，2011年。

『ソーシャル・エンタープライズ』共著，丸善，2008年。

重頭ユカリ（しげとう・ゆかり）　第６章，第７章担当

早稲田大学大学院経済学研究科修士課程修了。

現　在　（株）農林中金総合研究所主席研究員。

主　著　「生活困窮者支援の一環としての家計再生ローン――相談支援とセットになった日本版マイクロクレジット導入の課題」宮本太郎編『生活保障の戦略　教育・雇用・社会保障をつなぐ』岩波書店，2013年。

『欧州の協同組合銀行』斉藤由理子との共著，日本経済評論社，2010年。

「ヨーロッパにおける連帯ファイナンス」西川 潤・生活経済政策研究所編『連帯経済――グローバリゼーションへの対案』明石書店，2007年。

角崎洋平（かどさき・ようへい）　第１章，第３章担当

立命館大学大学院先端総合学術研究科一貫制博士課程修了，博士（学術）。

現　在　日本学術振興会特別研究員 PD。

主　著　「借りて生きる福祉の構想」後藤玲子編『福祉＋α　正義』ミネルヴァ書房，近刊。

『体制の歴史』天田城介・櫻井悟史と共編著，洛北出版，2013年。

「なぜ〈給付〉ではなく〈貸付〉をするのか？――Muhammad Yunus の〈貸付〉論と「市場社会」観の検討」『コア・エシックス』 6号，2010年。

マイクロクレジットは金融格差を是正できるか

2016年２月20日　初版第１刷発行　　＜検印省略＞

定価はカバーに
表示しています

編著者　佐藤順子
発行者　杉田啓三
印刷者　林　初彦

発行所　株式会社　ミネルヴァ書房
607-8494　京都市山科区日ノ岡堤谷町１
電話代表（075）581-5191
振替口座　01020-0-8076

太洋社・兼文堂

ISBN978-4-623-07449-5
Printed in Japan